BORUTO
-NARUTO NEXT GENERATION-

KAMA

ORIGINAL STORY AND SUPERVISING:
MASASHI KISHIMOTO
MANGA: MIKIO IKEMOTO
SCENARIO: UKYO KODACHI

6. SCHRIFTROLLE

BORUTO -NARUTO NEXT GENERATIONS- CHARAKTERE

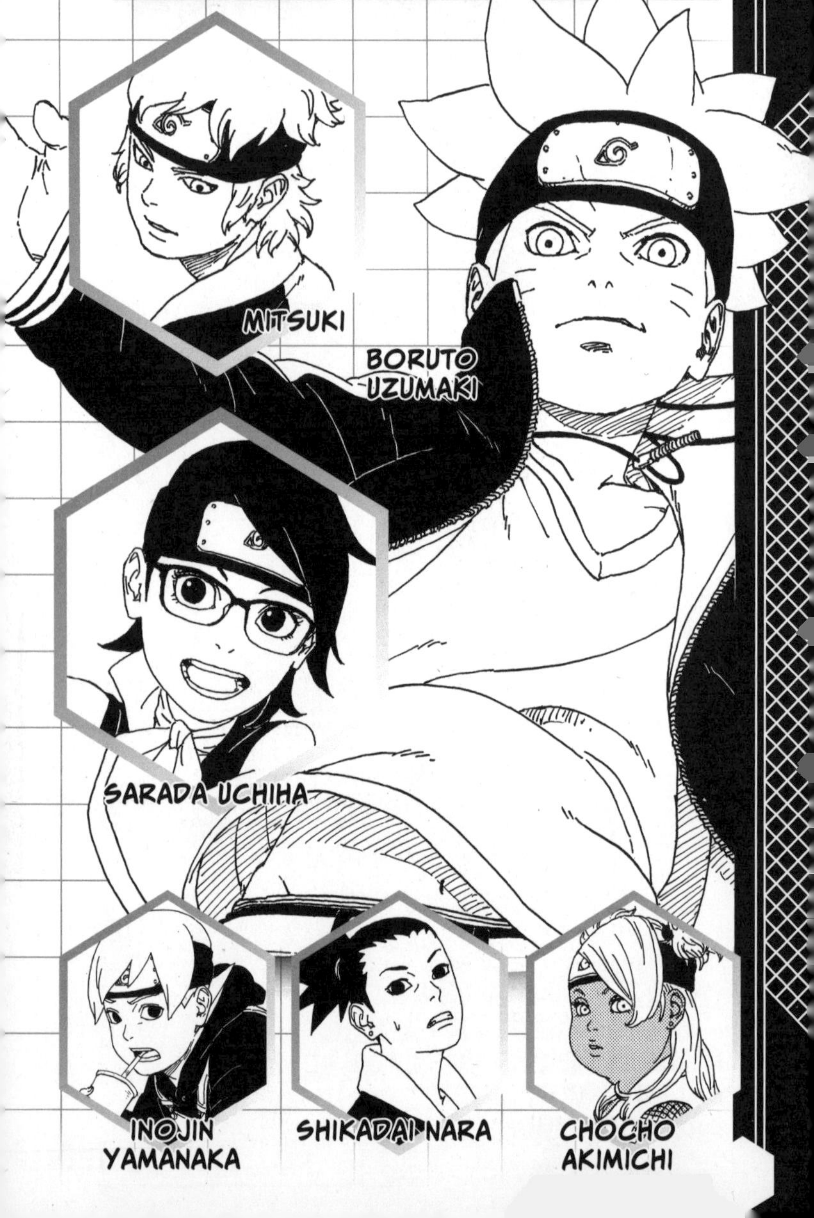

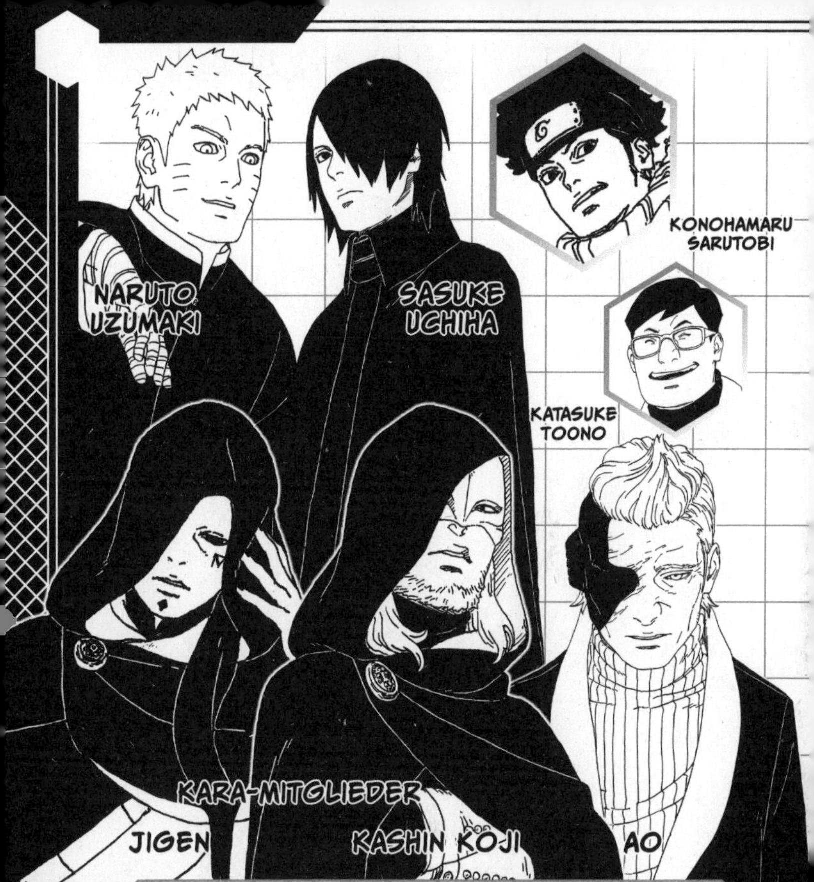

STORY

DER VIERTE NINJA-WELTKRIEG IST VERGANGENHEIT, NARUTO UZUMAKI BESCHÜTZT ALS 7. HOKAGE DAS DORF KONOHAGAKURE UND DIE MENSCHEN GENIESSEN DEN FRIEDEN. NARUTOS SOHN, BORUTO UZUMAKI, STREBT NACH DER ANERKENNUNG SEINES VATERS UND NIMMT AN DER CHU-NIN-PRÜFUNG TEIL, BENUTZT DABEI JEDOCH VERBOTENERWEISE EINE UNKONVENTIONELLE WAFFE – UND WIRD DAFÜR VON SEINEM VATER »ALS NINJA DISQUALIFIZIERT«.

DANN GREIFEN DIE OTSUTSUKIS AN. ZUSAMMEN MIT NARUTO UND ANDEREN BESIEGT BORUTO SIE MIT KNAPPER NOT. IN DIESEM KAMPF BEWEIST BORUTO SICH ALS NINJA, ABER AUF BORUTOS RECHTER HAND HINTERLÄSST MOMOSHIKI OTSUTSUKI EIN SELTSAMES MAL…

ALS KONOHAMARU IM DIENST VERMISST WIRD, WERDEN BORUTO UND SEINE KAMERADEN MIT DER SUCHE BEAUFTRAGT. KAUM HABEN SIE DEN ABSTURZORT DES LUFTSCHIFFS ERREICHT, MIT DESSEN UNTERSUCHUNG KONOHAMARU BESCHÄFTIGT WAR, WERDEN SIE VON PUPPEN, DIE UNKONVENTIONELLE WAFFEN SIND, ÜBERFALLEN. DURCH KATASUKES GESCHICKTEN EINSATZ ENTKOMMEN SIE DEM HINTERHALT UND STOSSEN AUF KONOHAMARU UND SEINEN KAMERADEN. DOCH DA ERSCHEINT EIN EHEMALIGER NINJA AUS KIRIGAKURE, AO, UND BEDROHT SIE MIT EINEM GEWEHR…

BORUTO

BORUTO

-NARUTO NEXT GENERATION-

6. SCHRIFTROLLE

KAMA

INHALT

20: UNKONVENTIONELLE WAFFEN

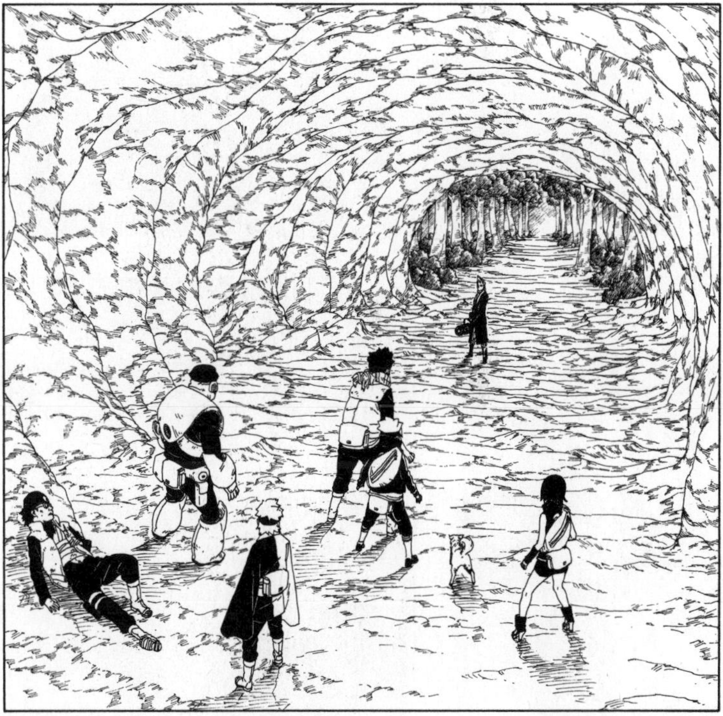

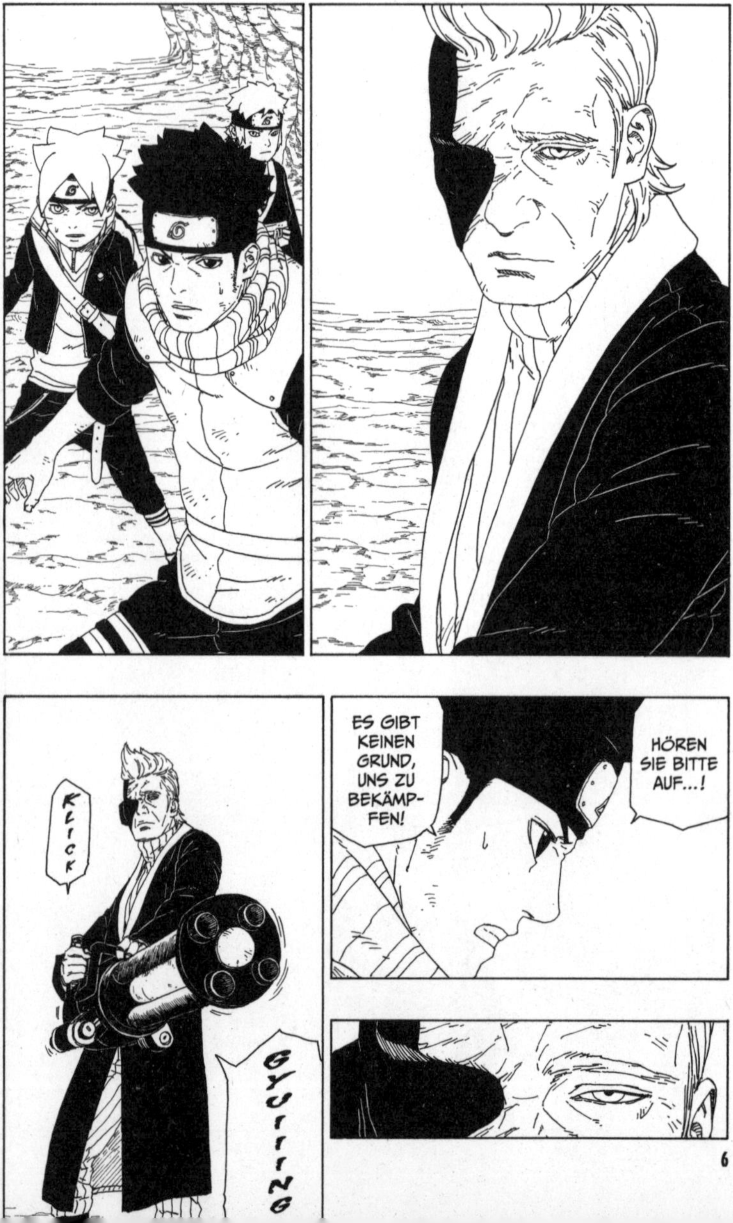
HÖREN SIE BITTE AUF...!
ES GIBT KEINEN GRUND, UNS ZU BEKÄMP-FEN!
KLICK
GYUIIING

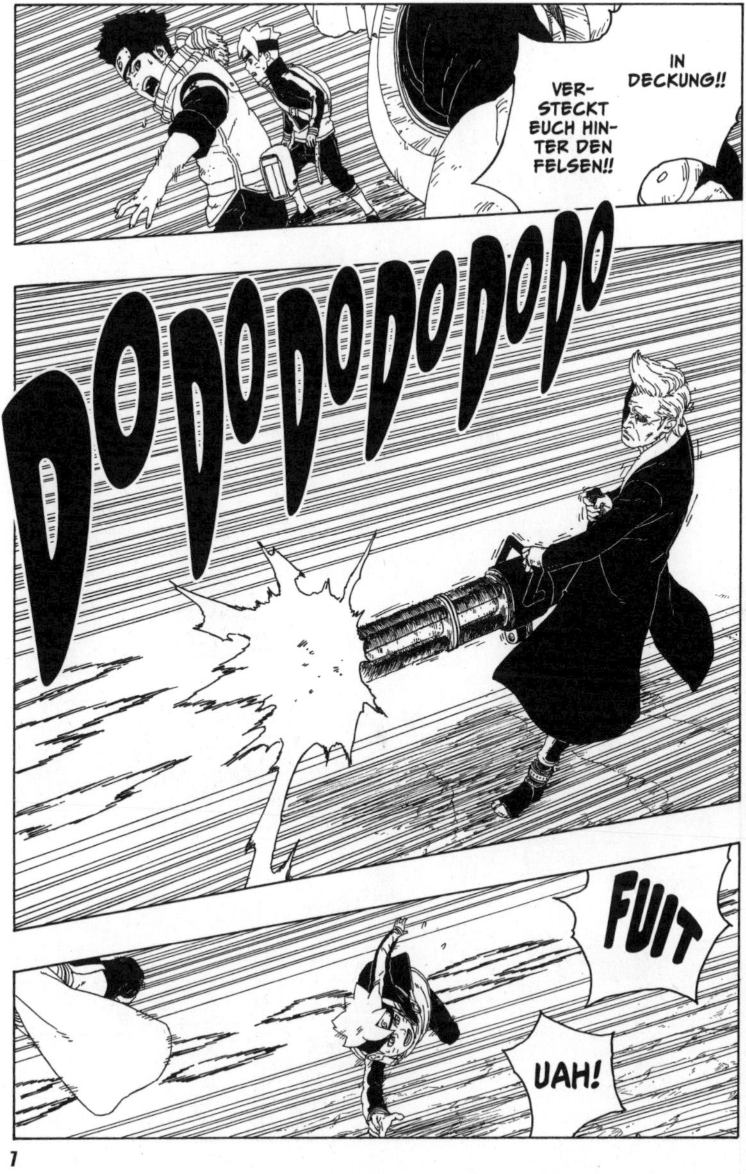
IN DECKUNG!!
VER-STECKT EUCH HIN-TER DEN FELSEN!!
DODODODODODODO
FUIT
UAH!

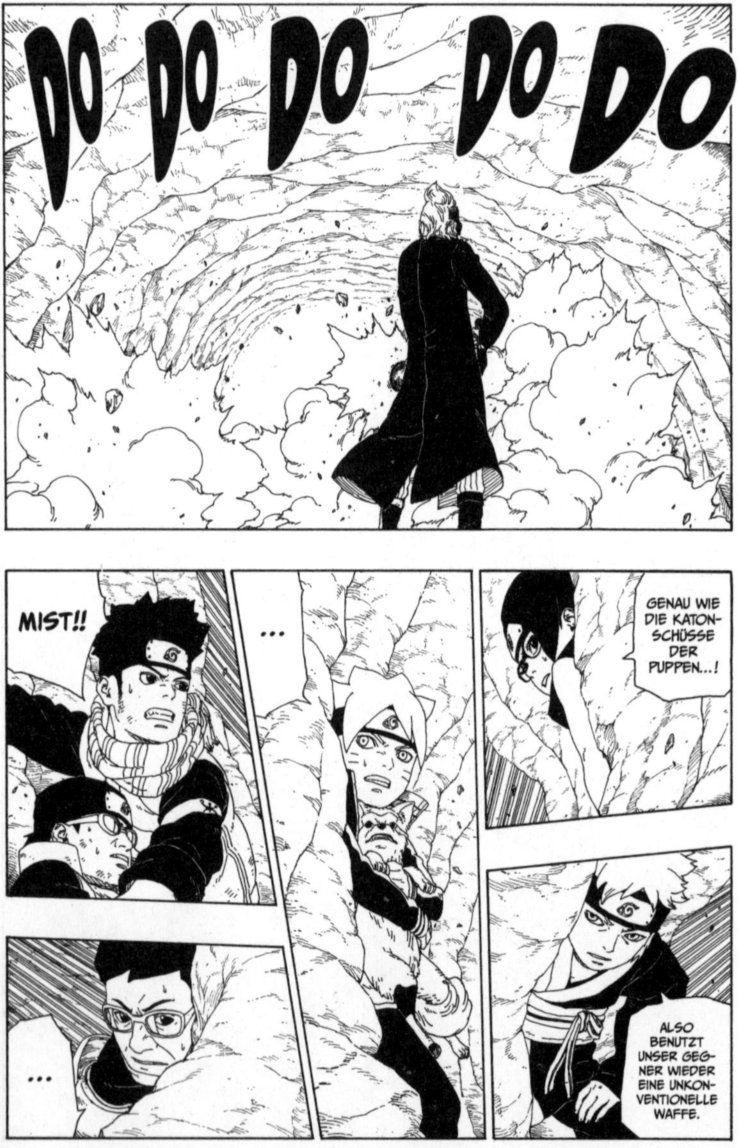
DO DO DO DO DO
GENAU WIE DIE KATON-SCHÜSSE DER PUPPEN...!
...
MIST!!
ALSO BENUTZT UNSER GEGNER WIEDER EINE UNKONVENTIONELLE WAFFE.
...

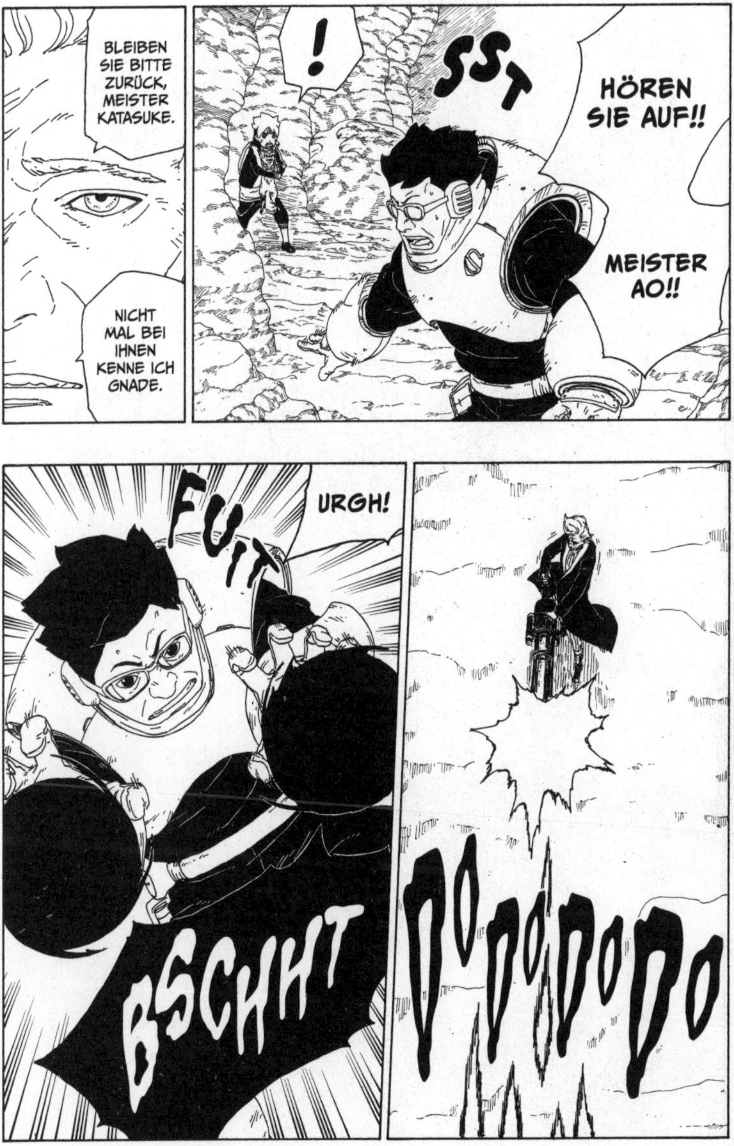
HÖREN SIE AUF!!
SST
MEISTER AO!!
!
BLEIBEN SIE BITTE ZURÜCK, MEISTER KATASUKE.
NICHT MAL BEI IHNEN KENNE ICH GNADE.
DODODODODO
URGH!
FUIT
BSCHHT

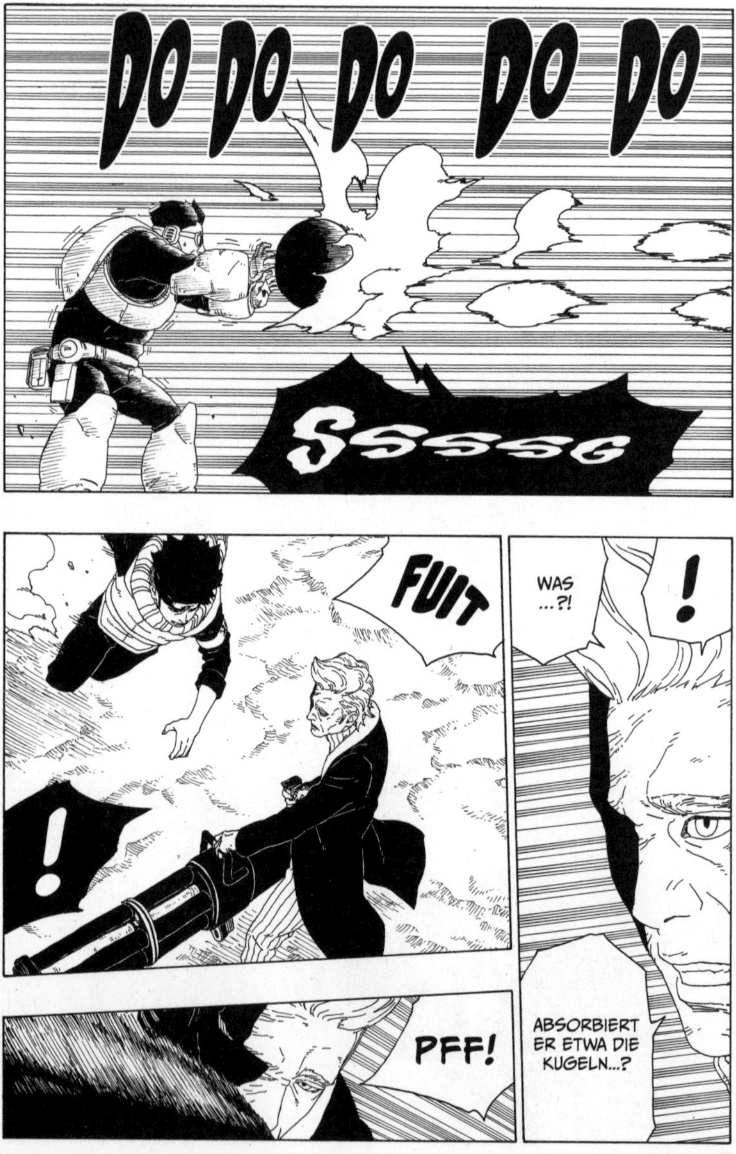
DO DO DO DO DO
SSSSG
!
WAS ...?!
FUIT
!
ABSORBIERT ER ETWA DIE KUGELN...?
PFF!

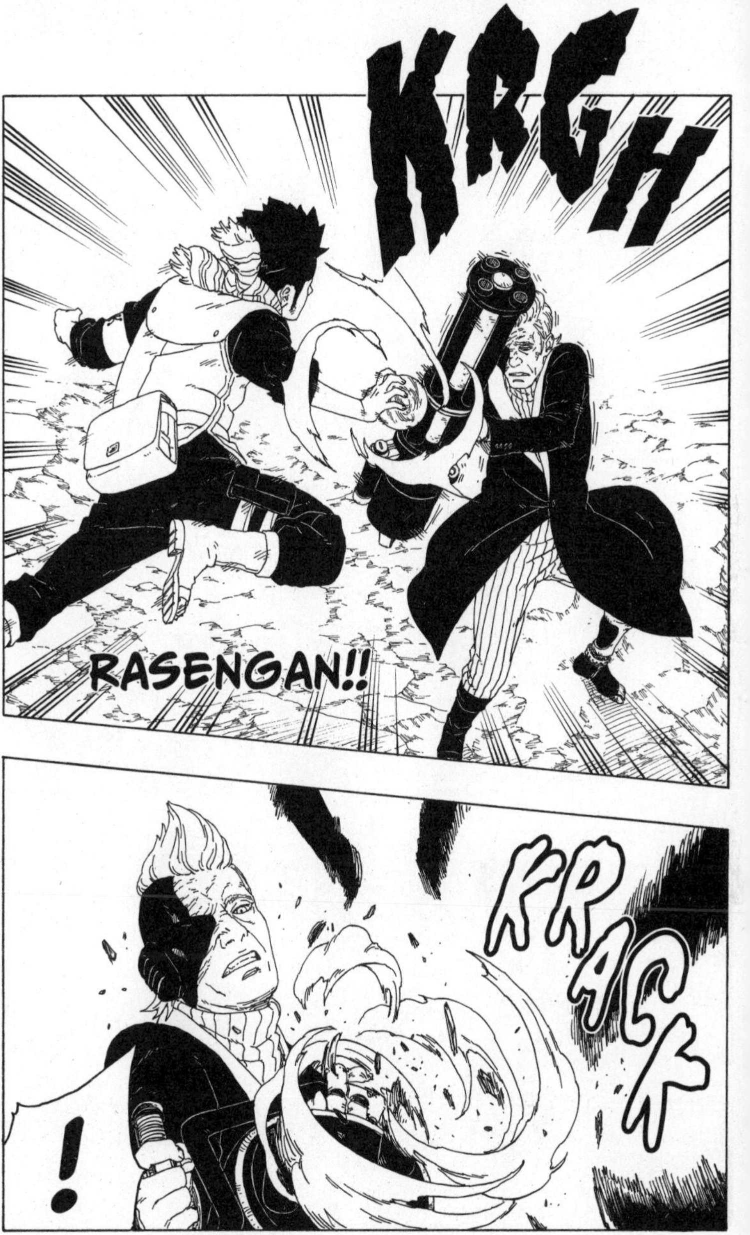
KRGH
RASENGAN!!
KRACK
!

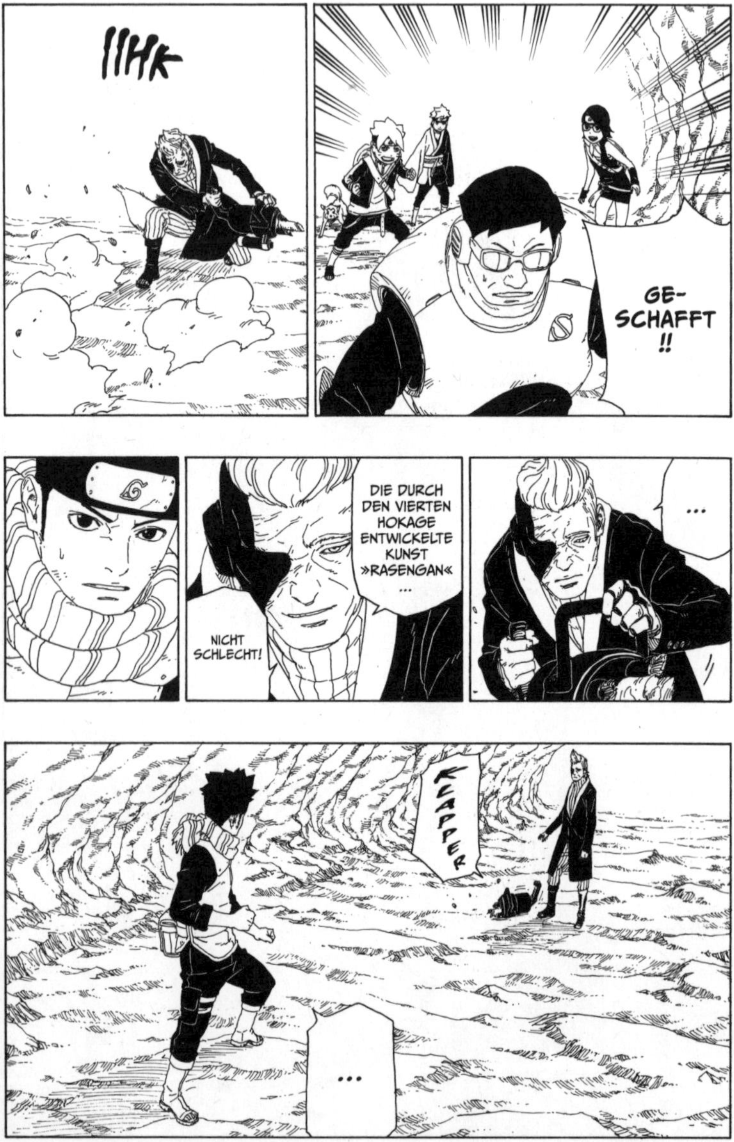
IIHK
GE-
SCHAFFT
!!
DIE DURCH
DEN VIERTEN
HOKAGE
ENTWICKELTE
KUNST
»RASENGAN«
...
NICHT
SCHLECHT!
...
KLAPPER
...

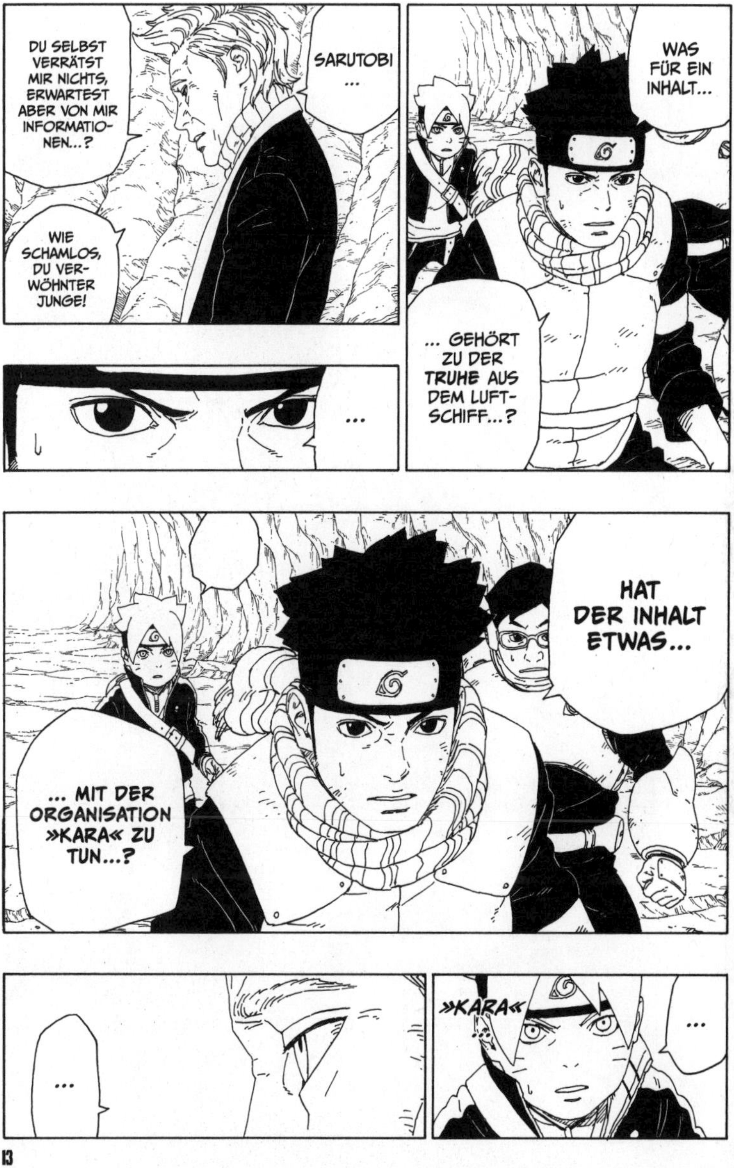
WAS FÜR EIN INHALT...
... GEHÖRT ZU DER TRUHE AUS DEM LUFT-SCHIFF...?
SARUTOBI ...
DU SELBST VERRÄTST MIR NICHTS, ERWARTEST ABER VON MIR INFORMATIO-NEN...?
WIE SCHAMLOS, DU VER-WÖHNTER JUNGE!
...
HAT DER INHALT ETWAS...
... MIT DER ORGANISATION »KARA« ZU TUN...?
»KARA«
...
...

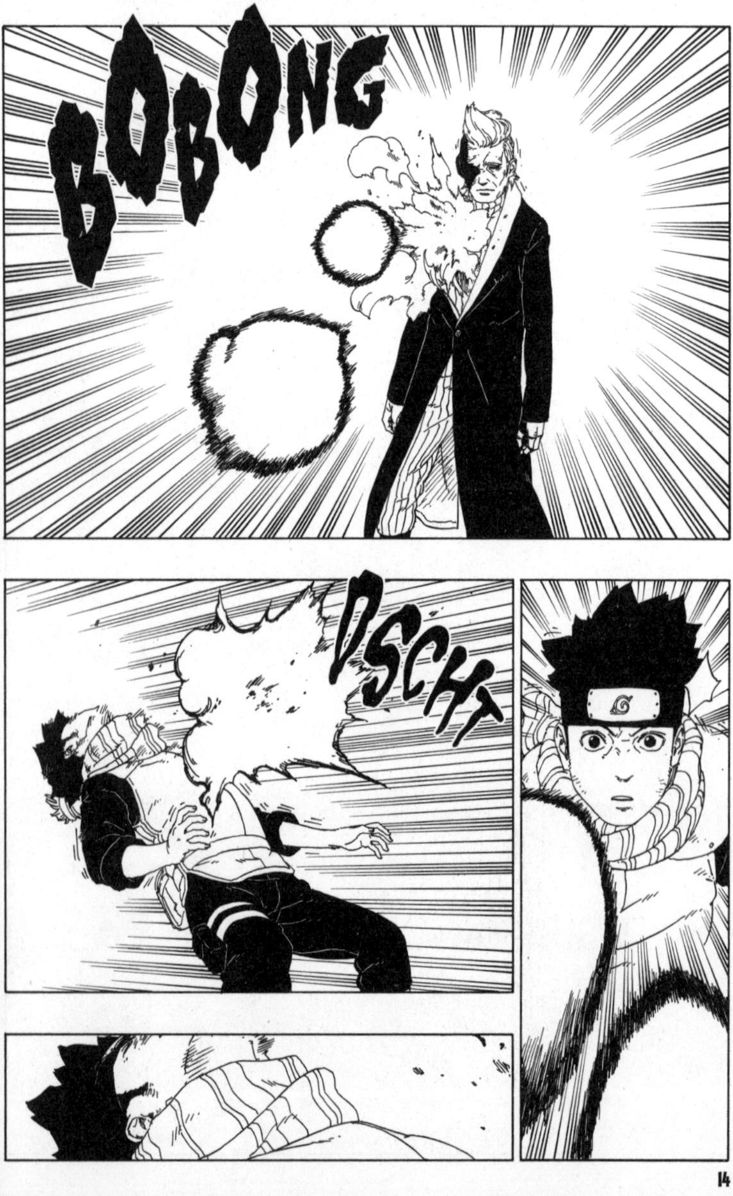
BOBONG
DSCHT

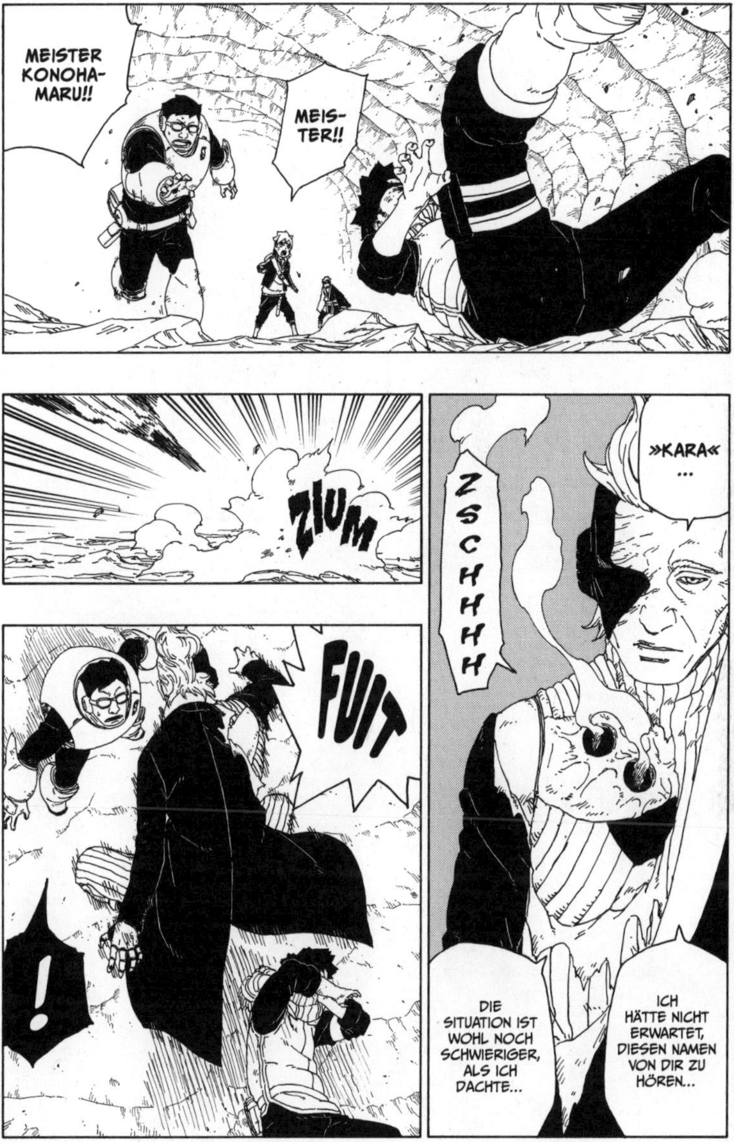
MEISTER KONOHA-MARU!!
MEIS-TER!!
ZIUM
»KARA« ...
ZSCHHHH
FUIT
!
ICH HÄTTE NICHT ERWARTET, DIESEN NAMEN VON DIR ZU HÖREN...
DIE SITUATION IST WOHL NOCH SCHWIERIGER, ALS ICH DACHTE...

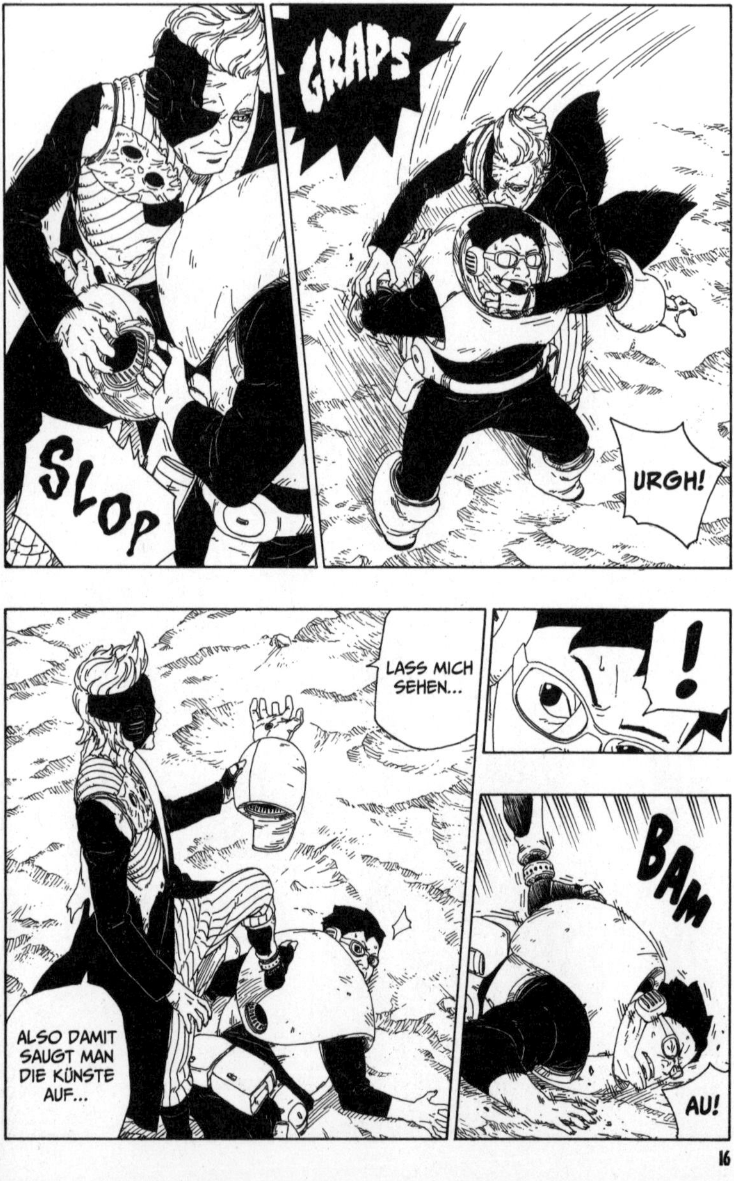
GRAPS
URGH!
SLOP
!
LASS MICH SEHEN...
BAM
AU!
ALSO DAMIT SAUGT MAN DIE KÜNSTE AUF...

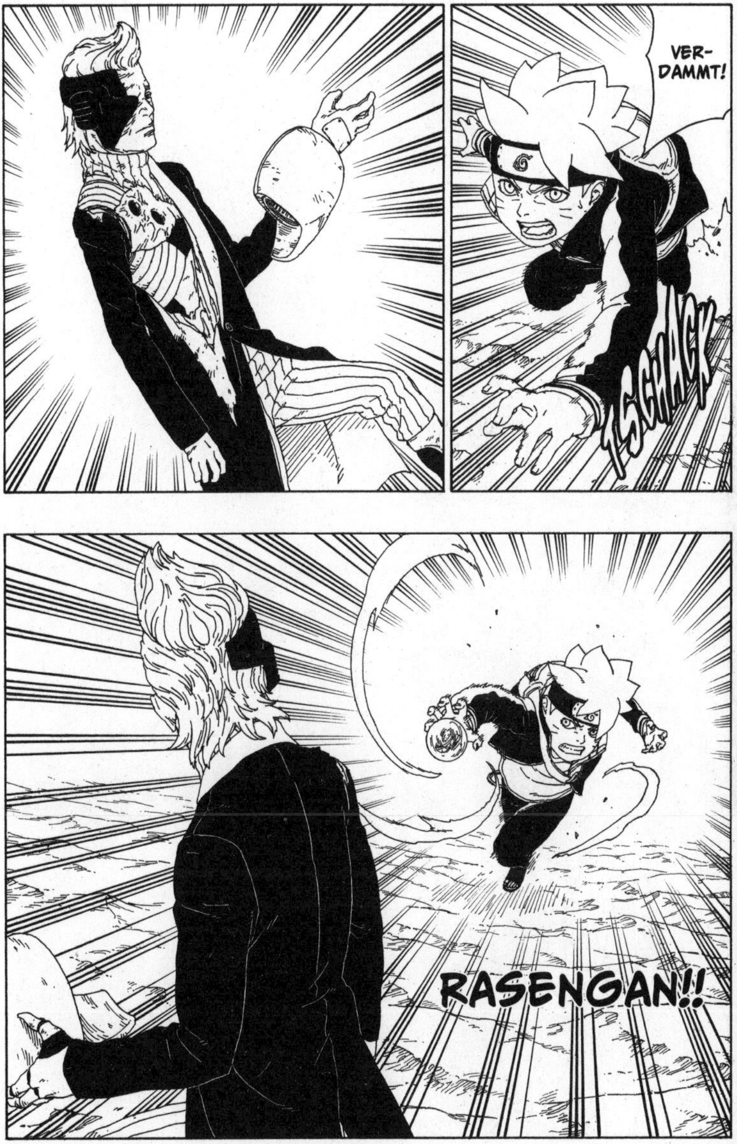
VER-
DAMMT!
TSCHACK
RASENGAN!!

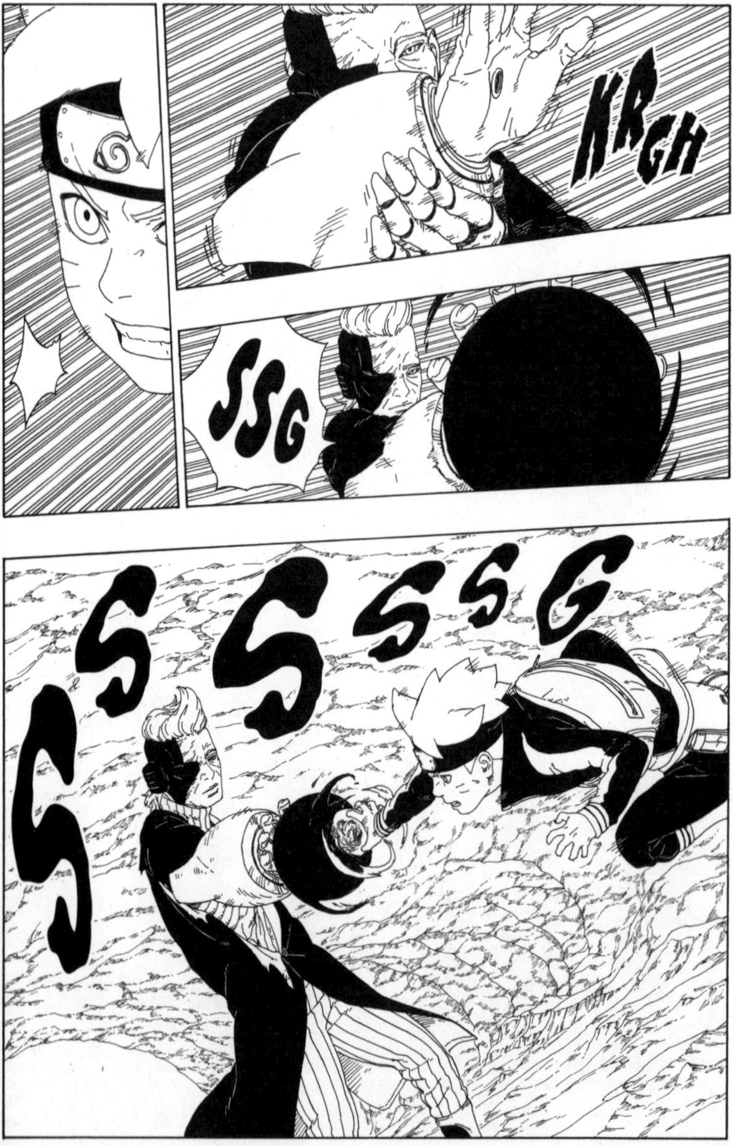
KRGH
SSG
SSSSSG

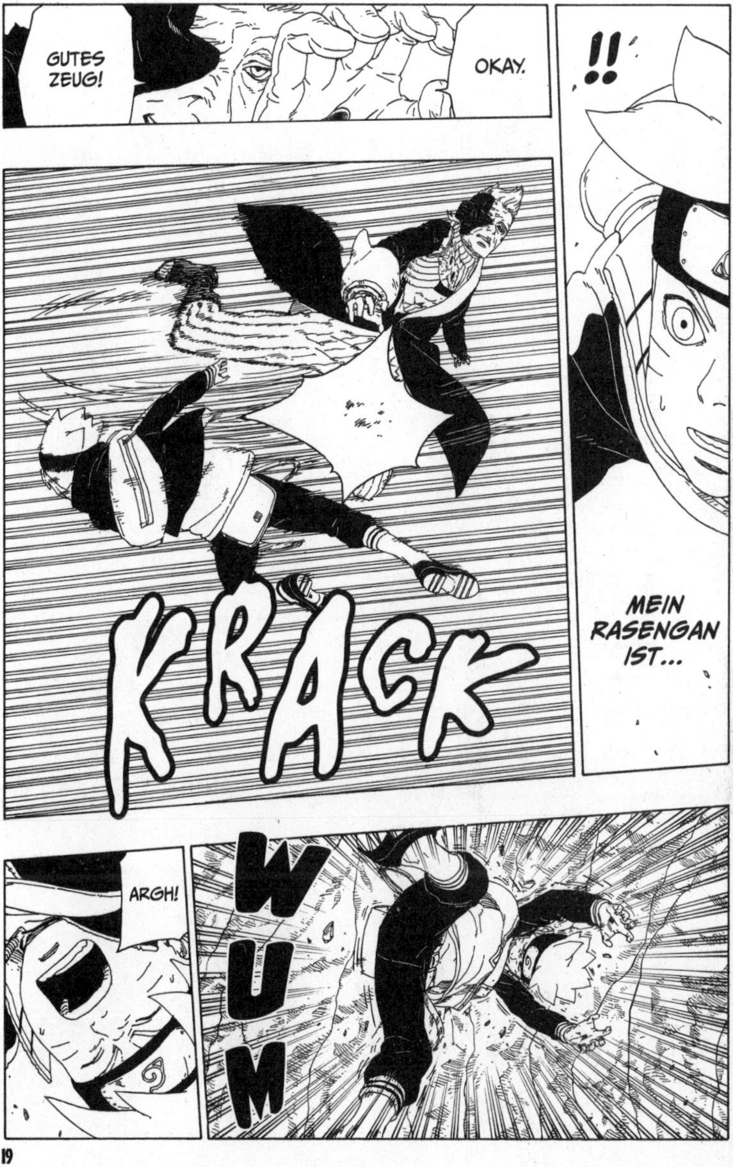
OKAY.
GUTES ZEUG!
!!
MEIN RASENGAN IST...
KRACK
WUMM
ARGH!

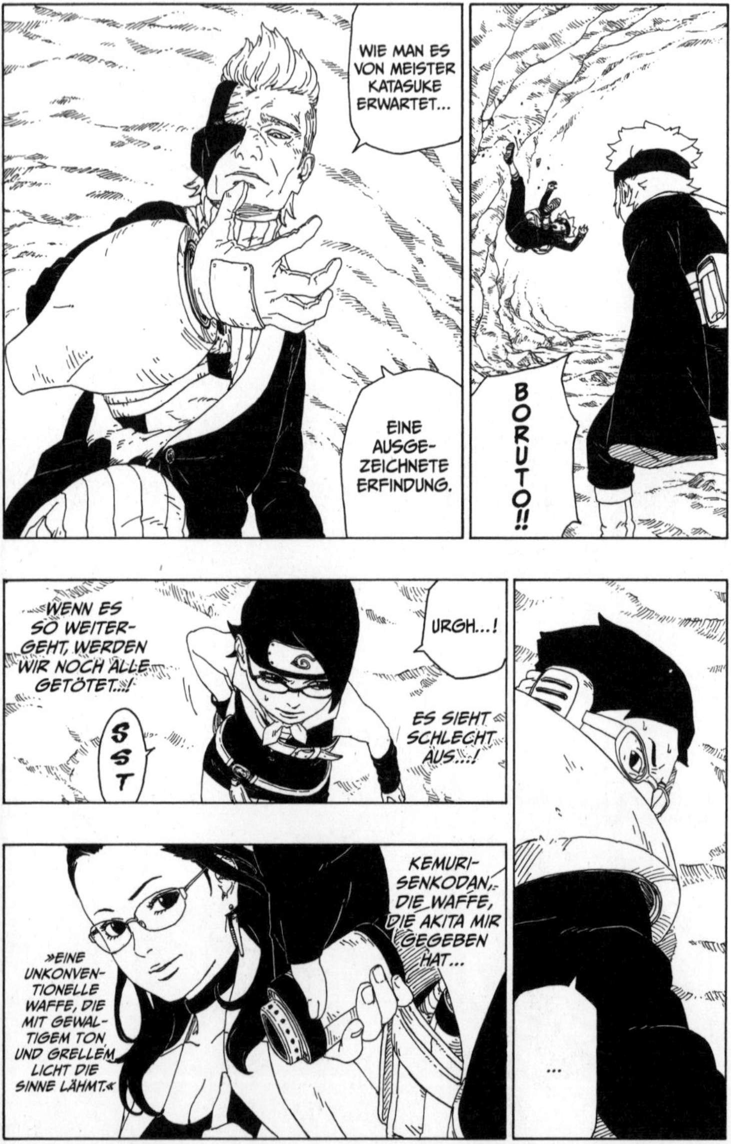
BORUTO!!
WIE MAN ES VON MEISTER KATASUKE ERWARTET...
EINE AUSGEZEICHNETE ERFINDUNG.
URGH...!
ES SIEHT SCHLECHT AUS...!
WENN ES SO WEITERGEHT, WERDEN WIR NOCH ALLE GETÖTET...!
SST
KEMURI-SENKODAN, DIE WAFFE, DIE AKITA MIR GEGEBEN HAT...
»EINE UNKONVENTIONELLE WAFFE, DIE MIT GEWALTIGEM TON UND GRELLEM LICHT DIE SINNE LÄHMT.«
...

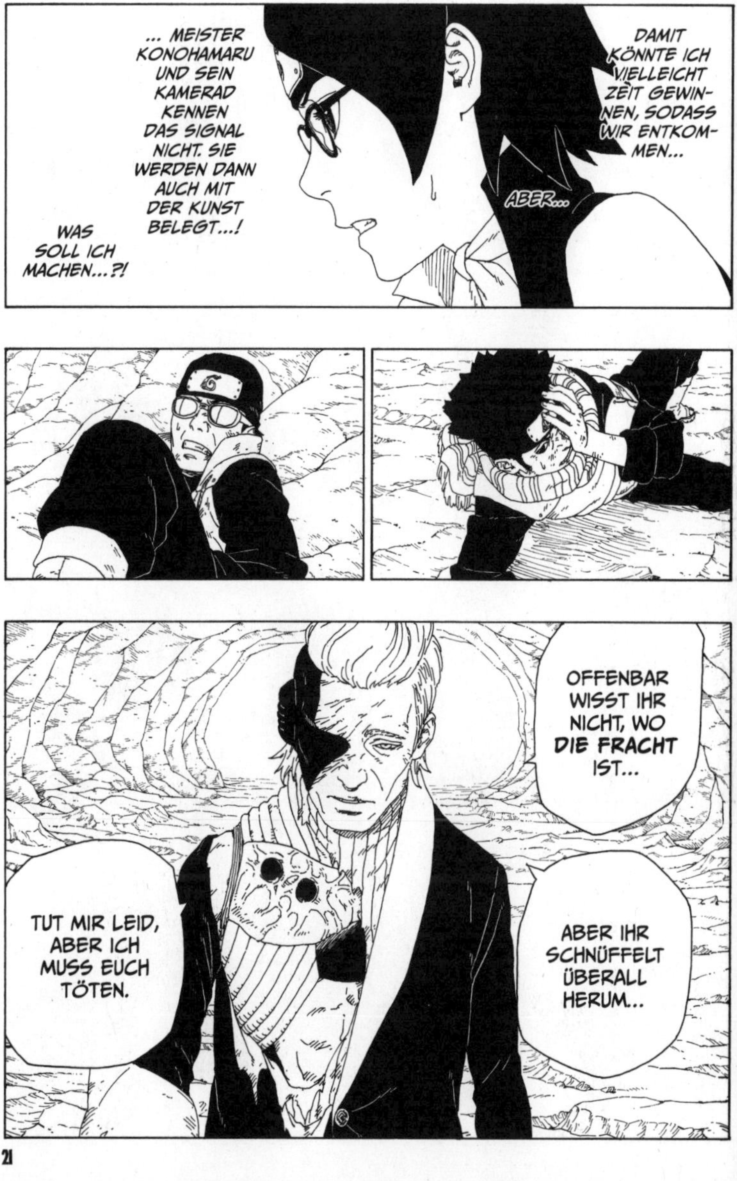
DAMIT KÖNNTE ICH VIELLEICHT ZEIT GEWINNEN, SODASS WIR ENTKOMMEN...
ABER...
... MEISTER KONOHAMARU UND SEIN KAMERAD KENNEN DAS SIGNAL NICHT. SIE WERDEN DANN AUCH MIT DER KUNST BELEGT...!
WAS SOLL ICH MACHEN...?!
OFFENBAR WISST IHR NICHT, WO DIE FRACHT IST...
ABER IHR SCHNÜFFELT ÜBERALL HERUM...
TUT MIR LEID, ABER ICH MUSS EUCH TÖTEN.

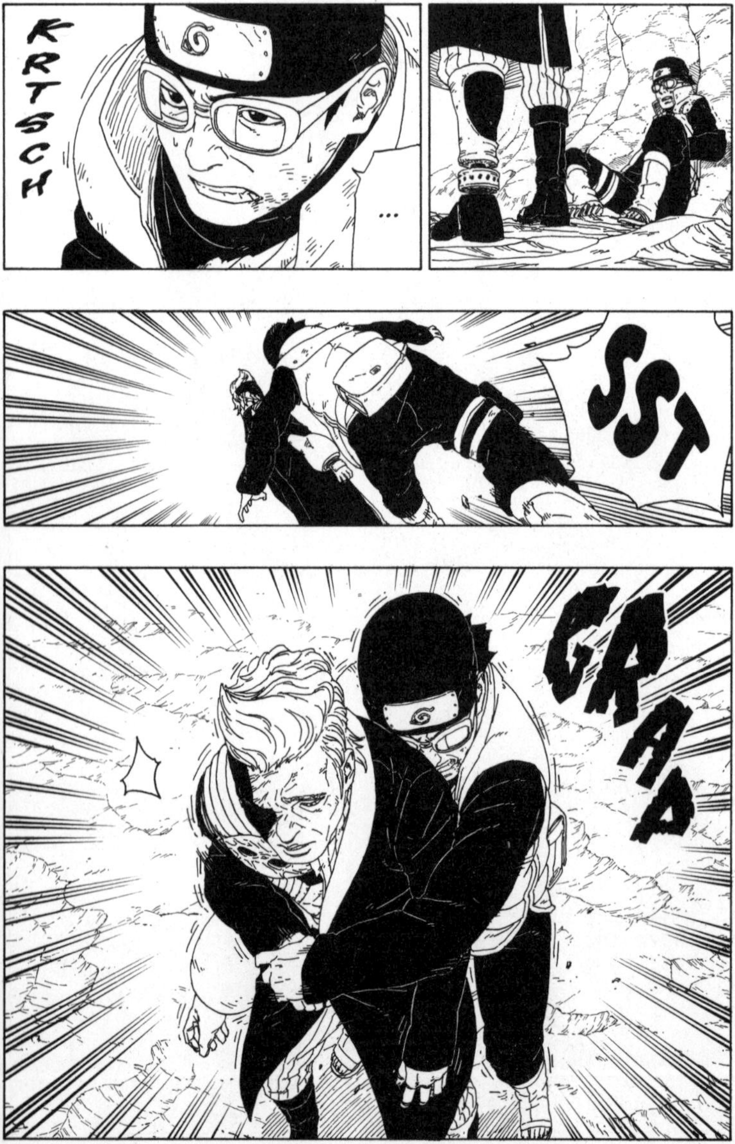

KRTSCH
...
SST
GRAA

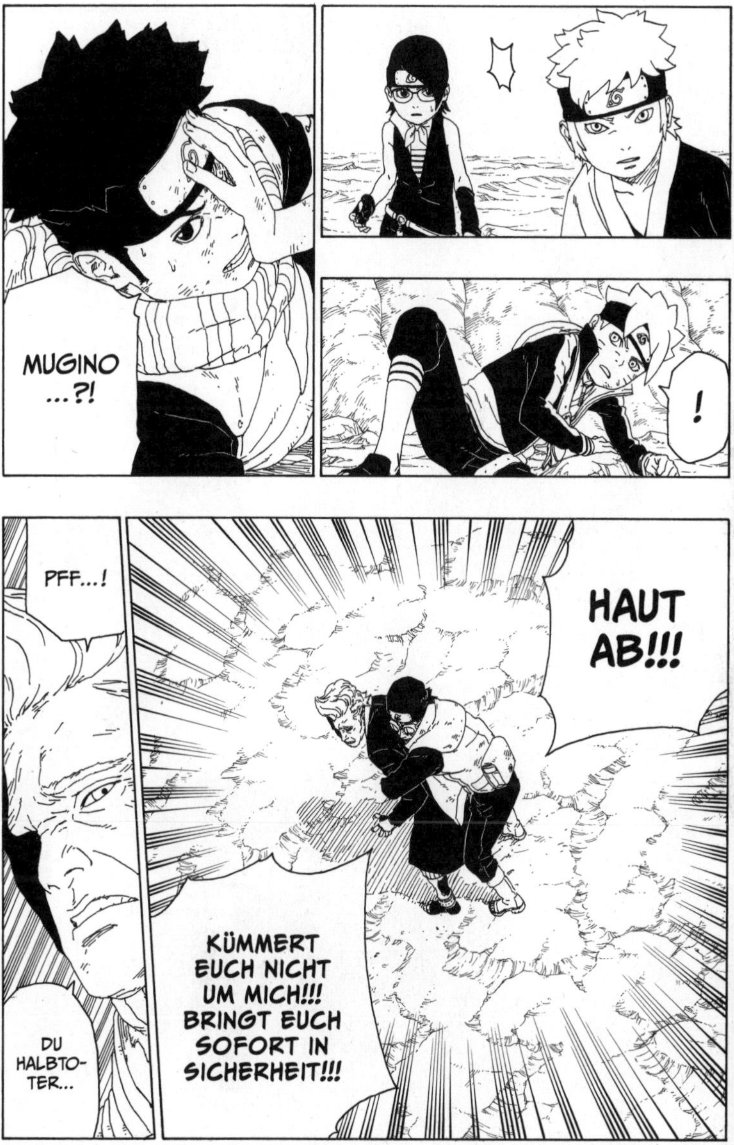
!
MUGINO ...?!
HAUT AB!!!
KÜMMERT EUCH NICHT UM MICH!!! BRINGT EUCH SOFORT IN SICHERHEIT!!!
PFF...!
DU HALBTO-TER...

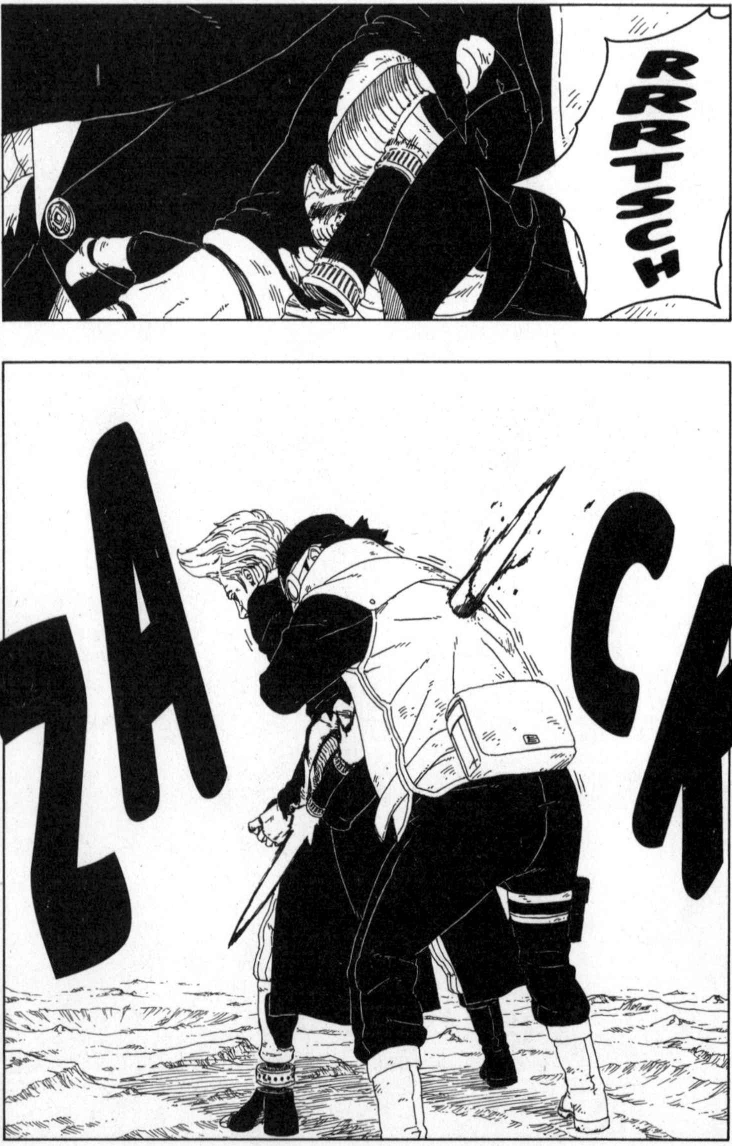
RRRTSCH
ZACK

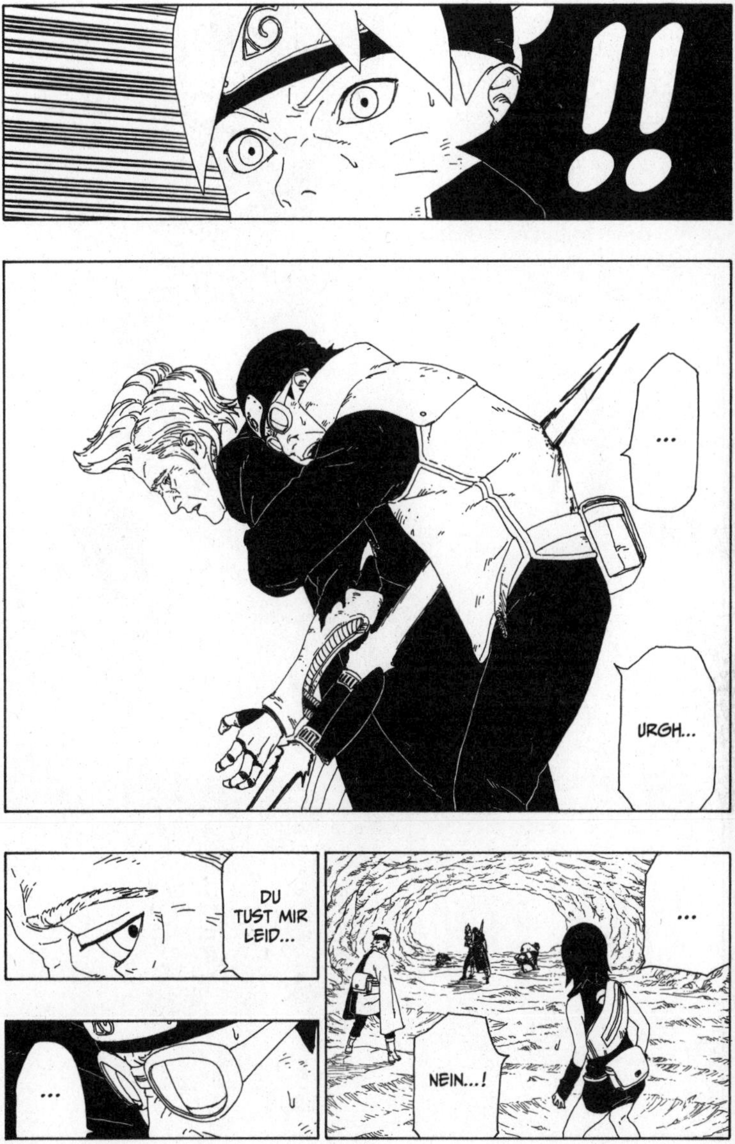
!!
...
URGH...
...
NEIN...!
DU TUST MIR LEID...
...

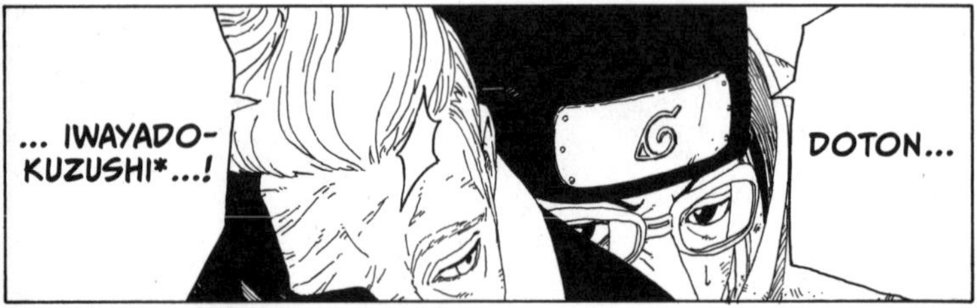

* IWA = FELSEN, YADO = HERBERGE, KUZUSHI = EINSTURZ

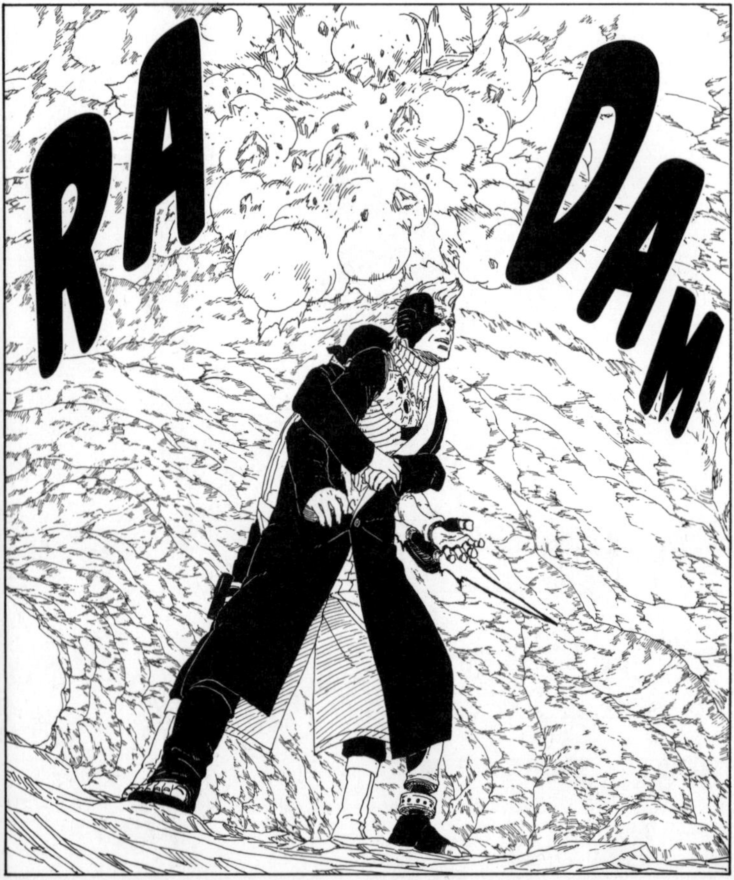

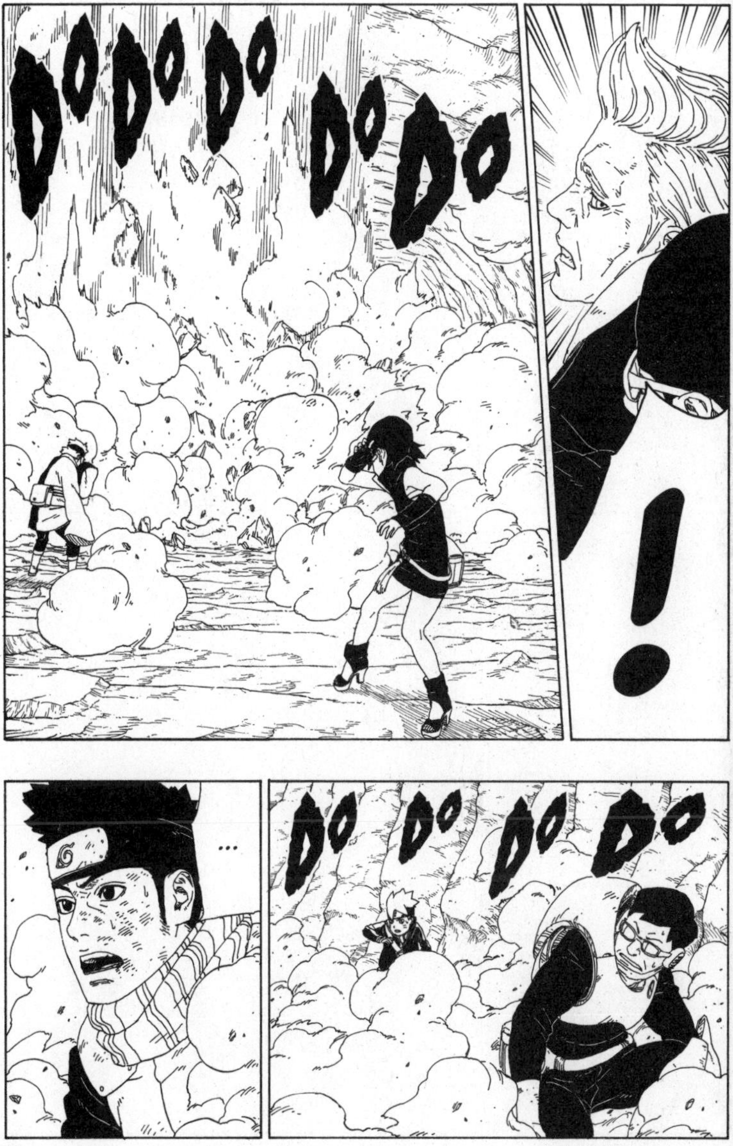
!
DODODO DODODO
...
DODODODO

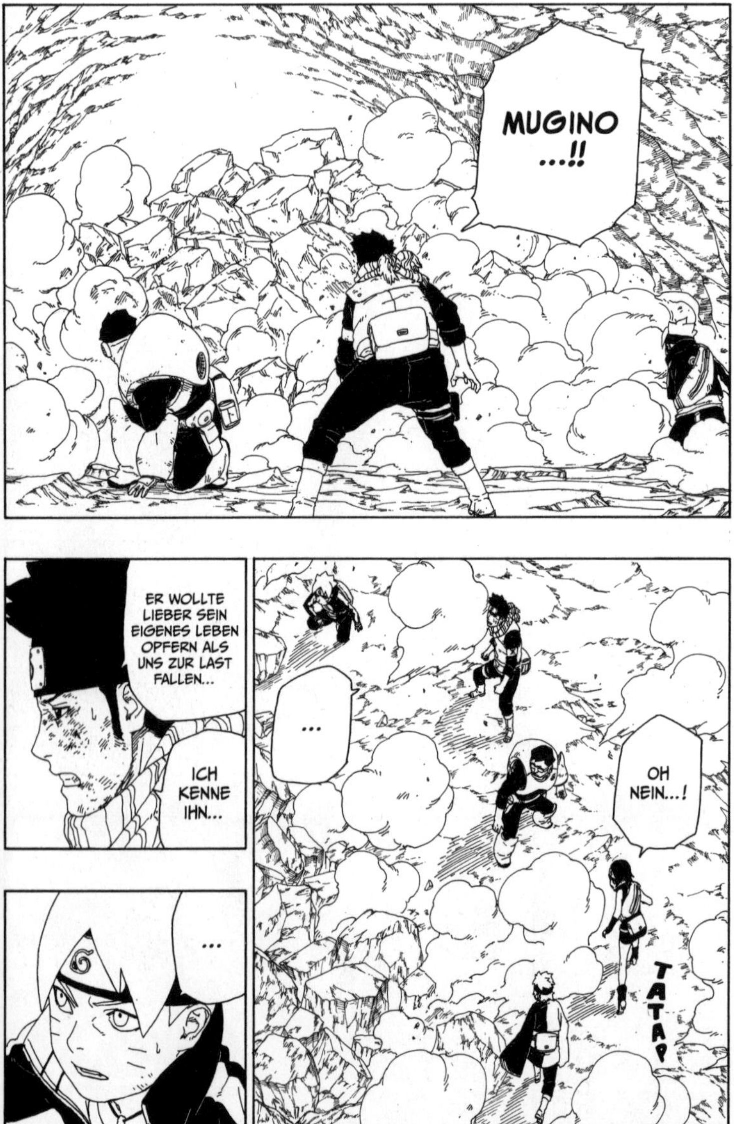
MUGINO ...!!
ER WOLLTE LIEBER SEIN EIGENES LEBEN OPFERN ALS UNS ZUR LAST FALLEN...
ICH KENNE IHN...
OH NEIN...!
...
TATAP
...

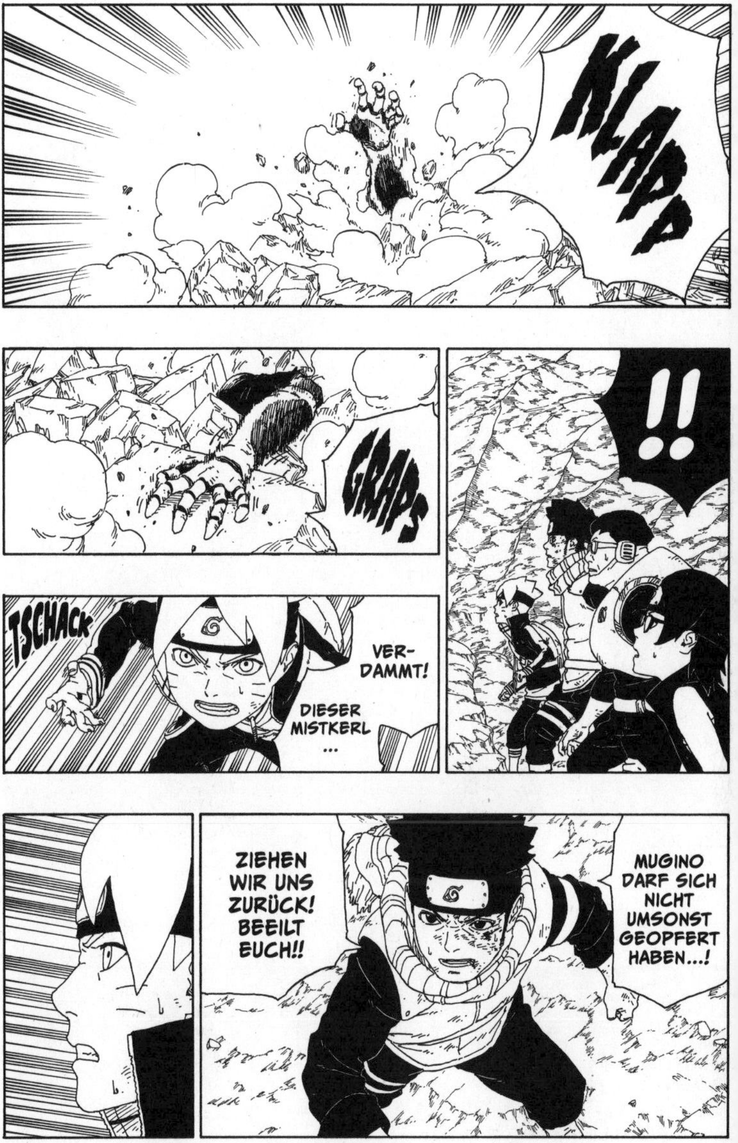
KLAPP
GRAPS
!!
VER-
DAMMT!
DIESER
MISTKERL
...
TSCHACK
MUGINO
DARF SICH
NICHT
UMSONST
GEOPFERT
HABEN...!
ZIEHEN
WIR UNS
ZURÜCK!
BEEILT
EUCH!!

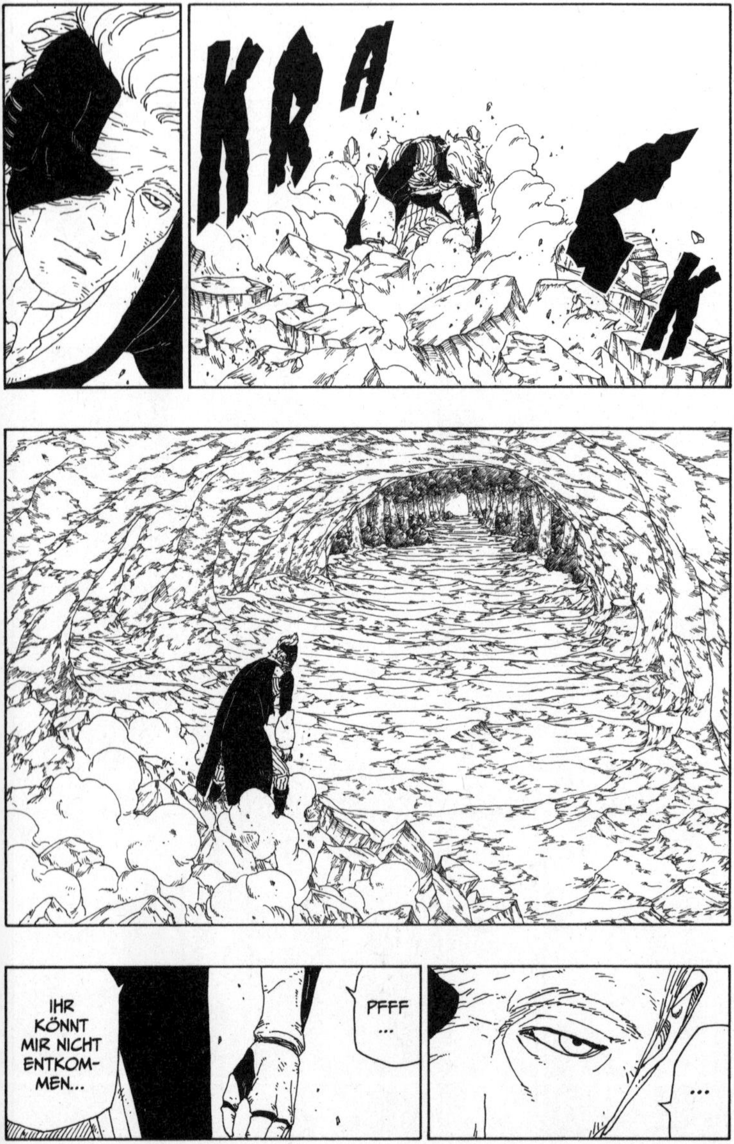
KRAK
KRACK
IHR KÖNNT MIR NICHT ENTKOM-MEN...
PFFF ...
...

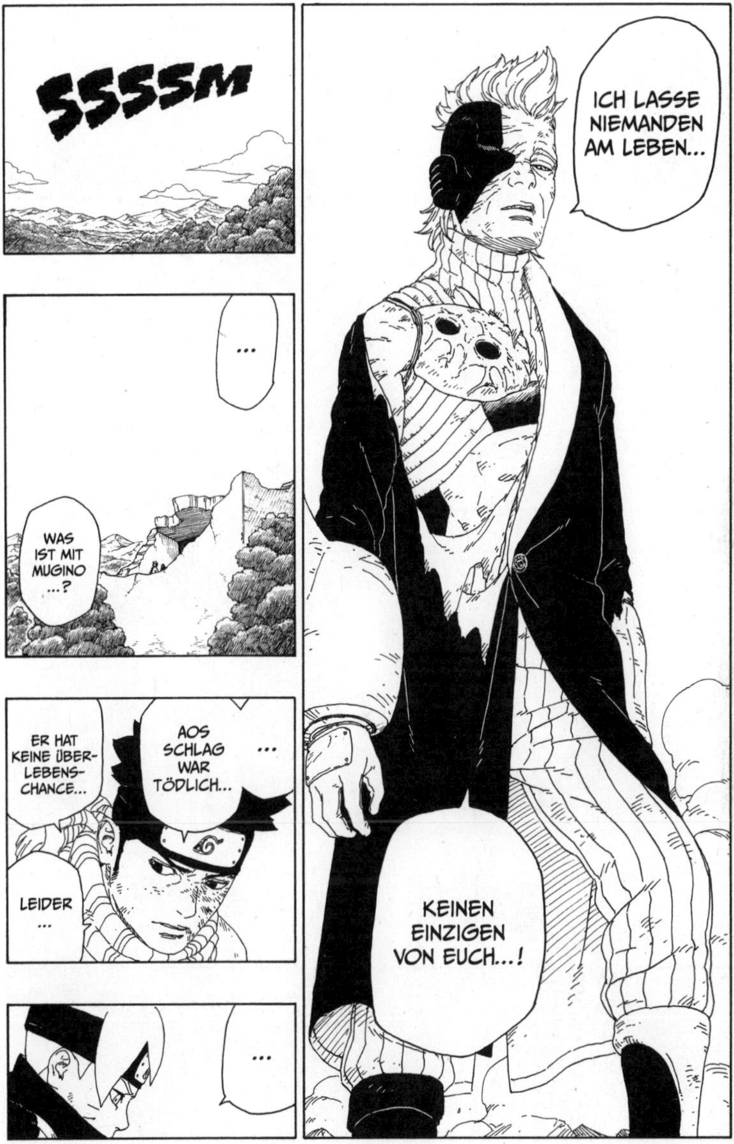
ICH LASSE NIEMANDEN AM LEBEN...
KEINEN EINZIGEN VON EUCH...!
SSSSM
...
WAS IST MIT MUGINO ...?
...
AOS SCHLAG WAR TÖDLICH...
ER HAT KEINE ÜBER-LEBENS-CHANCE...
LEIDER ...
...

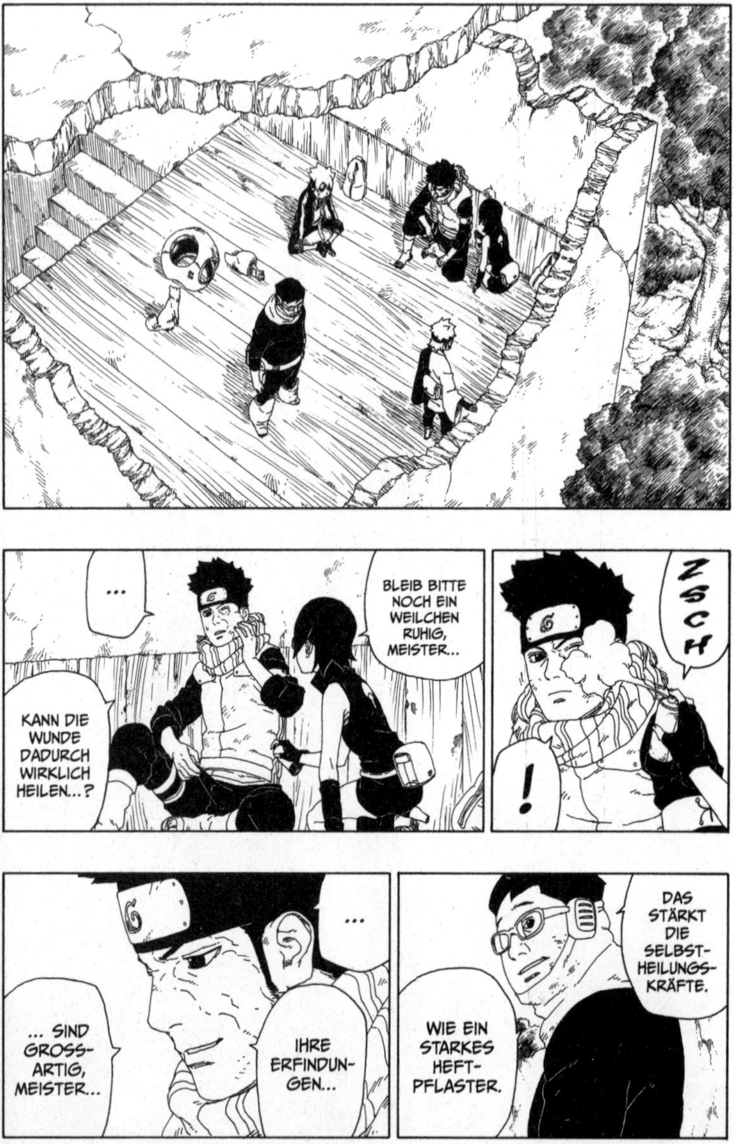
ZSCH
!
BLEIB BITTE NOCH EIN WEILCHEN RUHIG, MEISTER...
...
KANN DIE WUNDE DADURCH WIRKLICH HEILEN...?
DAS STÄRKT DIE SELBST-HEILUNGS-KRÄFTE.
WIE EIN STARKES HEFT-PFLASTER.
...
IHRE ERFINDUN-GEN...
... SIND GROSS-ARTIG, MEISTER...

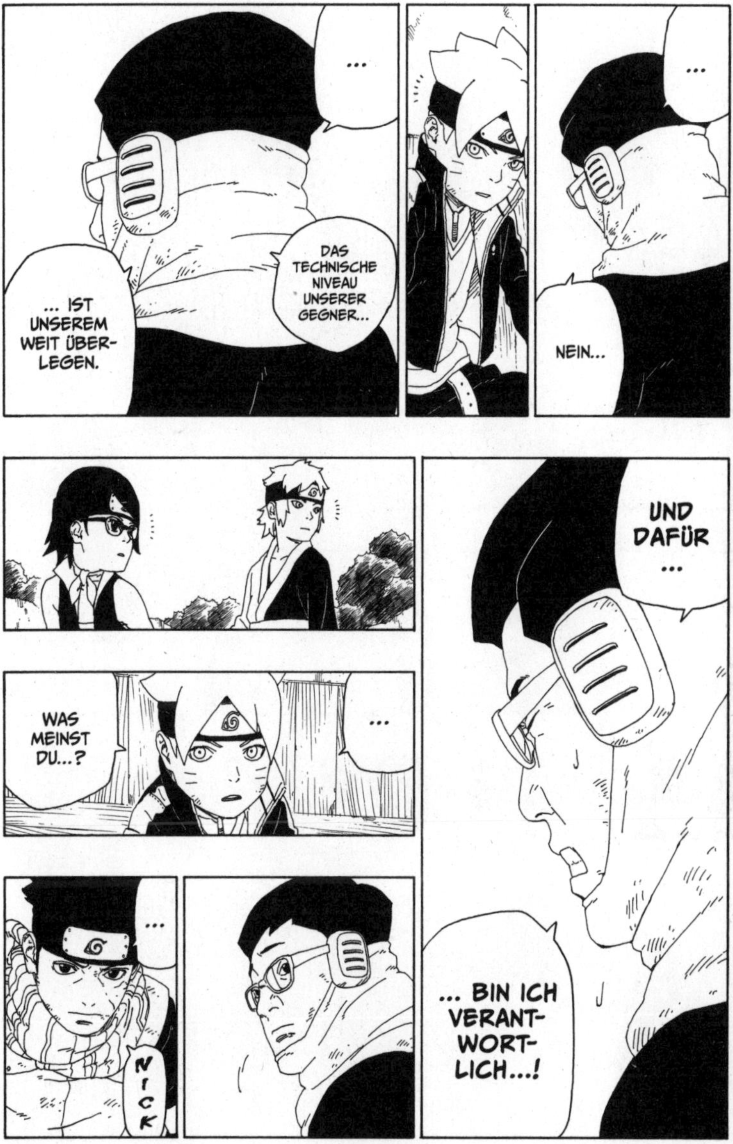

...
NEIN...
...
DAS TECHNISCHE NIVEAU UNSERER GEGNER...
... IST UNSEREM WEIT ÜBERLEGEN.
UND DAFÜR ...
... BIN ICH VERANT-WORT-LICH...!
...
WAS MEINST DU...?
...
NICK

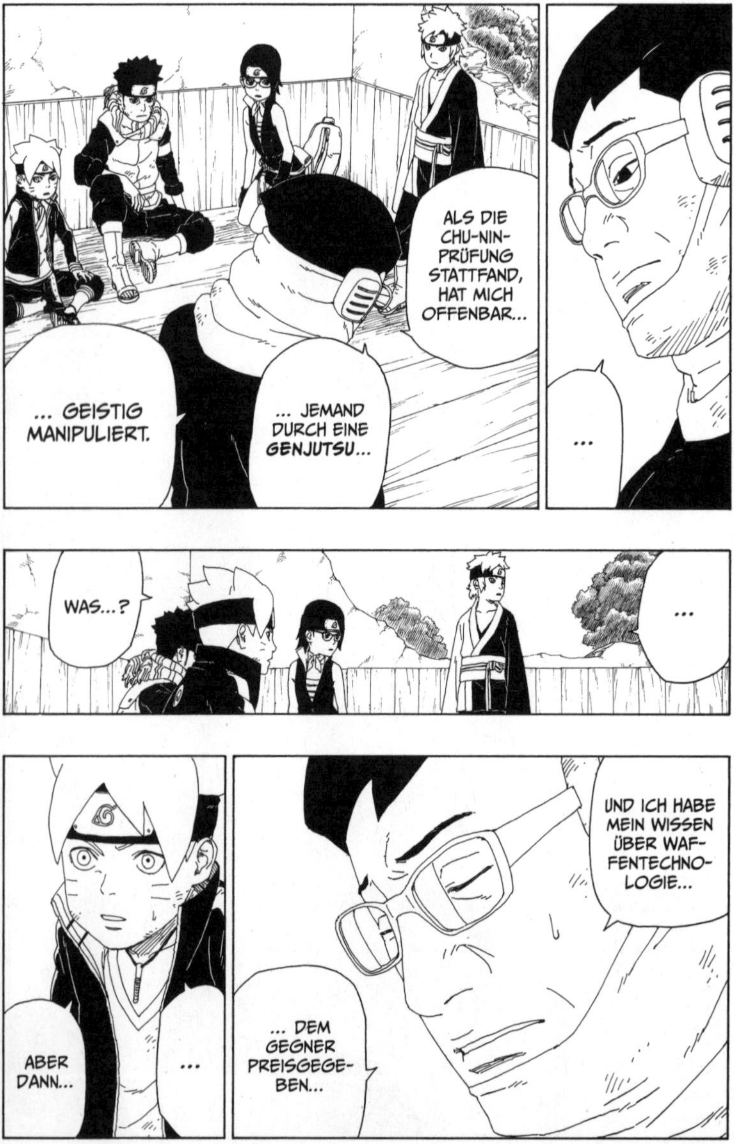
...
ALS DIE CHU-NIN-PRÜFUNG STATTFAND, HAT MICH OFFENBAR...
... JEMAND DURCH EINE GENJUTSU...
... GEISTIG MANIPULIERT.
...
WAS...?
UND ICH HABE MEIN WISSEN ÜBER WAF-FENTECHNO-LOGIE...
... DEM GEGNER PREISGEGE-BEN...
...
ABER DANN...

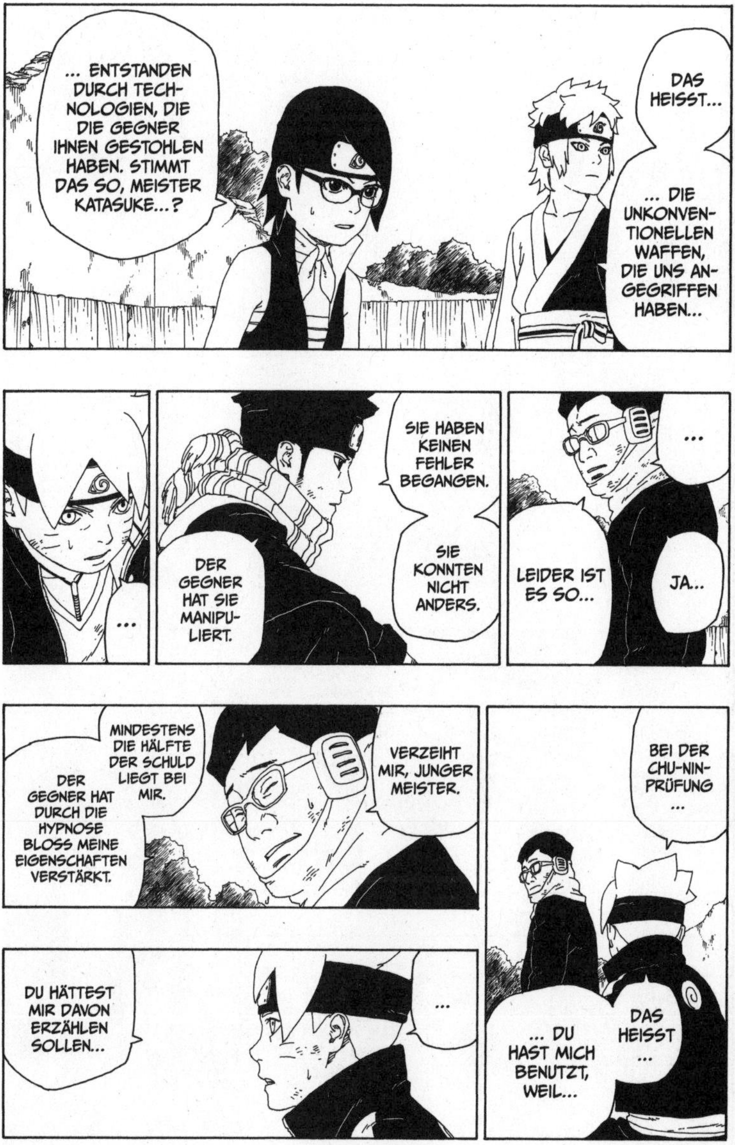
DAS HEISST...
... DIE UNKONVENTIONELLEN WAFFEN, DIE UNS ANGEGRIFFEN HABEN...
... ENTSTANDEN DURCH TECHNOLOGIEN, DIE DIE GEGNER IHNEN GESTOHLEN HABEN. STIMMT DAS SO, MEISTER KATASUKE...?
...
JA...
LEIDER IST ES SO...
SIE HABEN KEINEN FEHLER BEGANGEN.
SIE KONNTEN NICHT ANDERS.
DER GEGNER HAT SIE MANIPULIERT.
...
BEI DER CHU-NIN-PRÜFUNG ...
DAS HEISST ...
... DU HAST MICH BENUTZT, WEIL...
VERZEIHT MIR, JUNGER MEISTER.
MINDESTENS DIE HÄLFTE DER SCHULD LIEGT BEI MIR.
DER GEGNER HAT DURCH DIE HYPNOSE BLOSS MEINE EIGENSCHAFTEN VERSTÄRKT.
...
DU HÄTTEST MIR DAVON ERZÄHLEN SOLLEN...

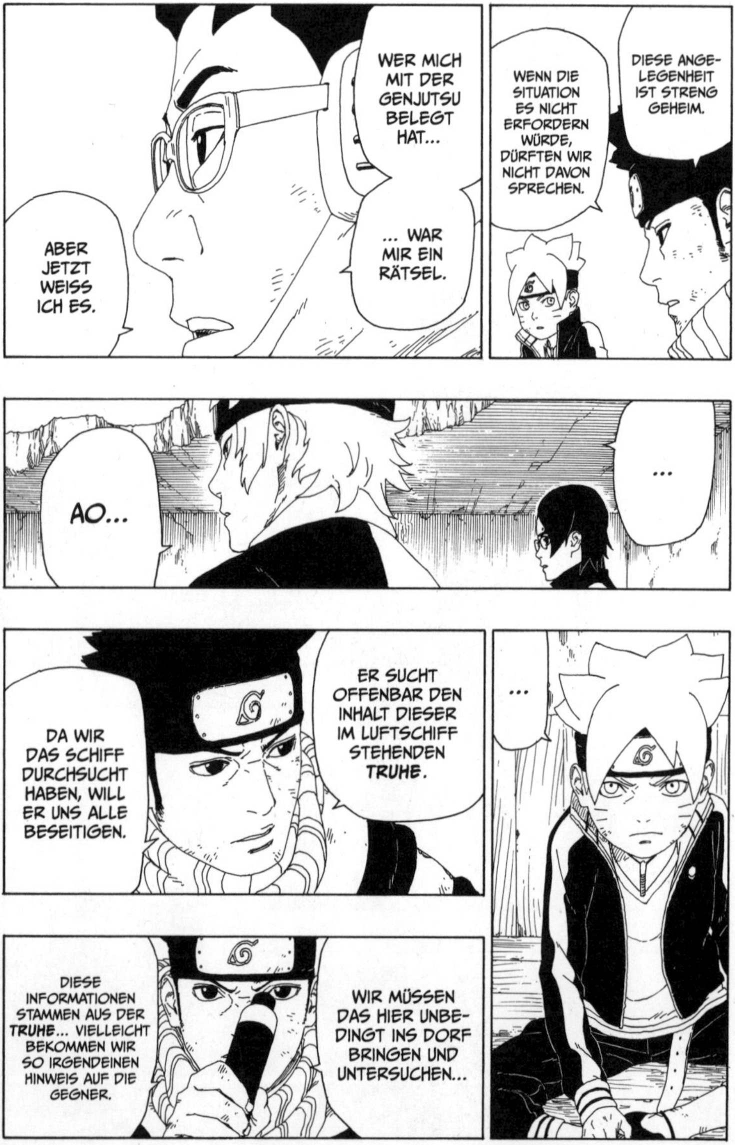
DIESE ANGELEGENHEIT IST STRENG GEHEIM.
WENN DIE SITUATION ES NICHT ERFORDERN WÜRDE, DÜRFTEN WIR NICHT DAVON SPRECHEN.
WER MICH MIT DER GENJUTSU BELEGT HAT...
... WAR MIR EIN RÄTSEL.
ABER JETZT WEISS ICH ES.
...
AO...
...
ER SUCHT OFFENBAR DEN INHALT DIESER IM LUFTSCHIFF STEHENDEN TRUHE.
DA WIR DAS SCHIFF DURCHSUCHT HABEN, WILL ER UNS ALLE BESEITIGEN.
WIR MÜSSEN DAS HIER UNBEDINGT INS DORF BRINGEN UND UNTERSUCHEN...
DIESE INFORMATIONEN STAMMEN AUS DER TRUHE... VIELLEICHT BEKOMMEN WIR SO IRGENDEINEN HINWEIS AUF DIE GEGNER.

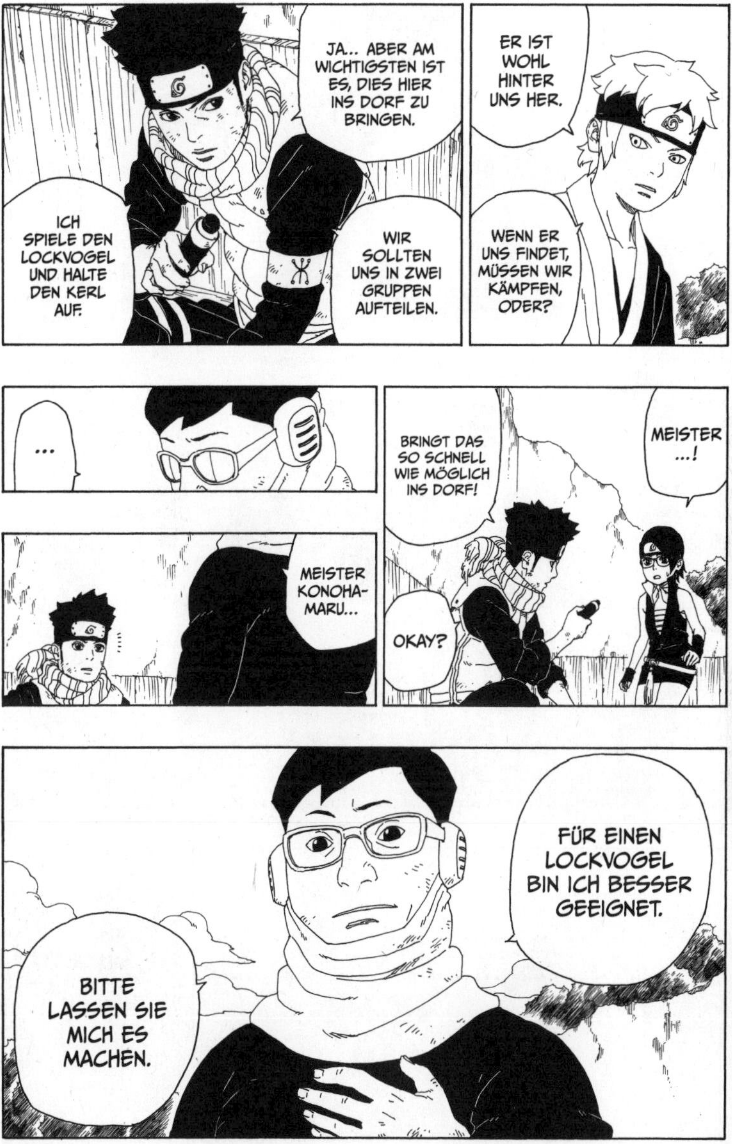
ER IST WOHL HINTER UNS HER.
WENN ER UNS FINDET, MÜSSEN WIR KÄMPFEN, ODER?
JA... ABER AM WICHTIGSTEN IST ES, DIES HIER INS DORF ZU BRINGEN.
WIR SOLLTEN UNS IN ZWEI GRUPPEN AUFTEILEN.
ICH SPIELE DEN LOCKVOGEL UND HALTE DEN KERL AUF.
MEISTER ...!
BRINGT DAS SO SCHNELL WIE MÖGLICH INS DORF!
OKAY?
...
MEISTER KONOHAMARU...
FÜR EINEN LOCKVOGEL BIN ICH BESSER GEEIGNET.
BITTE LASSEN SIE MICH ES MACHEN.

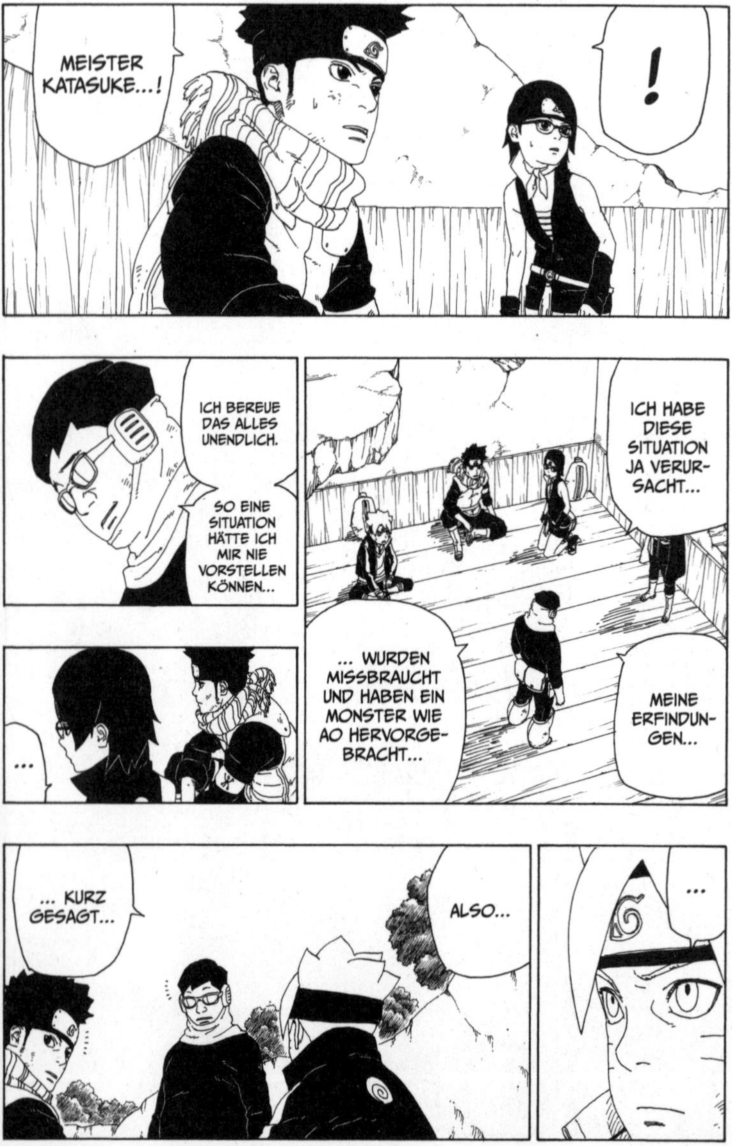
!
MEISTER KATASUKE...!
ICH HABE DIESE SITUATION JA VERURSACHT...
MEINE ERFINDUNGEN...
... WURDEN MISSBRAUCHT UND HABEN EIN MONSTER WIE AO HERVORGEBRACHT...
ICH BEREUE DAS ALLES UNENDLICH.
SO EINE SITUATION HÄTTE ICH MIR NIE VORSTELLEN KÖNNEN...
...
...
ALSO...
... KURZ GESAGT...

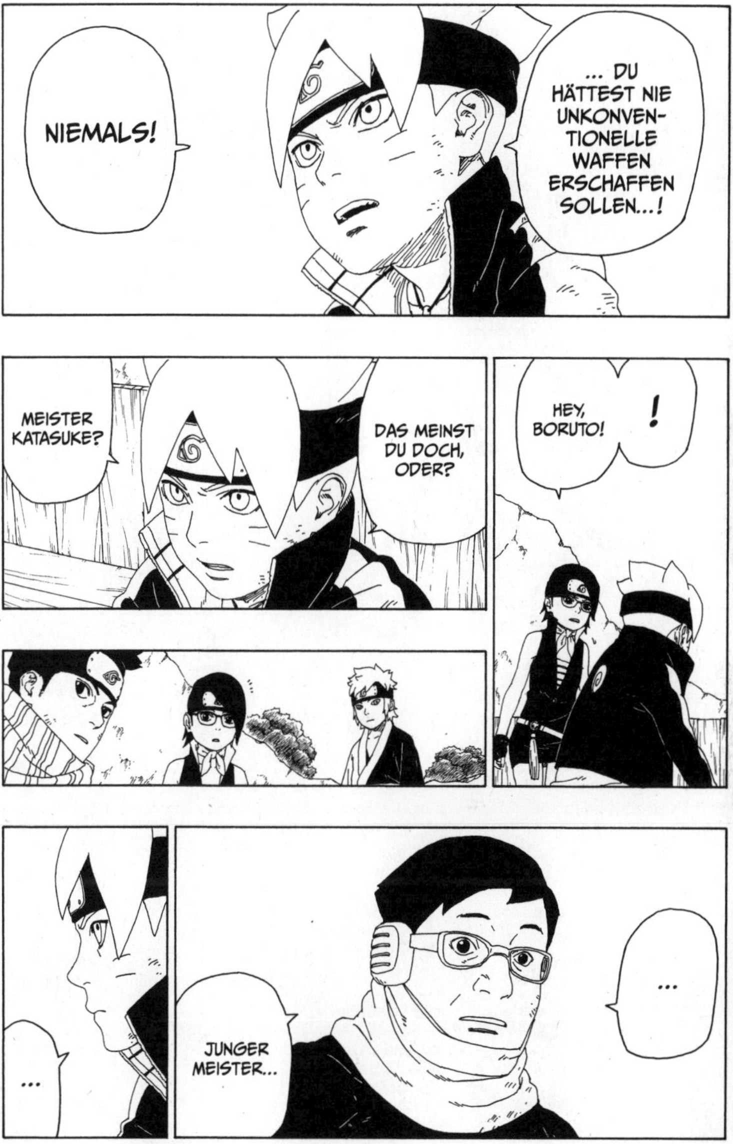

... DU HÄTTEST NIE UNKONVENTIONELLE WAFFEN ERSCHAFFEN SOLLEN...!
NIEMALS!
HEY, BORUTO!
!
DAS MEINST DU DOCH, ODER?
MEISTER KATASUKE?
...
JUNGER MEISTER...
...

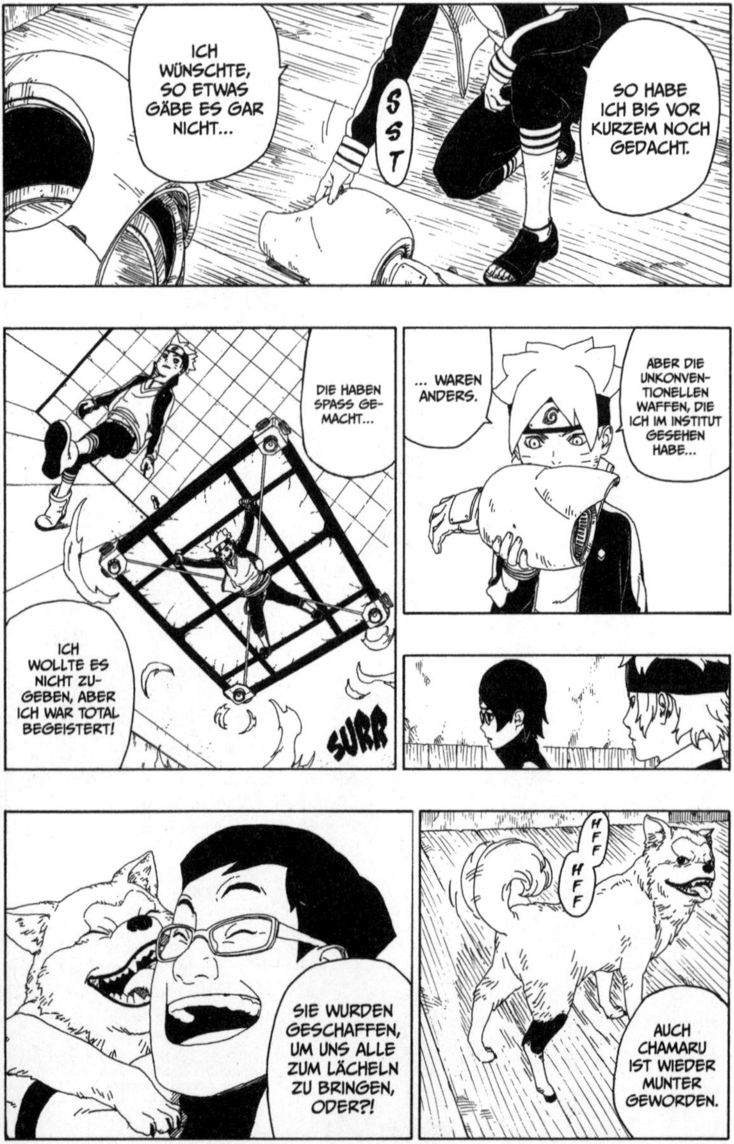

SO HABE ICH BIS VOR KURZEM NOCH GEDACHT.
SST
ICH WÜNSCHTE, SO ETWAS GÄBE ES GAR NICHT...
ABER DIE UNKONVENTIONELLEN WAFFEN, DIE ICH IM INSTITUT GESEHEN HABE...
... WAREN ANDERS.
DIE HABEN SPASS GEMACHT...
ICH WOLLTE ES NICHT ZUGEBEN, ABER ICH WAR TOTAL BEGEISTERT!
SURR
HFF HFF
AUCH CHAMARU IST WIEDER MUNTER GEWORDEN.
SIE WURDEN GESCHAFFEN, UM UNS ALLE ZUM LÄCHELN ZU BRINGEN, ODER?!

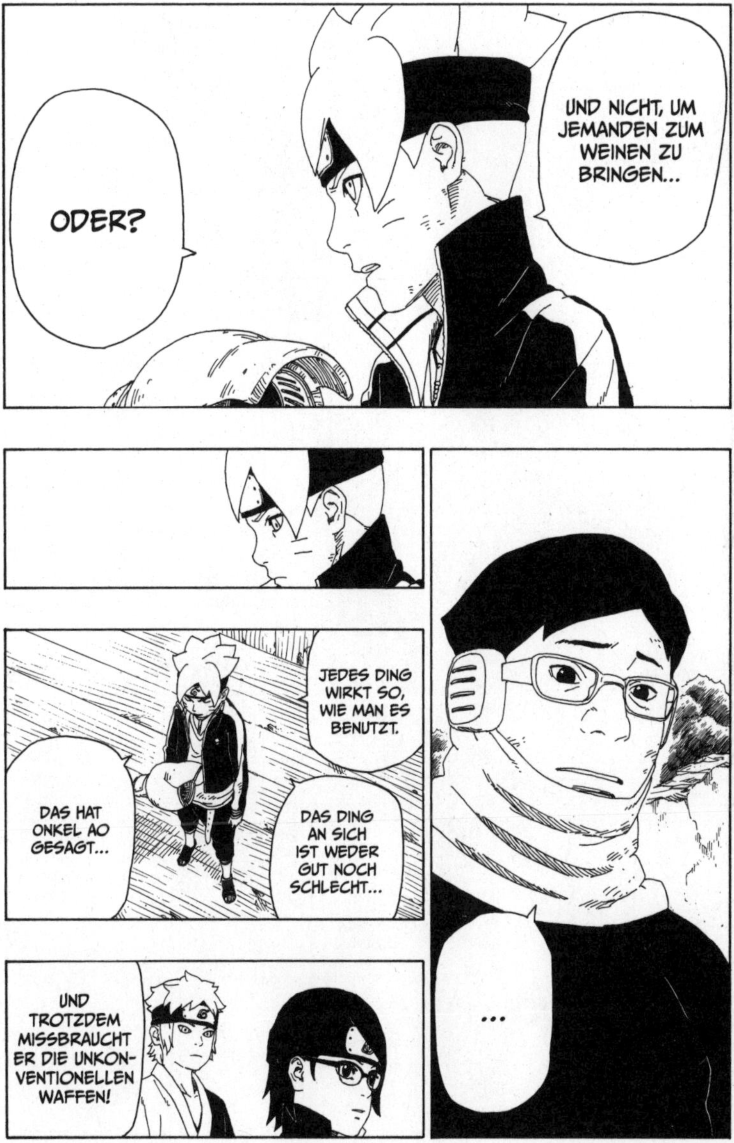
UND NICHT, UM JEMANDEN ZUM WEINEN ZU BRINGEN...
ODER?
...
JEDES DING WIRKT SO, WIE MAN ES BENUTZT.
DAS DING AN SICH IST WEDER GUT NOCH SCHLECHT...
DAS HAT ONKEL AO GESAGT...
UND TROTZDEM MISSBRAUCHT ER DIE UNKONVENTIONELLEN WAFFEN!

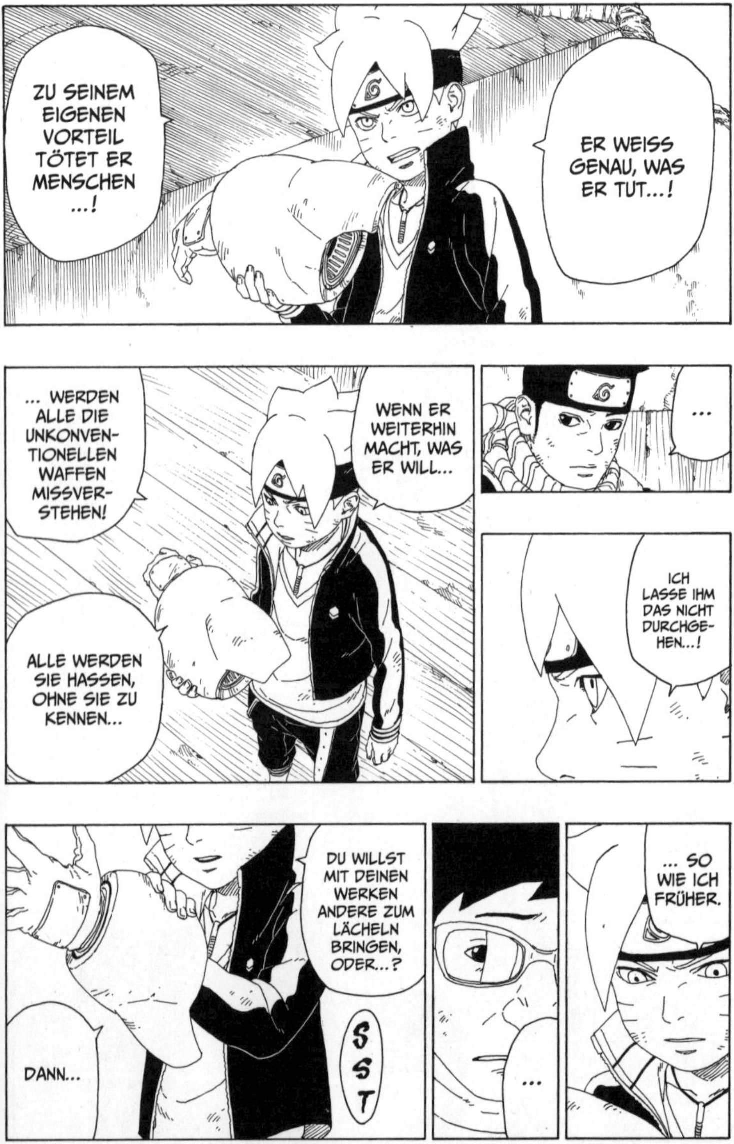
ER WEISS GENAU, WAS ER TUT...!
ZU SEINEM EIGENEN VORTEIL TÖTET ER MENSCHEN ...!
WENN ER WEITERHIN MACHT, WAS ER WILL...
... WERDEN ALLE DIE UNKONVEN-TIONELLEN WAFFEN MISSVER-STEHEN!
ALLE WERDEN SIE HASSEN, OHNE SIE ZU KENNEN...
...
ICH LASSE IHM DAS NICHT DURCHGE-HEN...!
... SO WIE ICH FRÜHER.
...
DU WILLST MIT DEINEN WERKEN ANDERE ZUM LÄCHELN BRINGEN, ODER...?
SST
DANN...

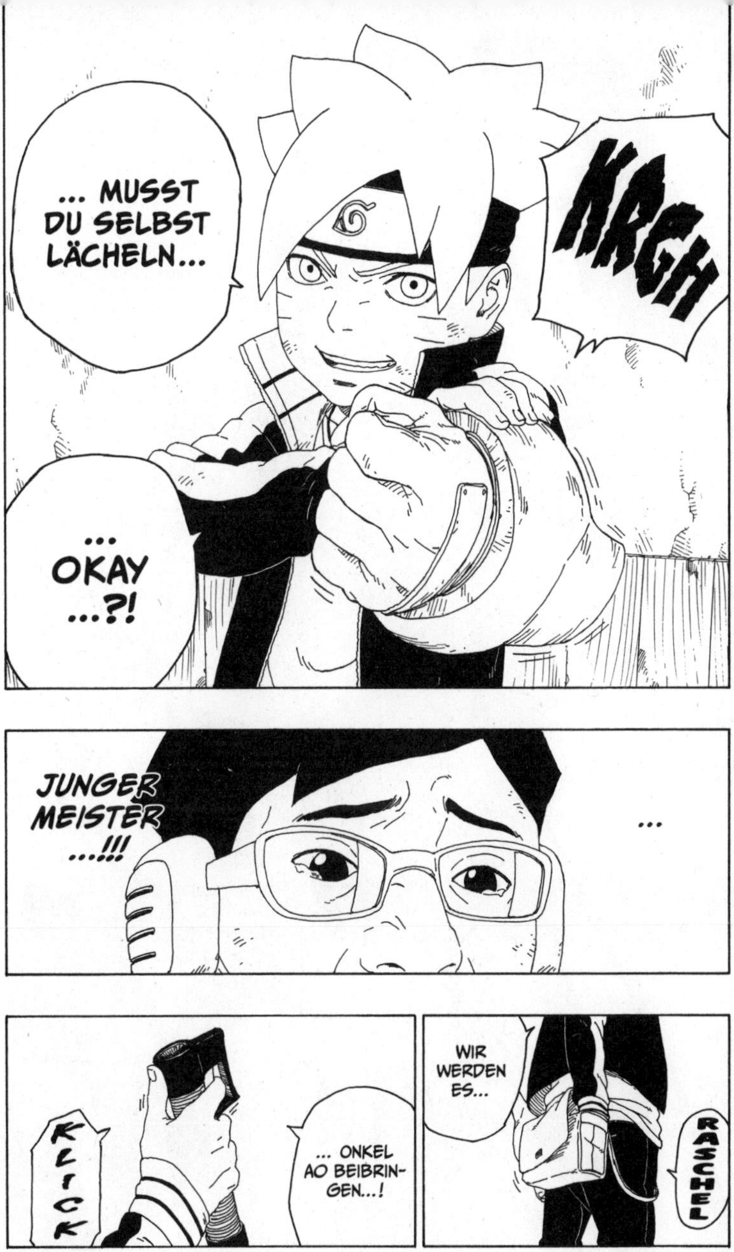
KRGH
... MUSST DU SELBST LÄCHELN...
... OKAY ...?!
...
JUNGER MEISTER ...!!!
RASCHEL
WIR WERDEN ES...
... ONKEL AO BEIBRINGEN...!
KLICK

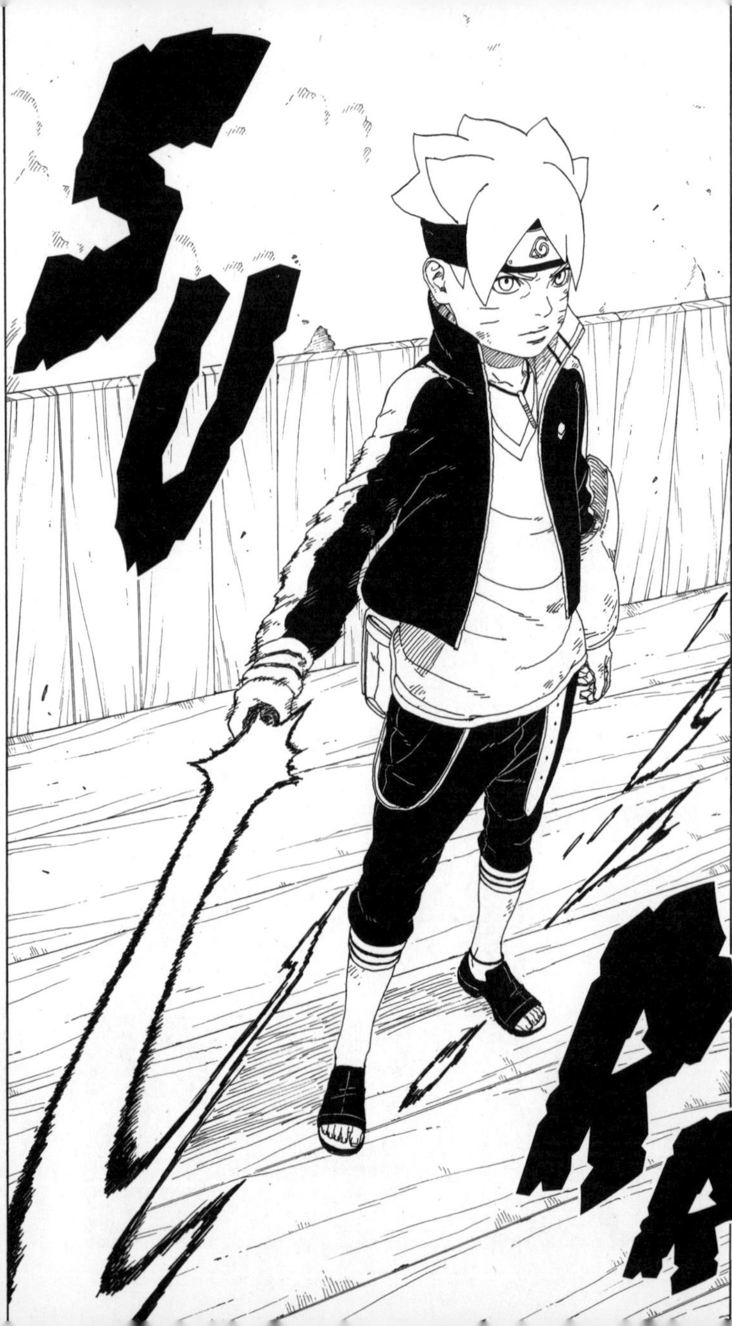
SU
RR

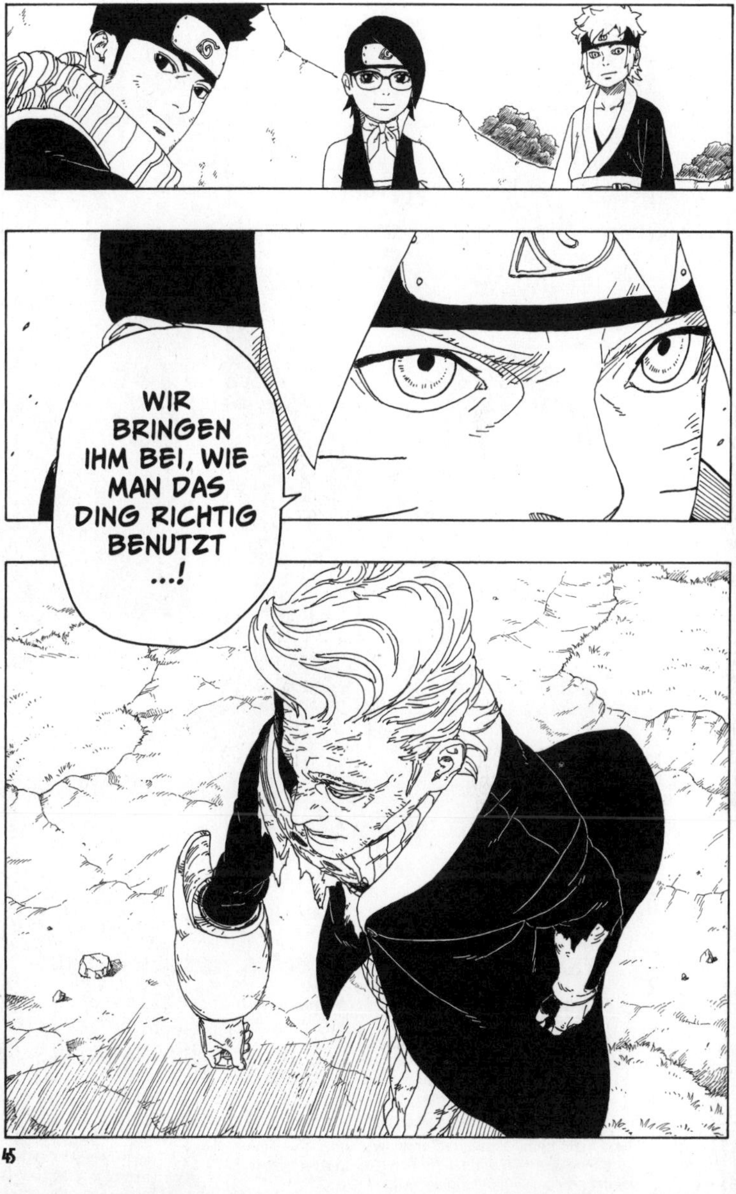
WIR BRINGEN IHM BEI, WIE MAN DAS DING RICHTIG BENUTZT ...!

GROSSES NINJA-LEXIKON – TEIL 16

SAI YAMANAKA

»DAS WICHTIGSTE IST, NIEMALS AUFZUGEBEN!«

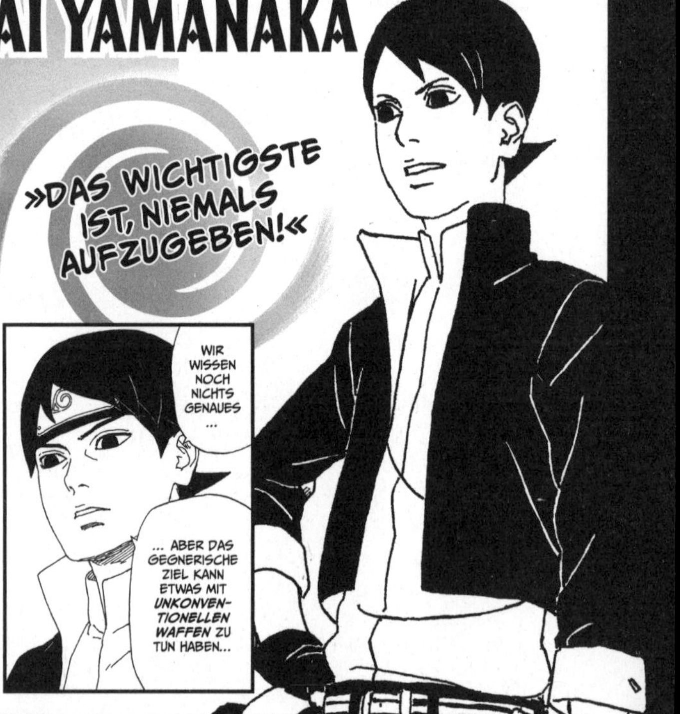

Eigenschaften

Körperkraft	140	Schnelligkeit	160
Intelligenz	144	Chakra	150
Wahrnehmungskraft	155	Verhandlungsgeschick	120

Fähigkeiten

Kunst (Malerei) ☆☆☆☆☆ Manipulation ☆☆☆☆

Ninja-Künste

Ninpo-Chojugiga, Fuin-Jutsu-Koshitandan, Sumibunshin-no-Jutsu* u. a.

*Sumi = Tinte

Die durchschnittlichen Eigenschaftswerte liegen bei normalen Menschen um die 60, bei Ge-Nin um die 90. Fähigkeitsgrade gibt es von 1-5. Mit 5 Sternen gehört man zur Spitzenklasse.

21: WIE MAN ES BENUTZT

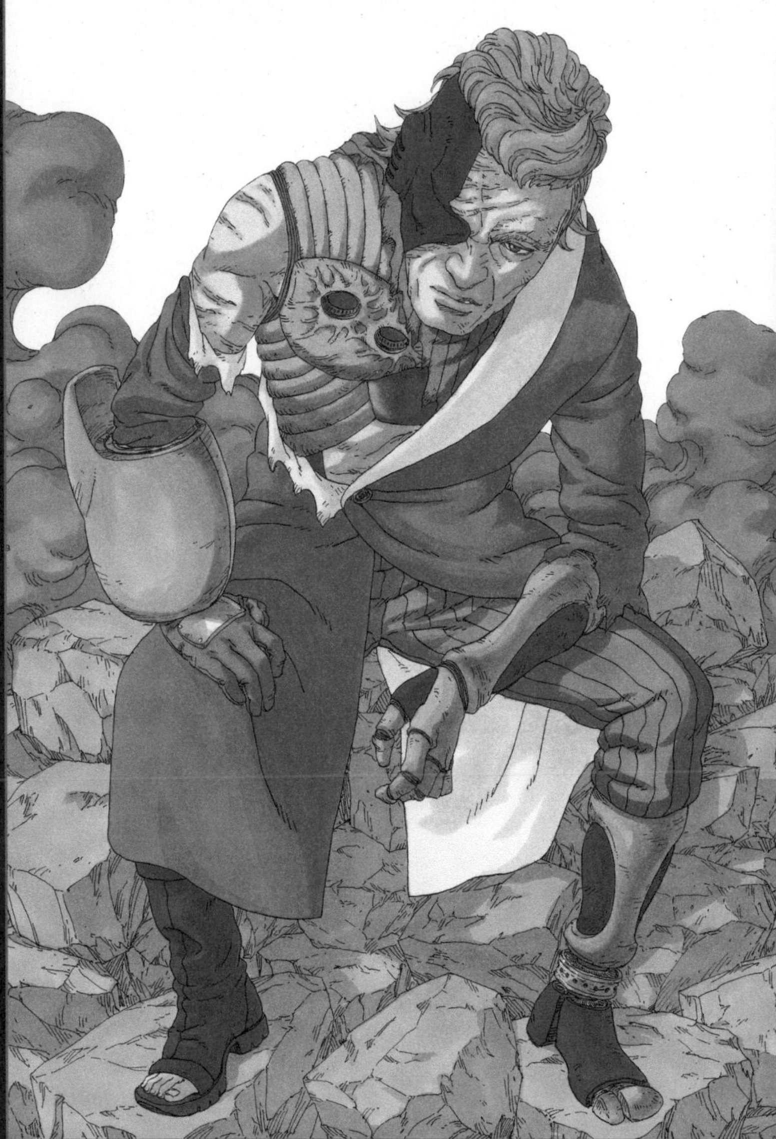

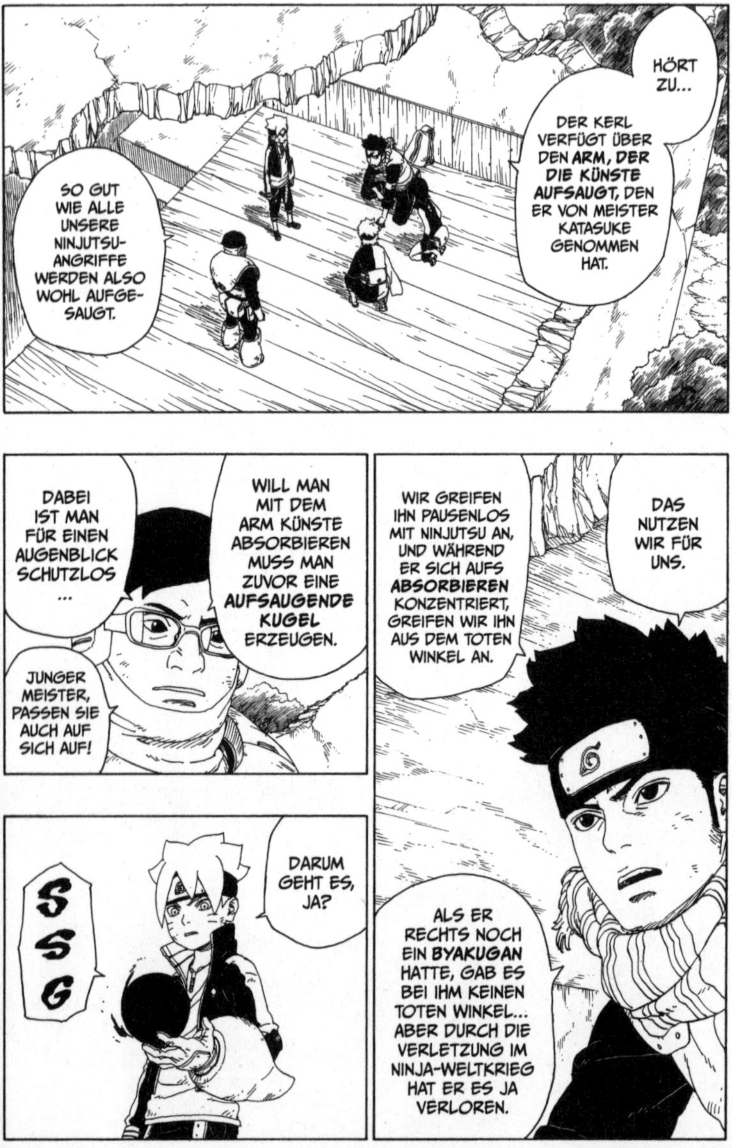
HÖRT ZU...
DER KERL VERFÜGT ÜBER DEN ARM, DER DIE KÜNSTE AUFSAUGT, DEN ER VON MEISTER KATASUKE GENOMMEN HAT.
SO GUT WIE ALLE UNSERE NINJUTSU-ANGRIFFE WERDEN ALSO WOHL AUFGESAUGT.
DAS NUTZEN WIR FÜR UNS.
WIR GREIFEN IHN PAUSENLOS MIT NINJUTSU AN, UND WÄHREND ER SICH AUFS ABSORBIEREN KONZENTRIERT, GREIFEN WIR IHN AUS DEM TOTEN WINKEL AN.
WILL MAN MIT DEM ARM KÜNSTE ABSORBIEREN MUSS MAN ZUVOR EINE AUFSAUGENDE KUGEL ERZEUGEN.
DABEI IST MAN FÜR EINEN AUGENBLICK SCHUTZLOS ...
JUNGER MEISTER, PASSEN SIE AUCH AUF SICH AUF!
ALS ER RECHTS NOCH EIN BYAKUGAN HATTE, GAB ES BEI IHM KEINEN TOTEN WINKEL... ABER DURCH DIE VERLETZUNG IM NINJA-WELTKRIEG HAT ER ES JA VERLOREN.
DARUM GEHT ES, JA?
SSG

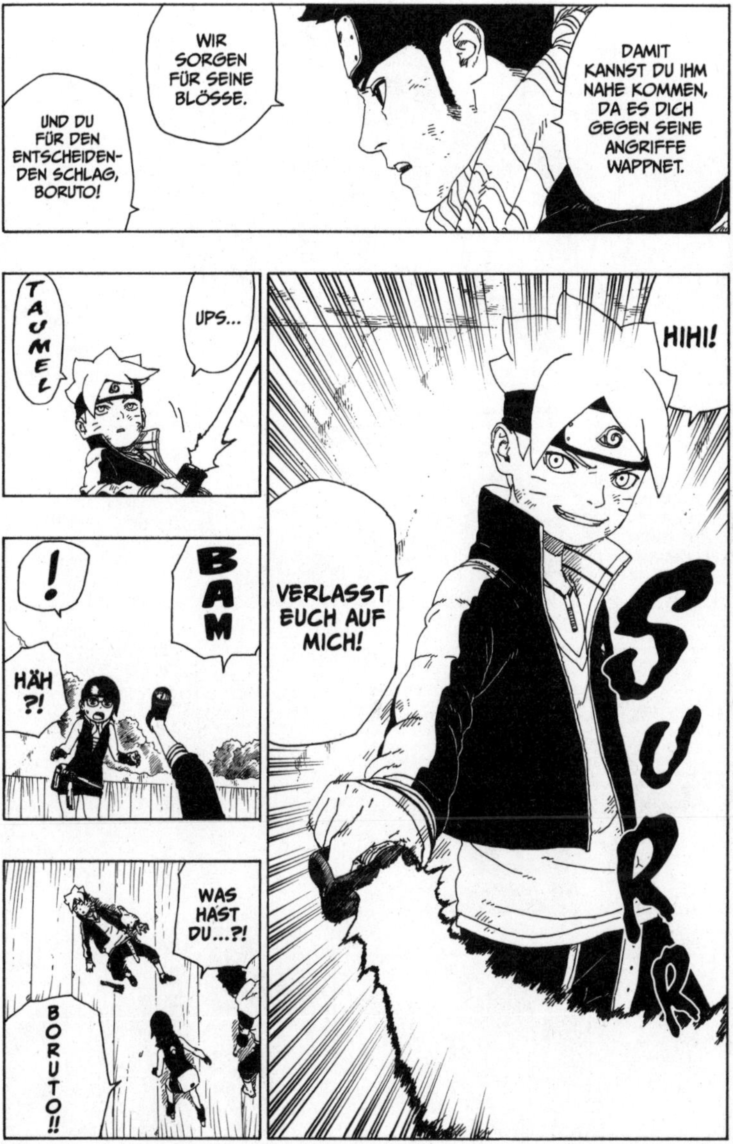
DAMIT KANNST DU IHM NAHE KOMMEN, DA ES DICH GEGEN SEINE ANGRIFFE WAPPNET.
WIR SORGEN FÜR SEINE BLÖSSE.
UND DU FÜR DEN ENTSCHEIDEN-DEN SCHLAG, BORUTO!
HIHI!
VERLASST EUCH AUF MICH!
SURR
UPS...
TAUMEL
BAM
!
HÄH ?!
WAS HAST DU...?!
BORUTO!!

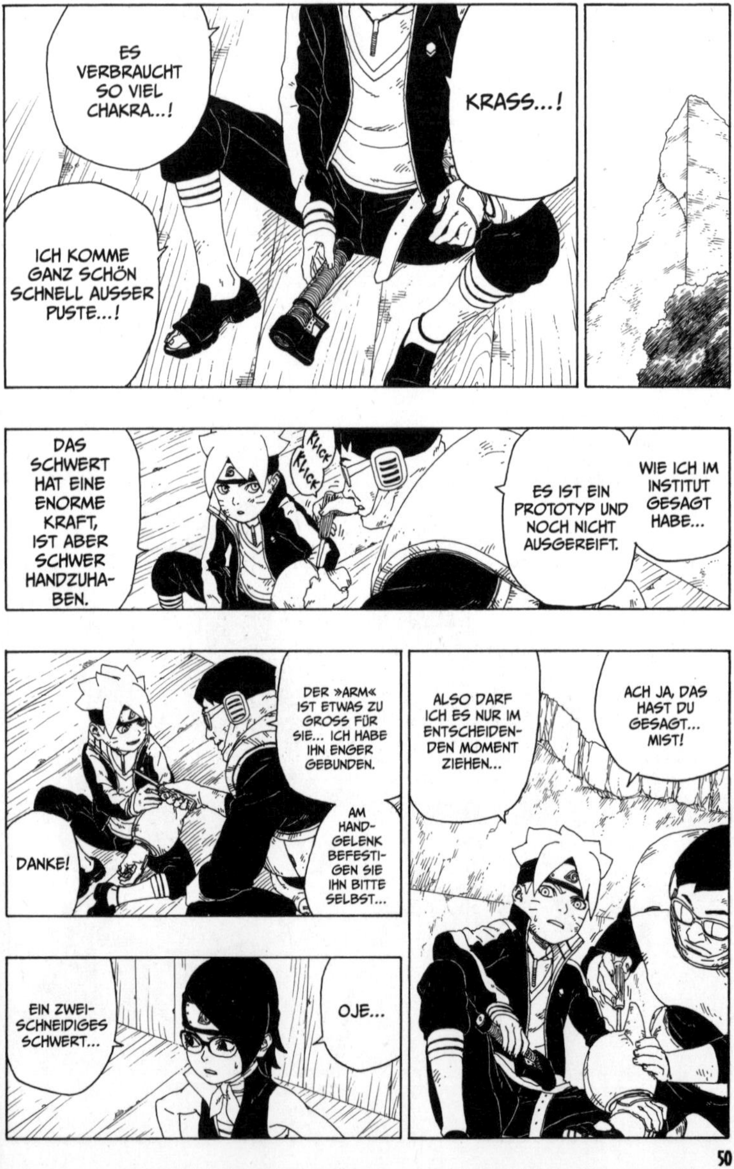
KRASS...!
ES VERBRAUCHT SO VIEL CHAKRA...!
ICH KOMME GANZ SCHÖN SCHNELL AUSSER PUSTE...!
WIE ICH IM INSTITUT GESAGT HABE...
ES IST EIN PROTOTYP UND NOCH NICHT AUSGEREIFT.
KLICK KLICK
DAS SCHWERT HAT EINE ENORME KRAFT, IST ABER SCHWER HANDZUHABEN.
ACH JA, DAS HAST DU GESAGT... MIST!
ALSO DARF ICH ES NUR IM ENTSCHEIDENDEN MOMENT ZIEHEN...
DER »ARM« IST ETWAS ZU GROSS FÜR SIE... ICH HABE IHN ENGER GEBUNDEN.
AM HANDGELENK BEFESTIGEN SIE IHN BITTE SELBST...
DANKE!
OJE...
EIN ZWEISCHNEIDIGES SCHWERT...

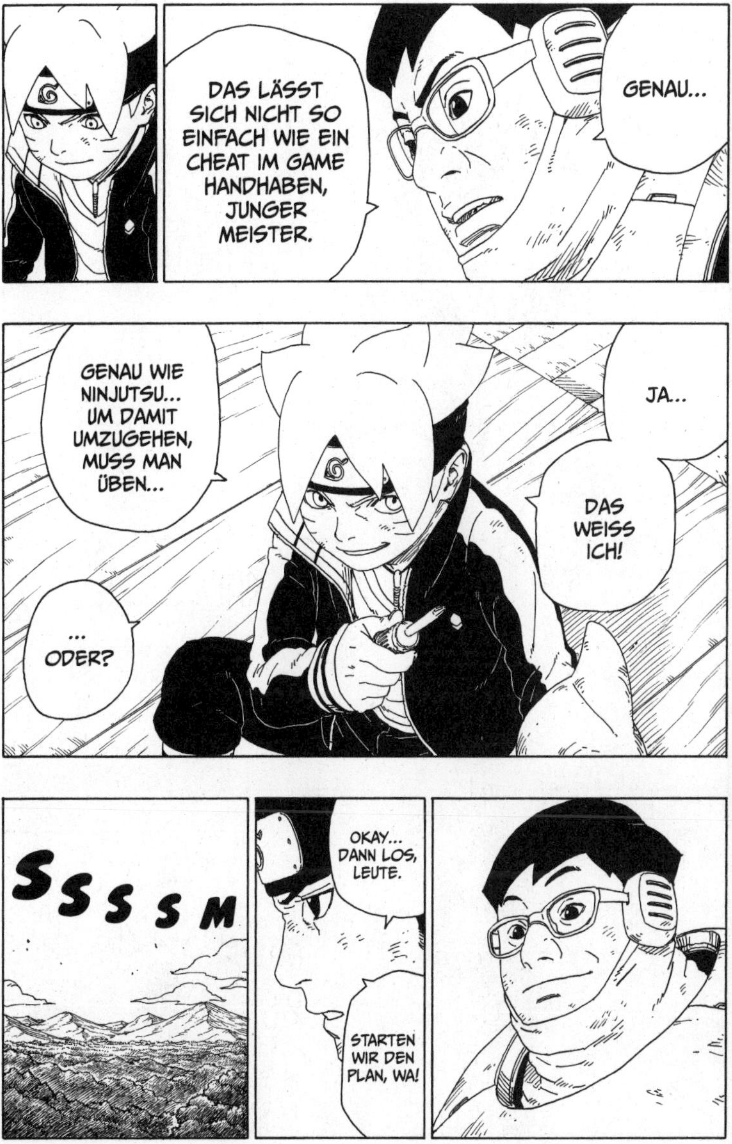
GENAU...
DAS LÄSST SICH NICHT SO EINFACH WIE EIN CHEAT IM GAME HANDHABEN, JUNGER MEISTER.
JA...
DAS WEISS ICH!
GENAU WIE NINJUTSU... UM DAMIT UMZUGEHEN, MUSS MAN ÜBEN...
... ODER?
OKAY... DANN LOS, LEUTE.
STARTEN WIR DEN PLAN, WA!
SSSSM

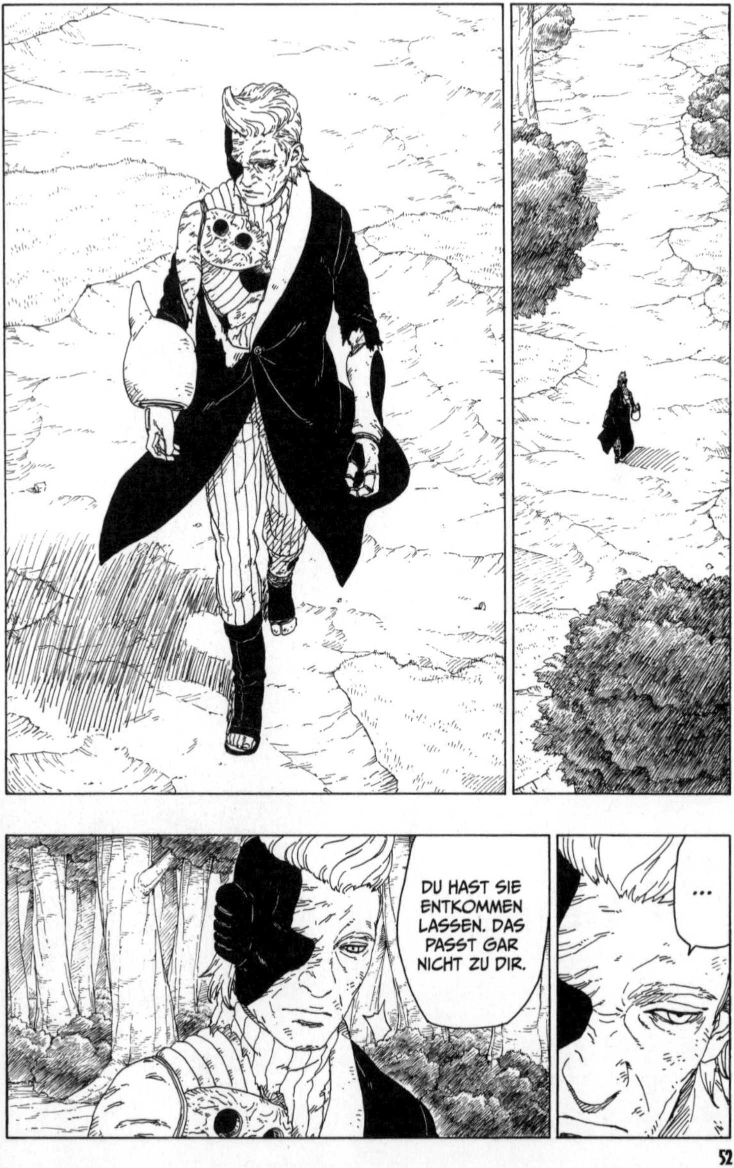
...
DU HAST SIE ENTKOMMEN LASSEN. DAS PASST GAR NICHT ZU DIR.

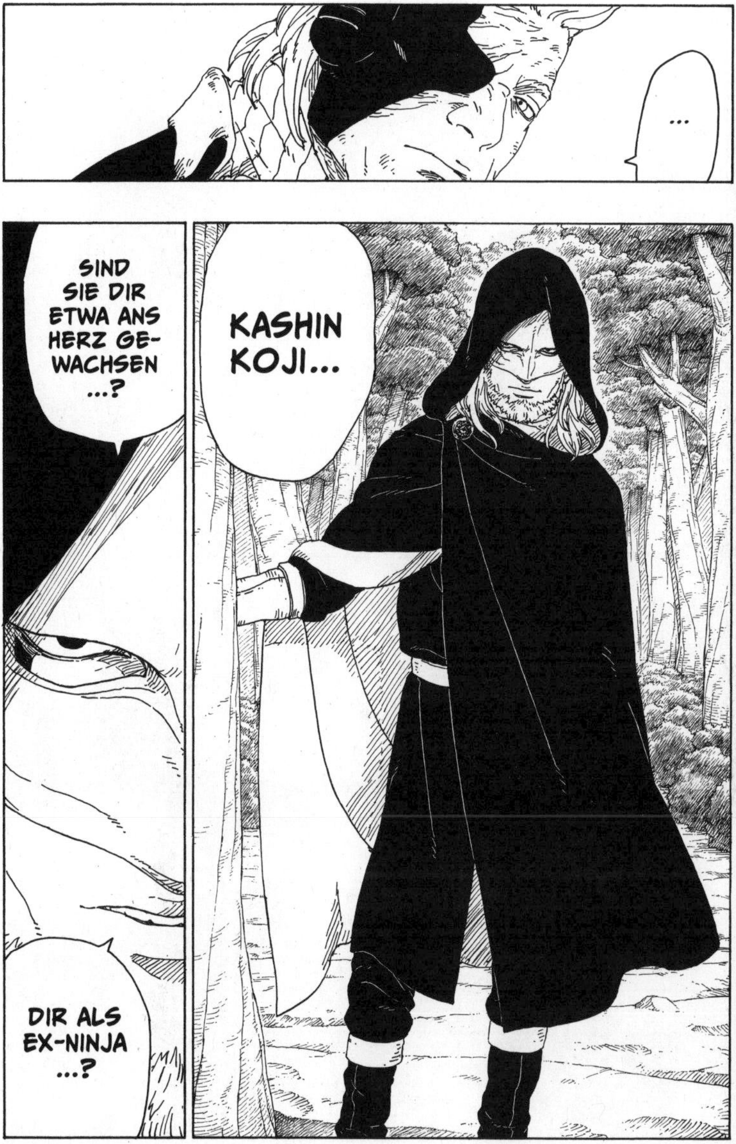
...
KASHIN KOJI...
SIND SIE DIR ETWA ANS HERZ GE-WACHSEN ...?
DIR ALS EX-NINJA ...?

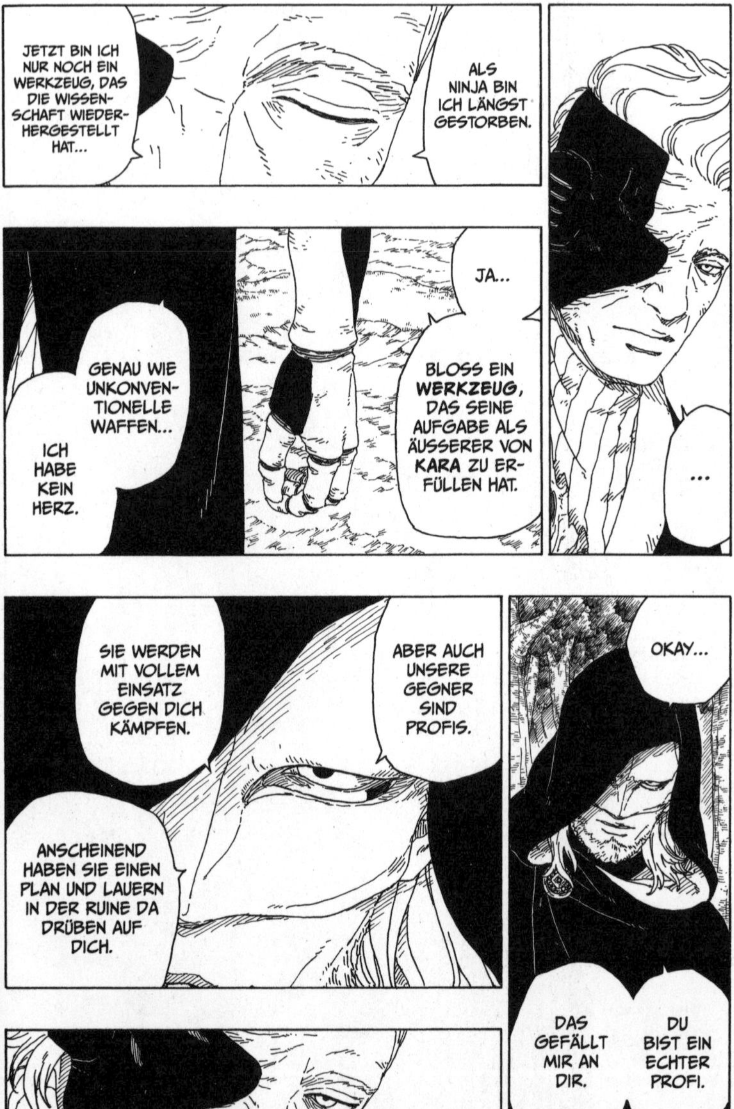

ALS NINJA BIN ICH LÄNGST GESTORBEN.
JETZT BIN ICH NUR NOCH EIN WERKZEUG, DAS DIE WISSEN-SCHAFT WIEDER-HERGESTELLT HAT...
...
JA...
BLOSS EIN WERKZEUG, DAS SEINE AUFGABE ALS ÄUSSERER VON KARA ZU ER-FÜLLEN HAT.
GENAU WIE UNKONVEN-TIONELLE WAFFEN...
ICH HABE KEIN HERZ.
OKAY...
DU BIST EIN ECHTER PROFI.
DAS GEFÄLLT MIR AN DIR.
ABER AUCH UNSERE GEGNER SIND PROFIS.
SIE WERDEN MIT VOLLEM EINSATZ GEGEN DICH KÄMPFEN.
ANSCHEINEND HABEN SIE EINEN PLAN UND LAUERN IN DER RUINE DA DRÜBEN AUF DICH.

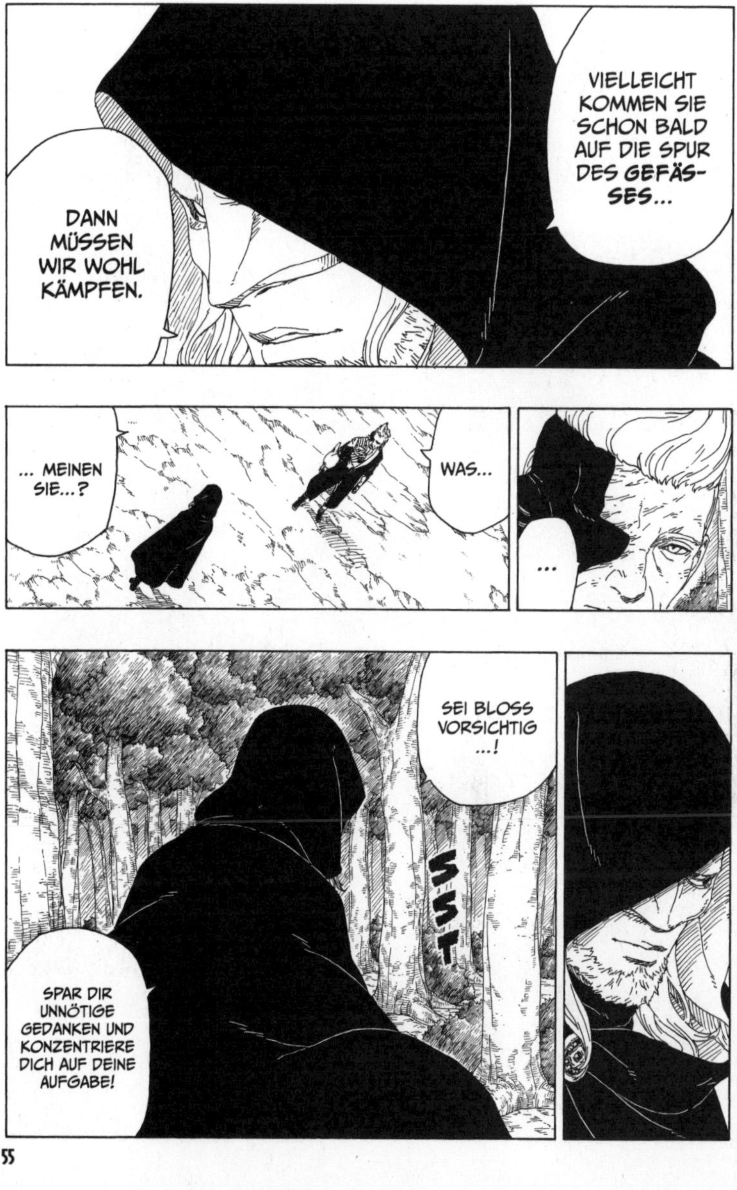
VIELLEICHT KOMMEN SIE SCHON BALD AUF DIE SPUR DES GEFÄS-SES...
DANN MÜSSEN WIR WOHL KÄMPFEN.
...
WAS...
... MEINEN SIE...?
SEI BLOSS VORSICHTIG ...!
SST
SPAR DIR UNNÖTIGE GEDANKEN UND KONZENTRIERE DICH AUF DEINE AUFGABE!

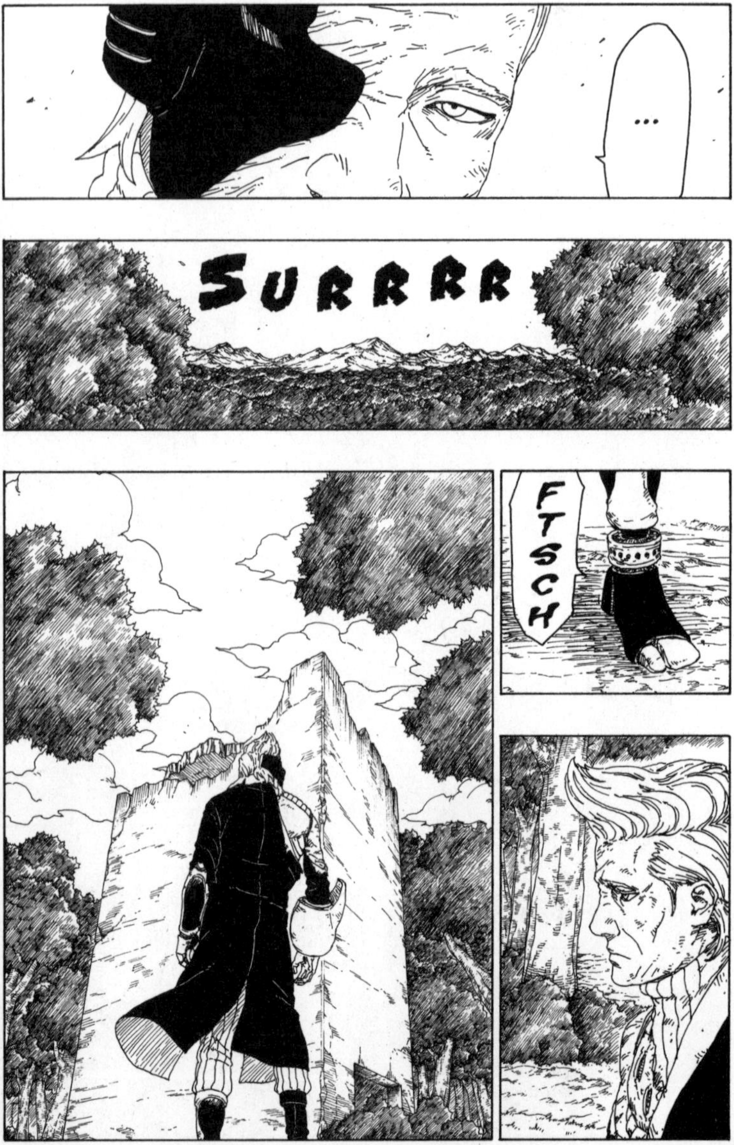
...
SURRRR
FTSCH

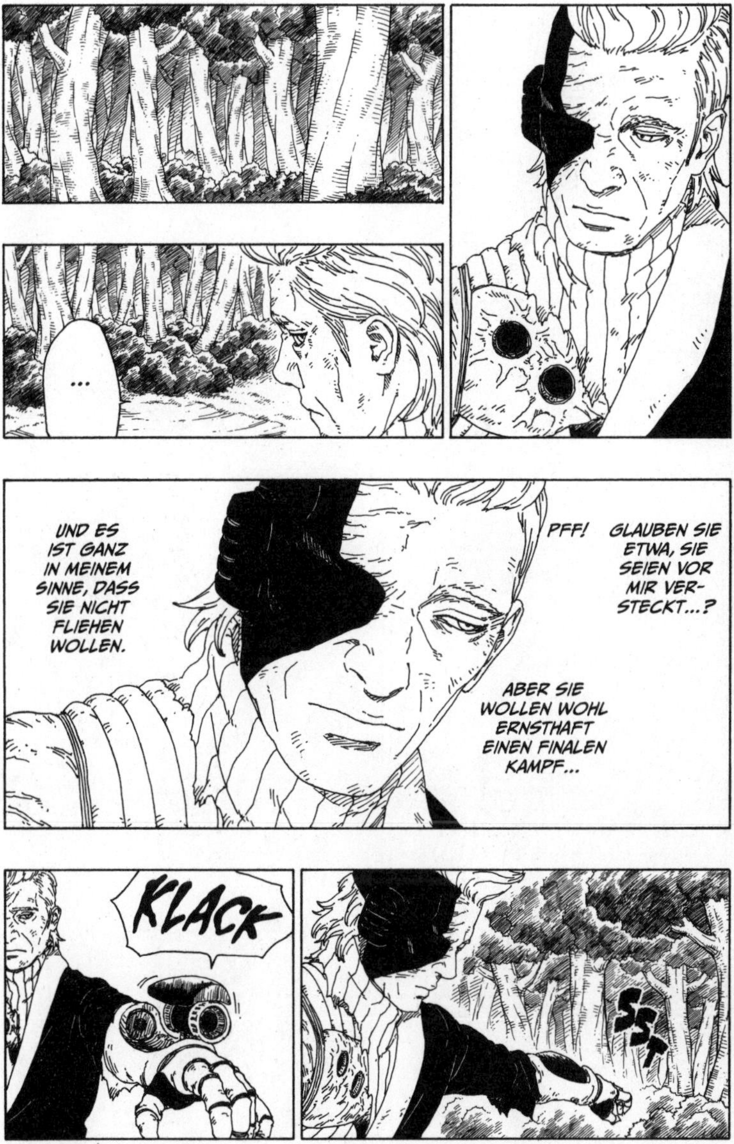
...
GLAUBEN SIE ETWA, SIE SEIEN VOR MIR VERSTECKT...?
PFF!
UND ES IST GANZ IN MEINEM SINNE, DASS SIE NICHT FLIEHEN WOLLEN.
ABER SIE WOLLEN WOHL ERNSTHAFT EINEN FINALEN KAMPF...
SST
KLACK

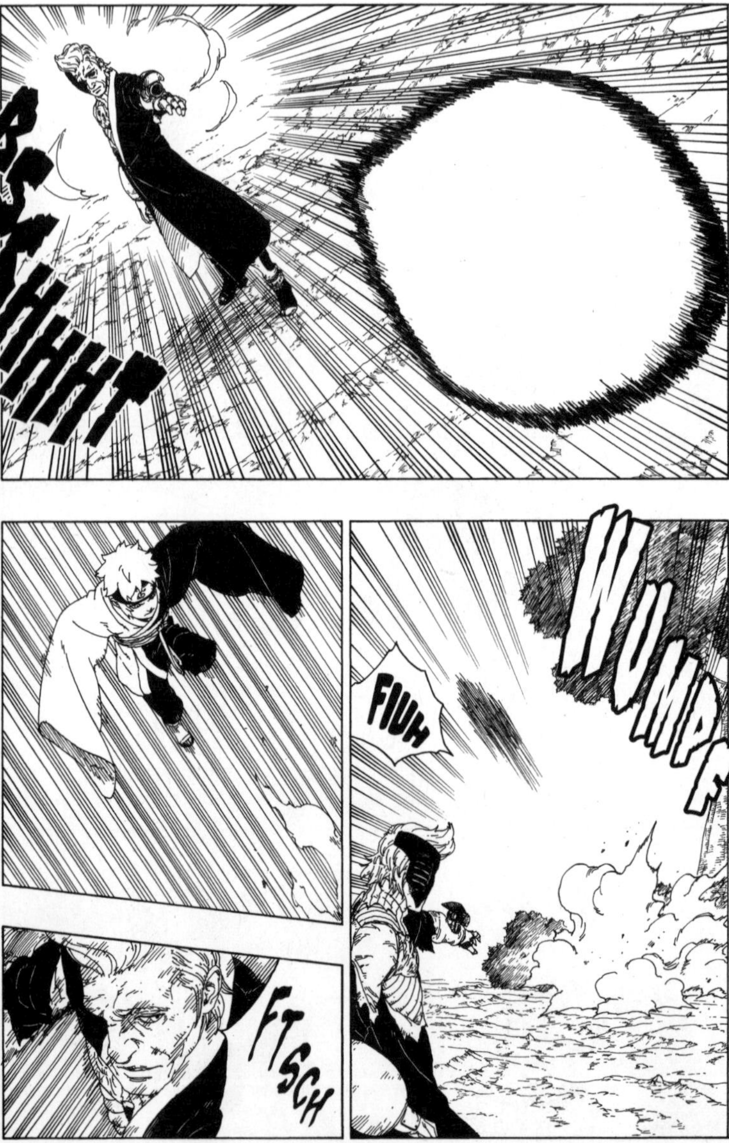
BSCHHHT
WUMPF
FIUH
FTSCH

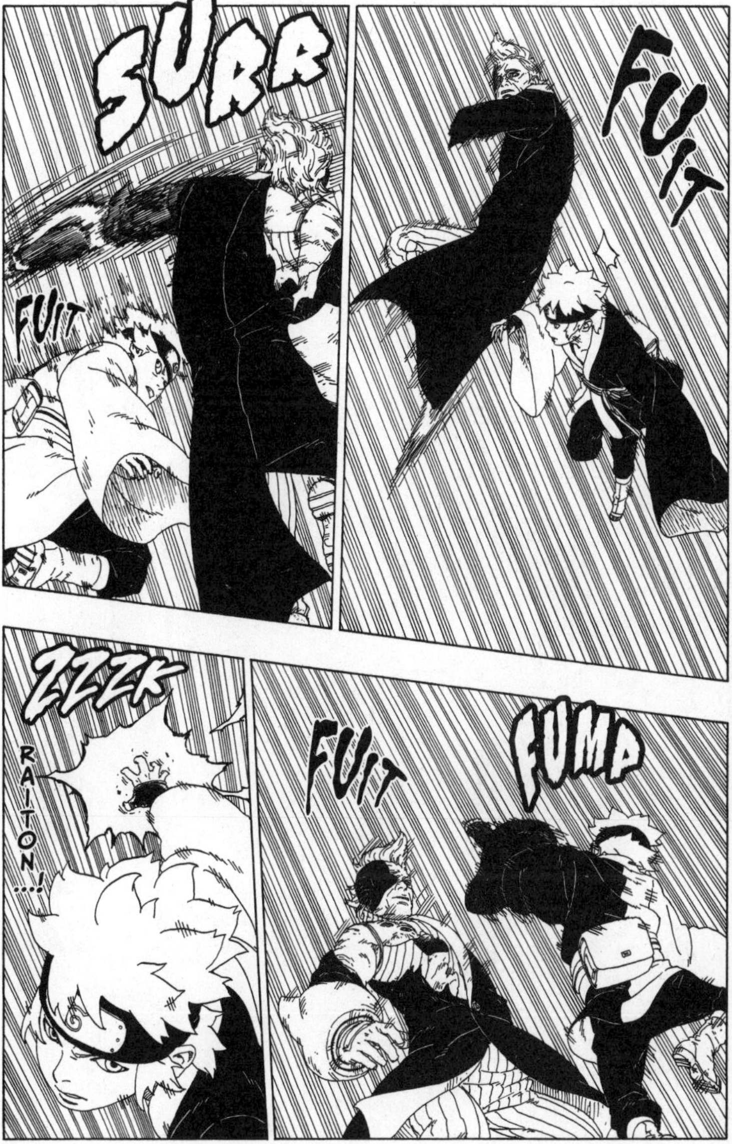
FUIT
SURR
FUIT
FUMP
FUIT
ZZZK
RAITON...!

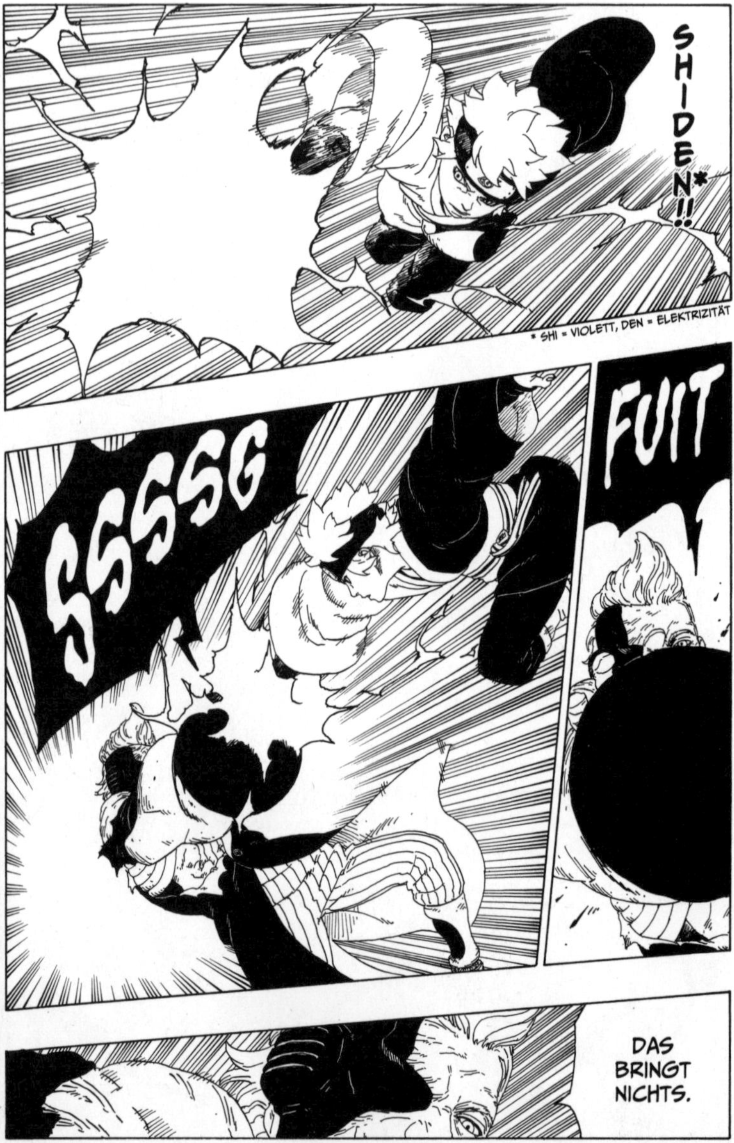
SHIDEN*!!
* SHI = VIOLETT, DEN = ELEKTRIZITÄT
FUIT
SSSSG
DAS BRINGT NICHTS.

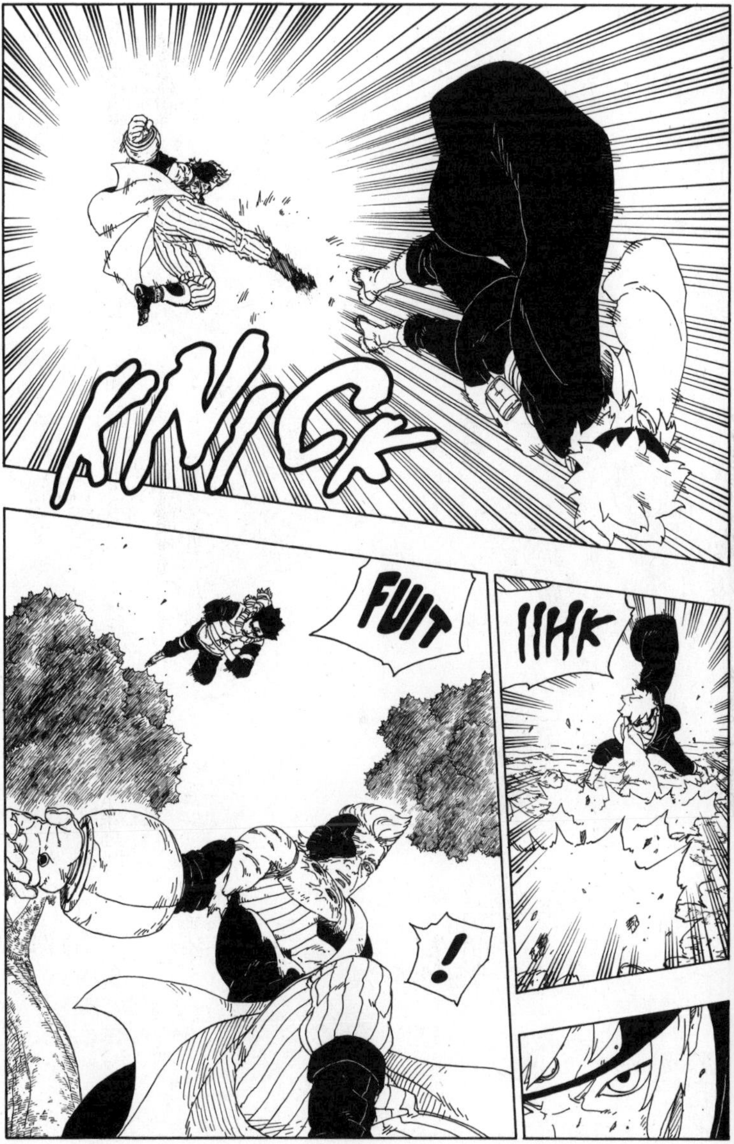
KNICK
FUIT
IIHK
!

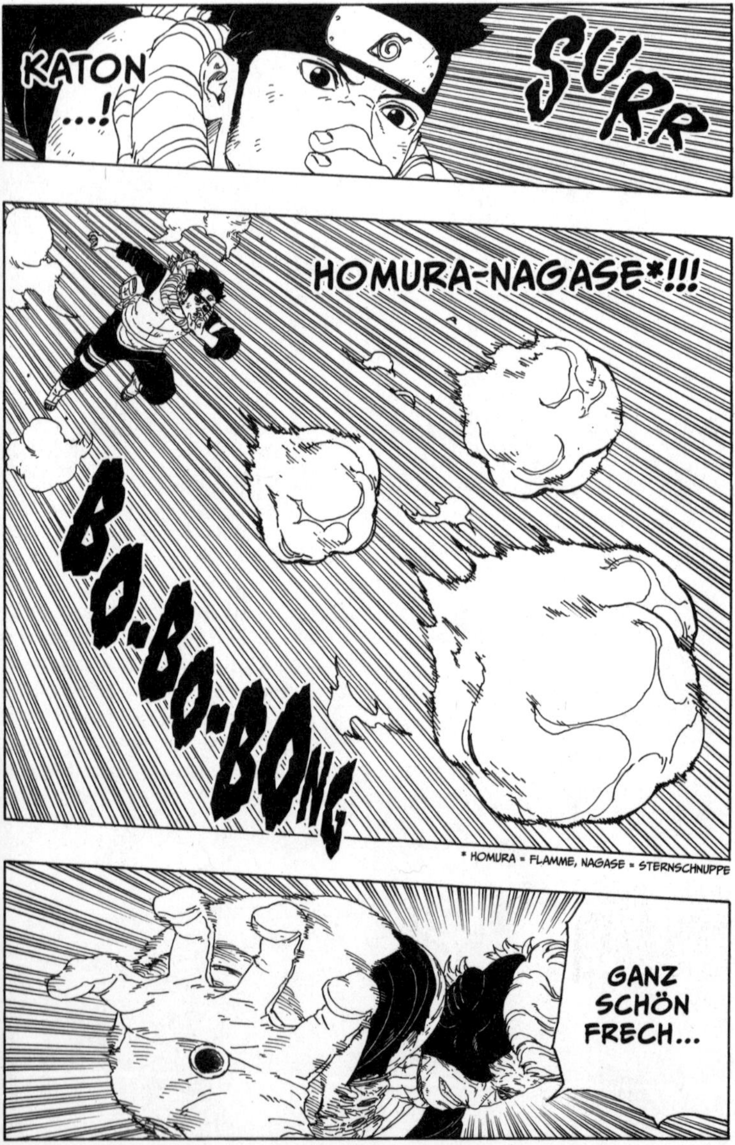

* HOMURA = FLAMME, NAGASE = STERNSCHNUPPE

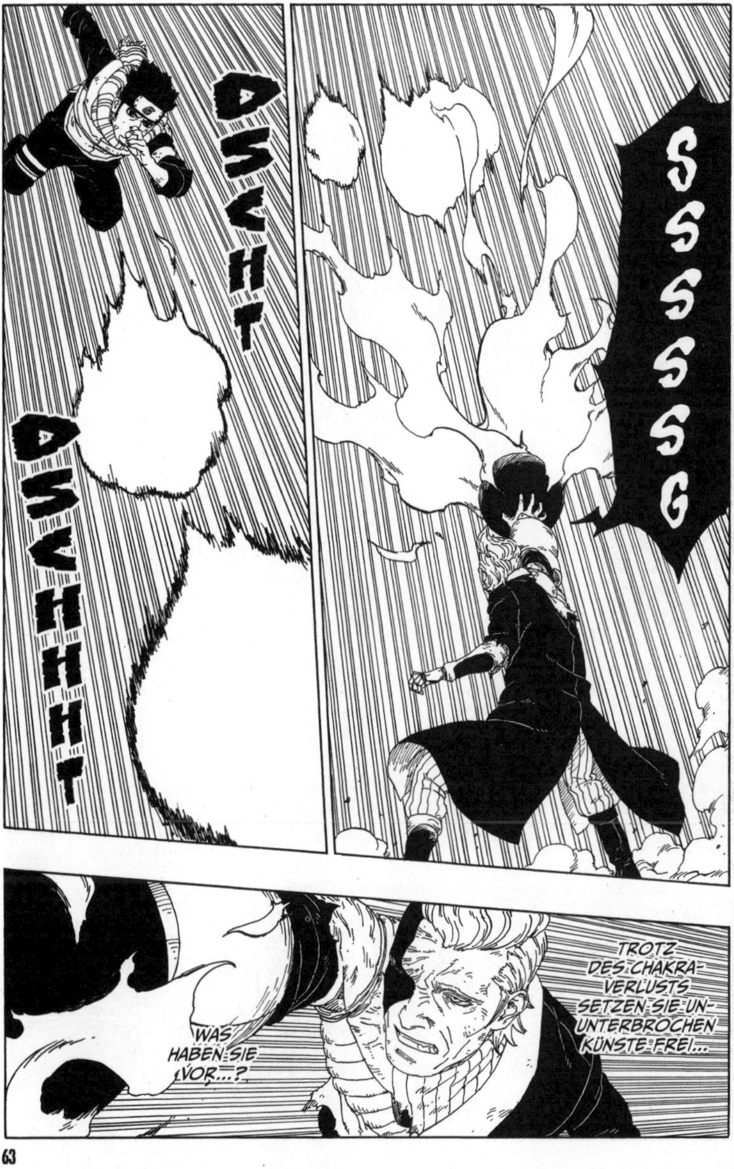
SSSSSG
DSCHT
DSCHHHHHT
TROTZ DES CHAKRA-VERLUSTS SETZEN SIE UN-UNTERBROCHEN KÜNSTE FREI...
WAS HABEN SIE VOR...?

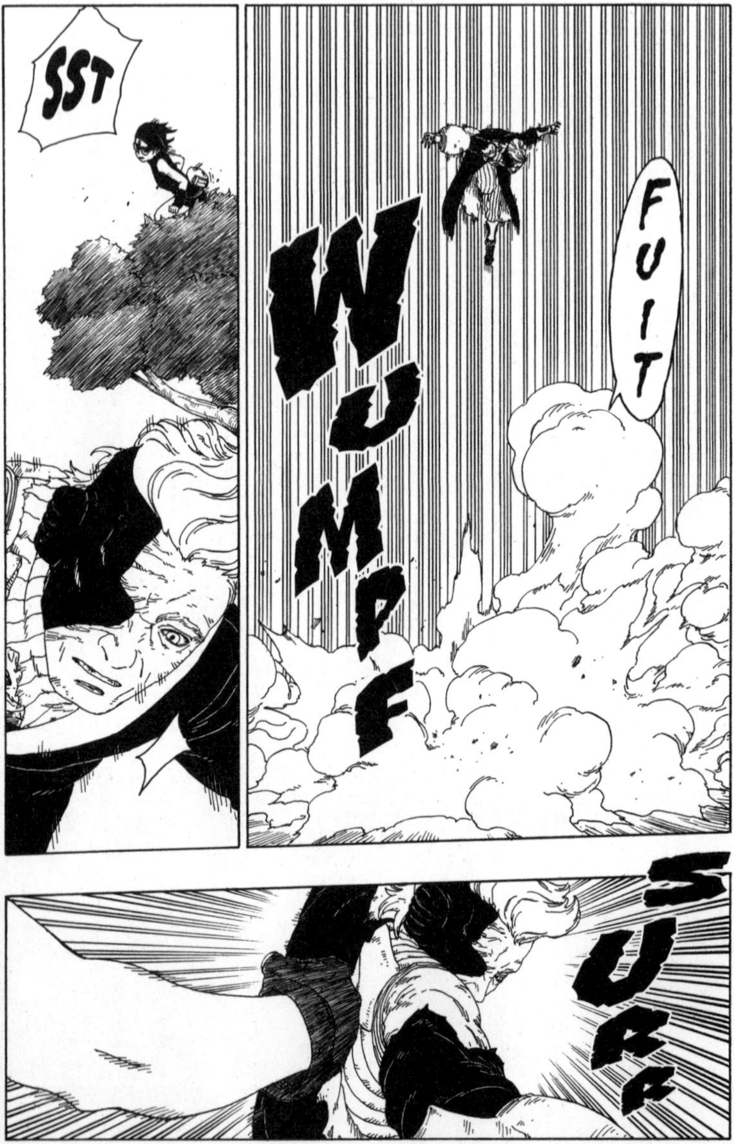
FUIT
WUMPF
SST
SURR

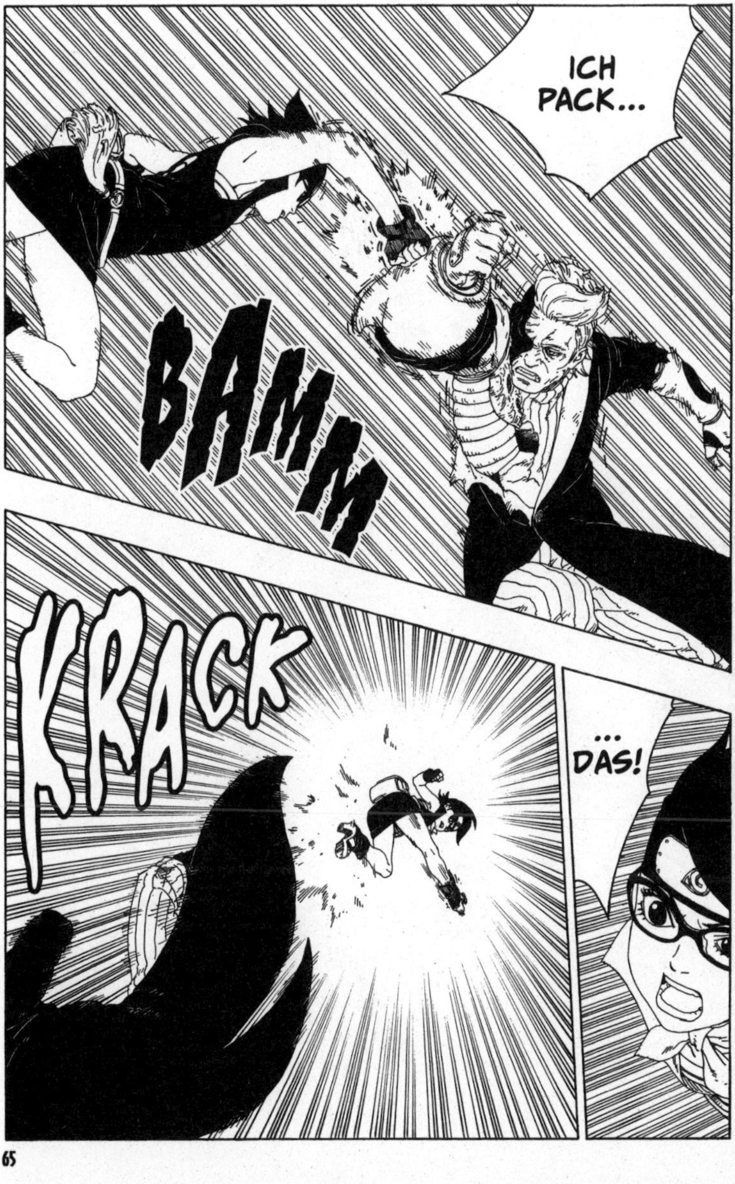
ICH PACK...
BAMM
KRACK
... DAS!

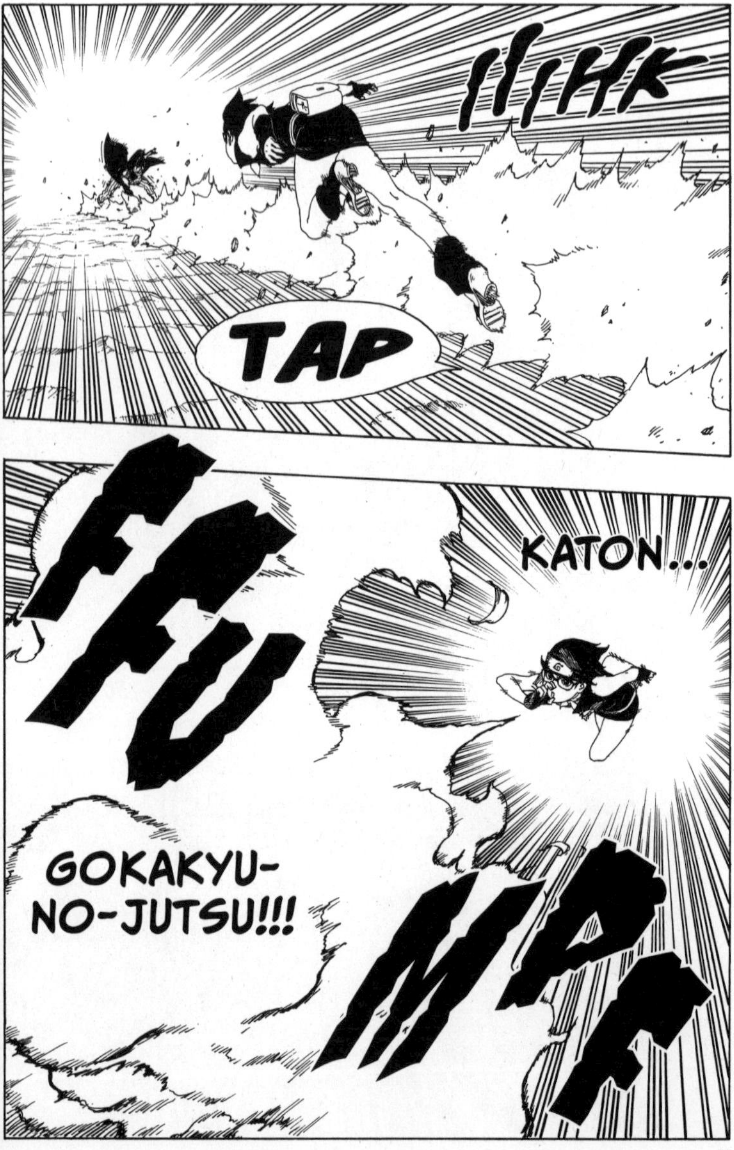
TAP
KATON...
FFU
MPF
GOKAKYU-NO-JUTSU!!!

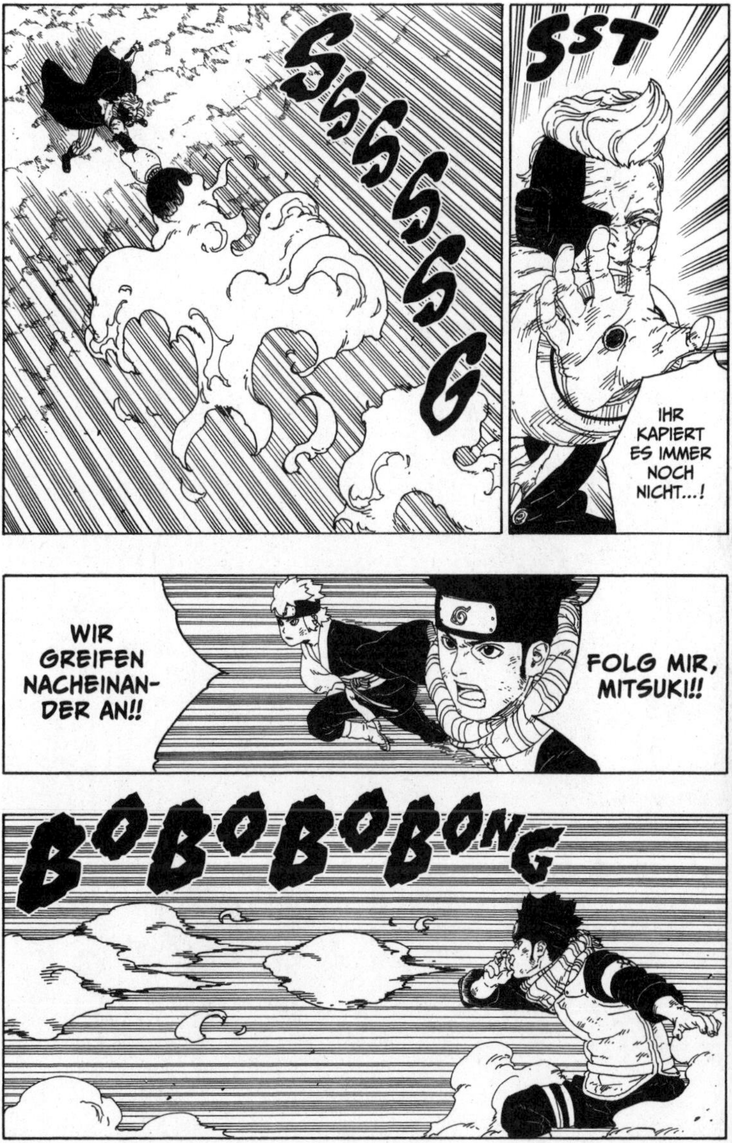
SST
IHR KAPIERT ES IMMER NOCH NICHT...!
SSSSSG
FOLG MIR, MITSUKI!!
WIR GREIFEN NACHEINAN-DER AN!!
BOBOBOBONG

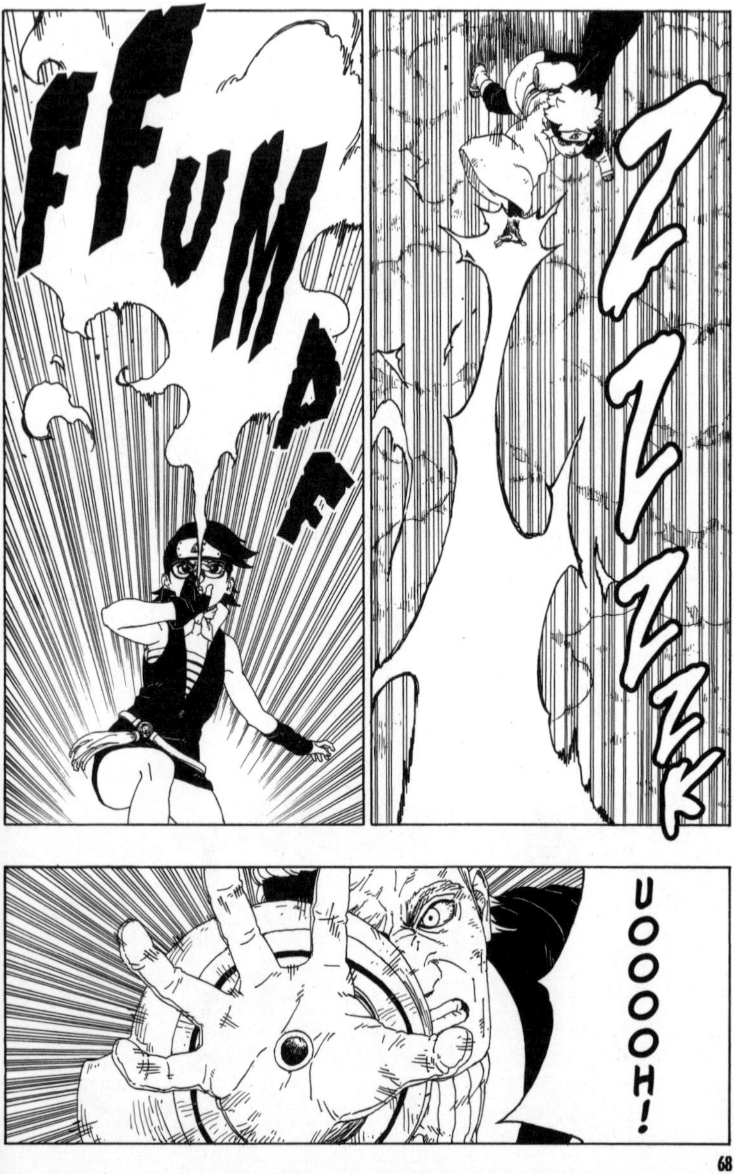
ZZZZZZK
FFUMPF
UOOOOOH!

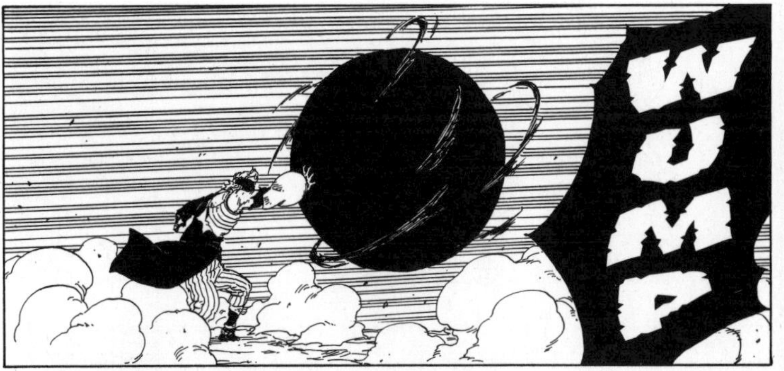
WUMP

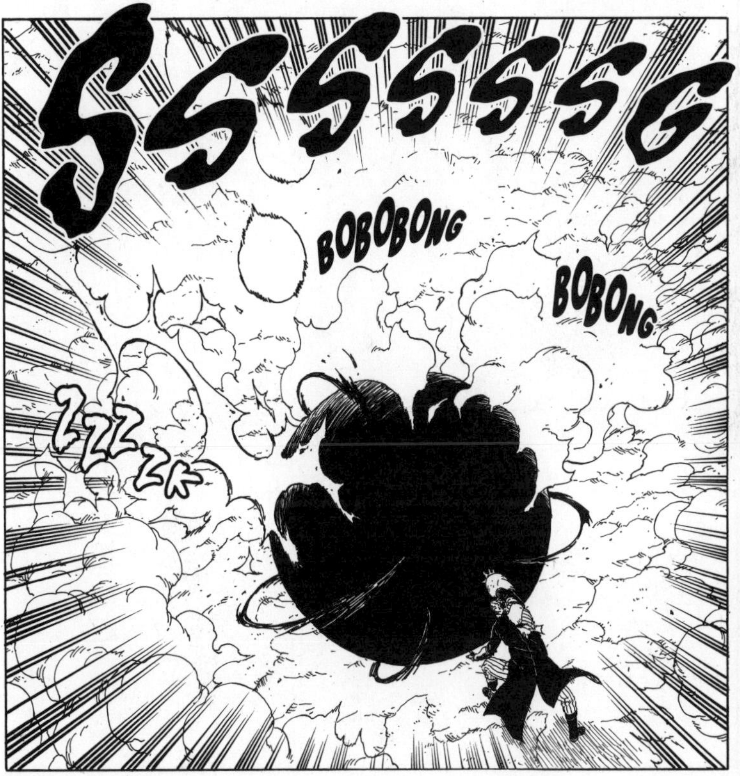
SSSSSSG
BOBOBONG
BOBONG
ZZZZK

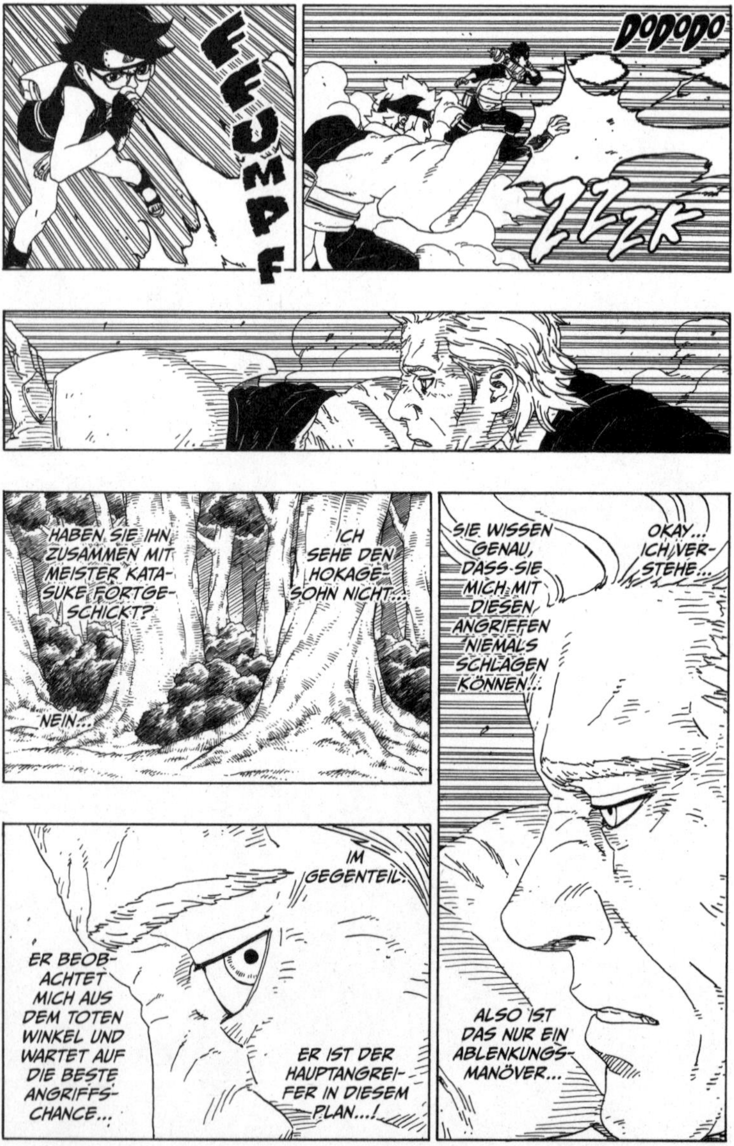
DODODO
ZZZK
FFUMPF
OKAY... ICH VERSTEHE...
SIE WISSEN GENAU, DASS SIE MICH MIT DIESEN ANGRIFFEN NIEMALS SCHLAGEN KÖNNEN...
ALSO IST DAS NUR EIN ABLENKUNGSMANÖVER...
ICH SEHE DEN HOKAGE-SOHN NICHT...
HABEN SIE IHN ZUSAMMEN MIT MEISTER KATASUKE FORTGESCHICKT?
NEIN...
IM GEGENTEIL.
ER IST DER HAUPTANGREIFER IN DIESEM PLAN...!
ER BEOBACHTET MICH AUS DEM TOTEN WINKEL UND WARTET AUF DIE BESTE ANGRIFFSCHANCE...

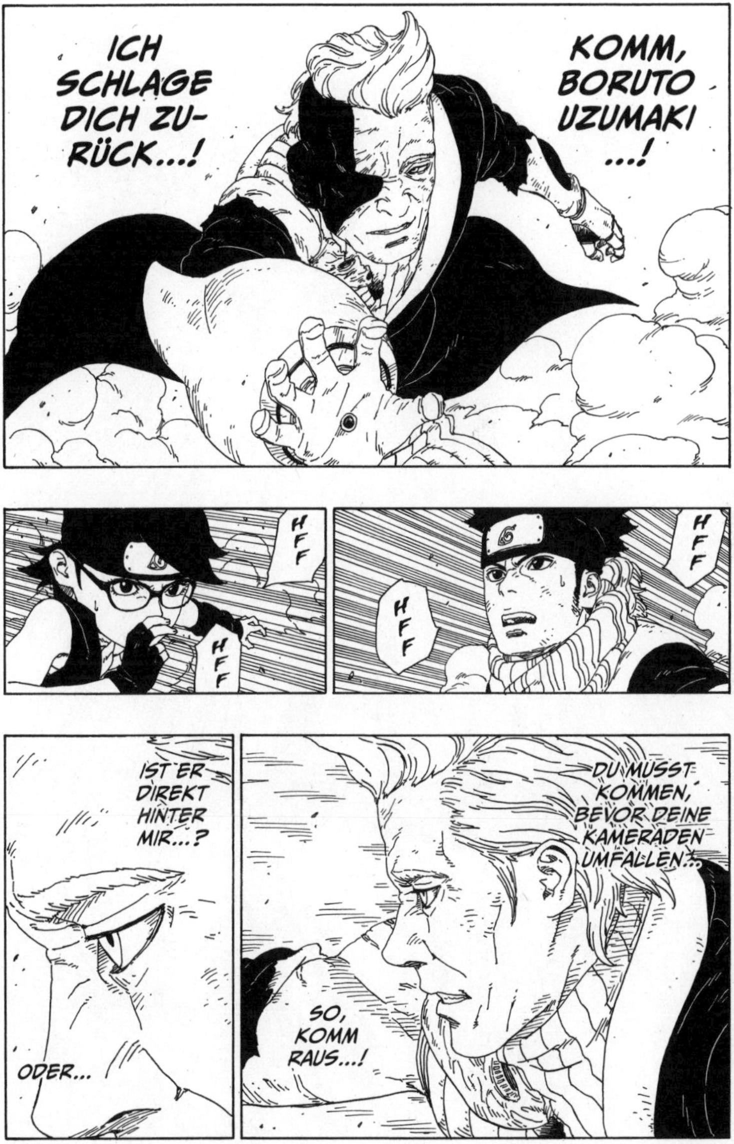
KOMM, BORUTO UZUMAKI ...!
ICH SCHLAGE DICH ZURÜCK...!
HFF
HFF
HFF
HFF
DU MUSST KOMMEN, BEVOR DEINE KAMERADEN UMFALLEN...
SO, KOMM RAUS...!
IST ER DIREKT HINTER MIR...?
ODER...

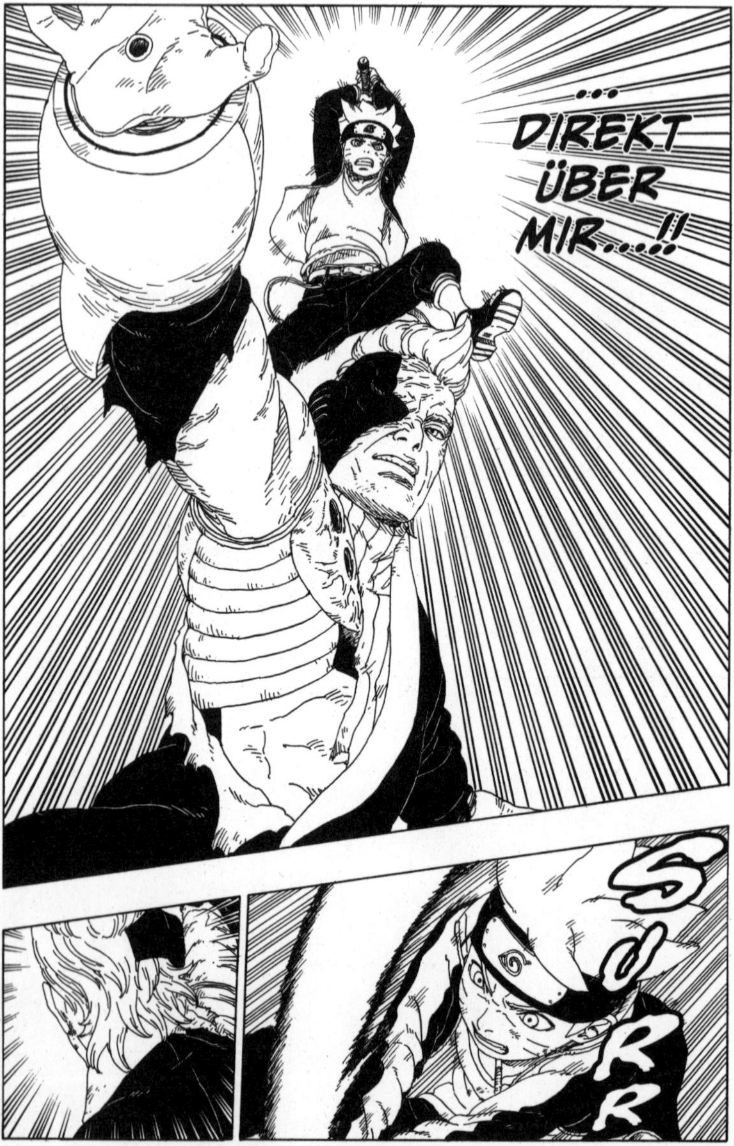
... DIREKT ÜBER MIR...!!
SSRR

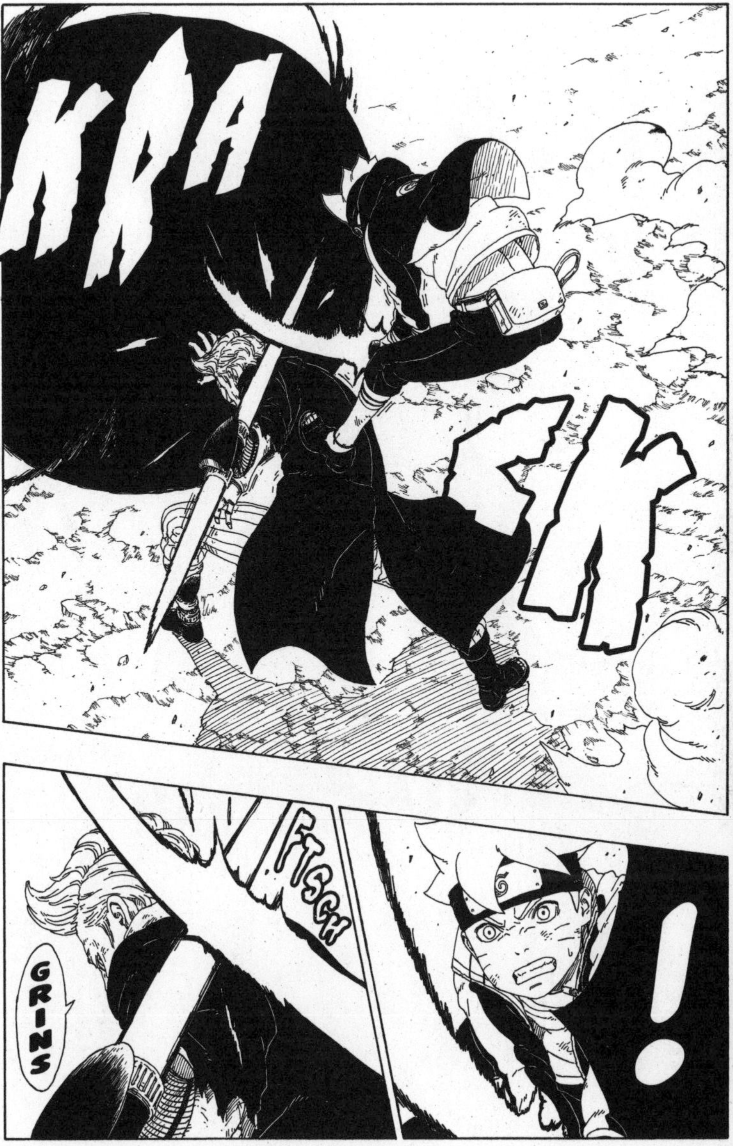
KRA
CK
FTSCH
GRINS
!

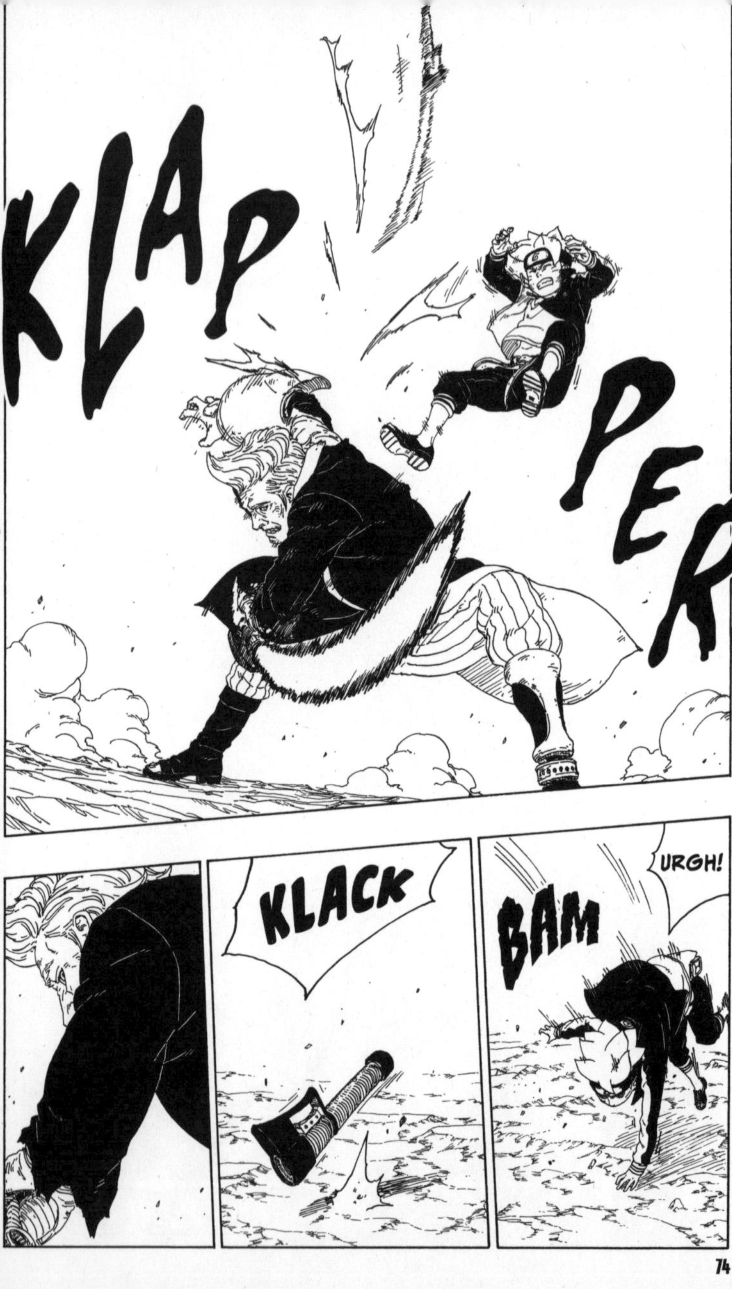
KLAPPER
URGH!
BAM
KLACK

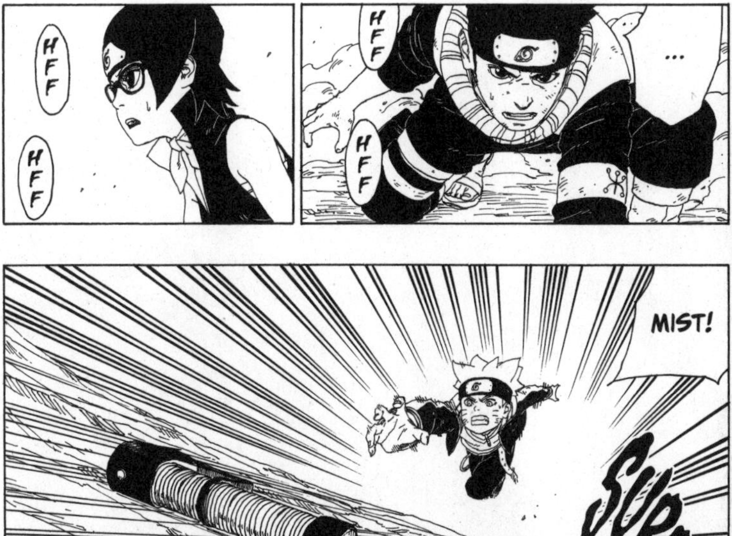

HFF
HFF
...
HFF
HFF
MIST!
SURR
FIUH
GRAPS
SURR

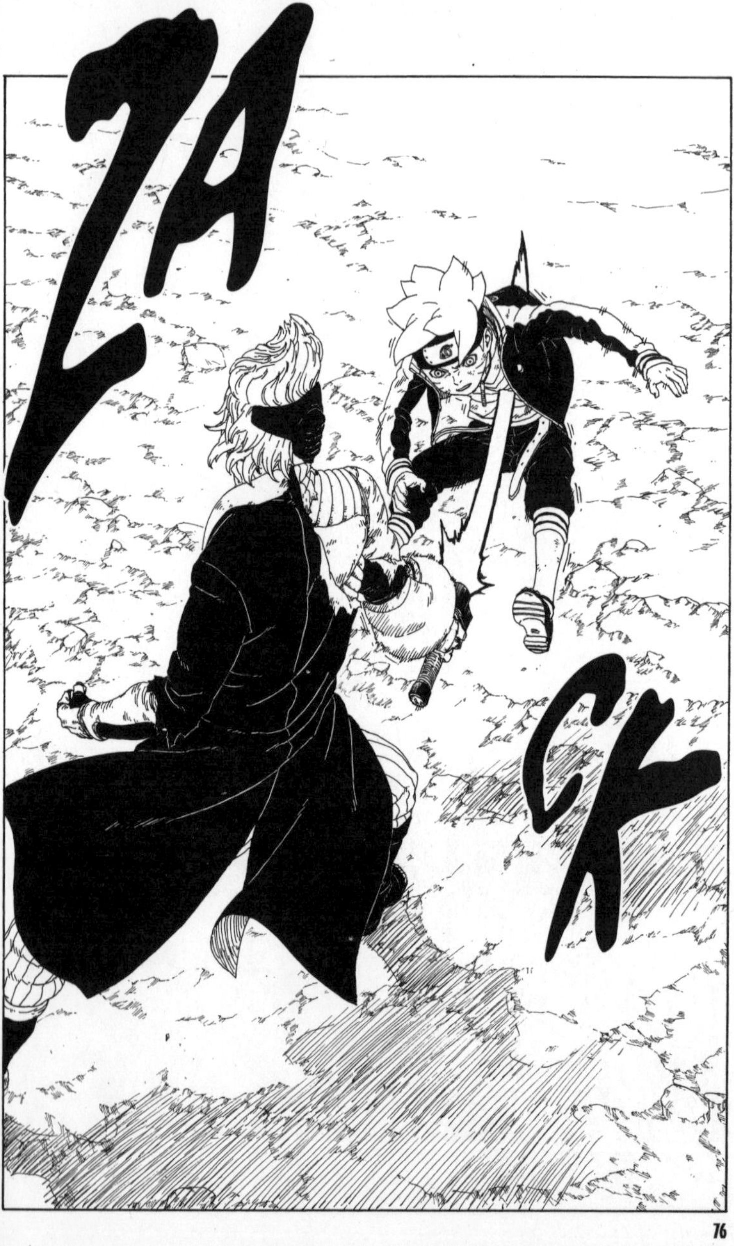
ZA
CK

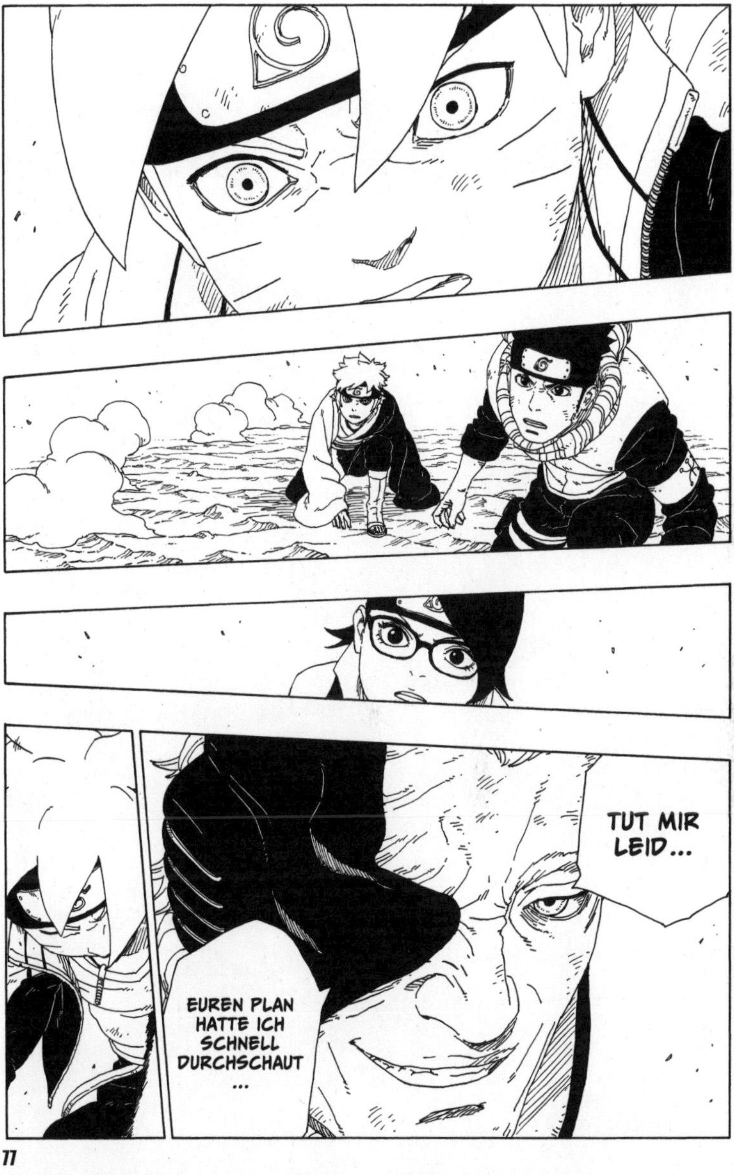
TUT MIR LEID...
EUREN PLAN HATTE ICH SCHNELL DURCHSCHAUT ...

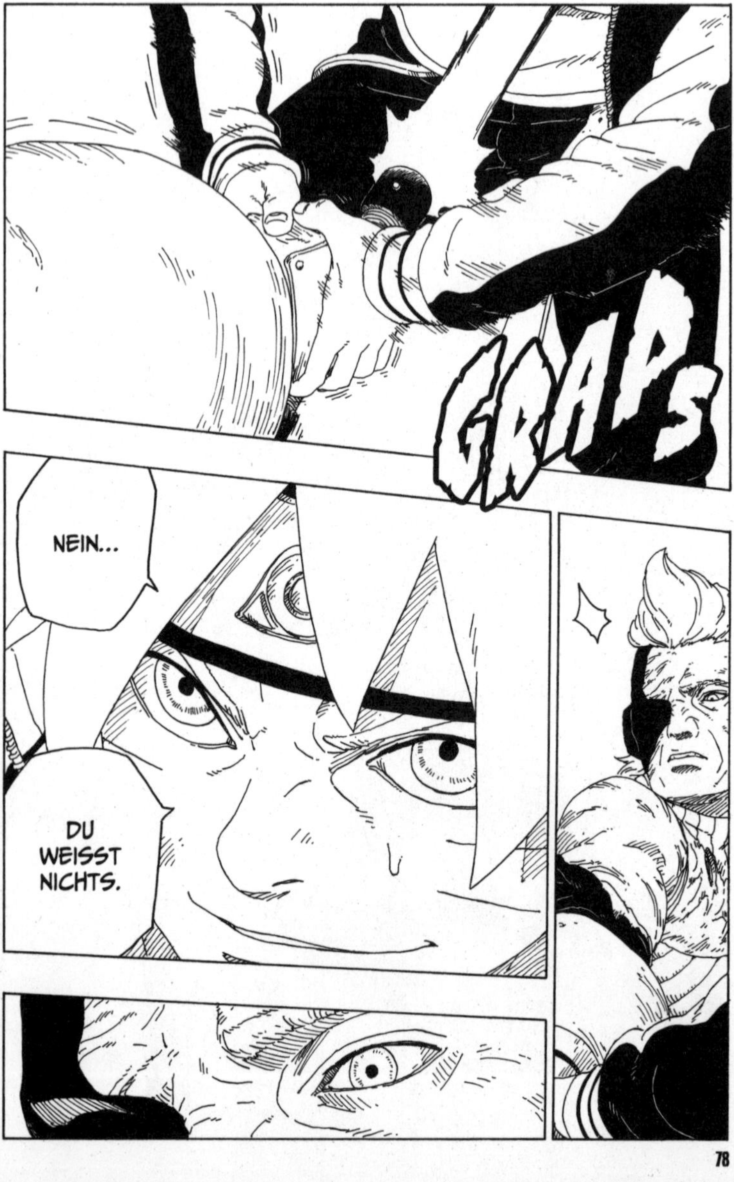
GRAB
NEIN...
DU WEISST NICHTS.

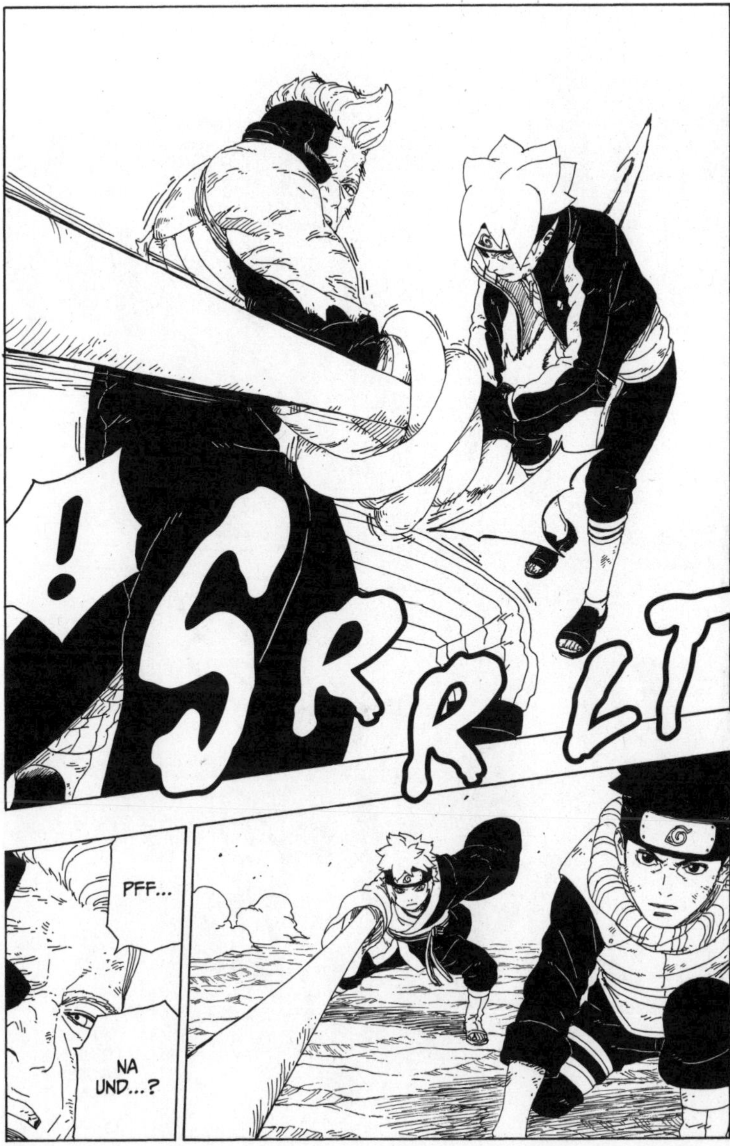
!
SRRLT
PFF...
NA UND...?

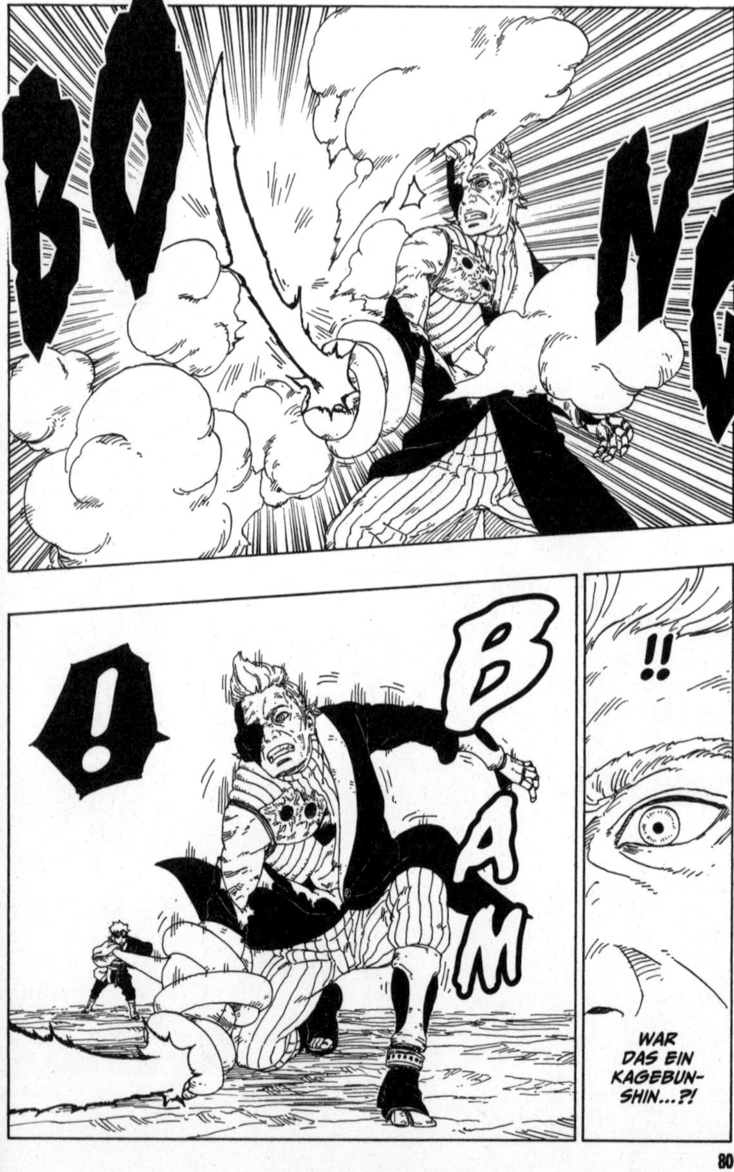
BO
NG
!
B
A
M
!!
WAR DAS EIN KAGEBUN-SHIN...?!

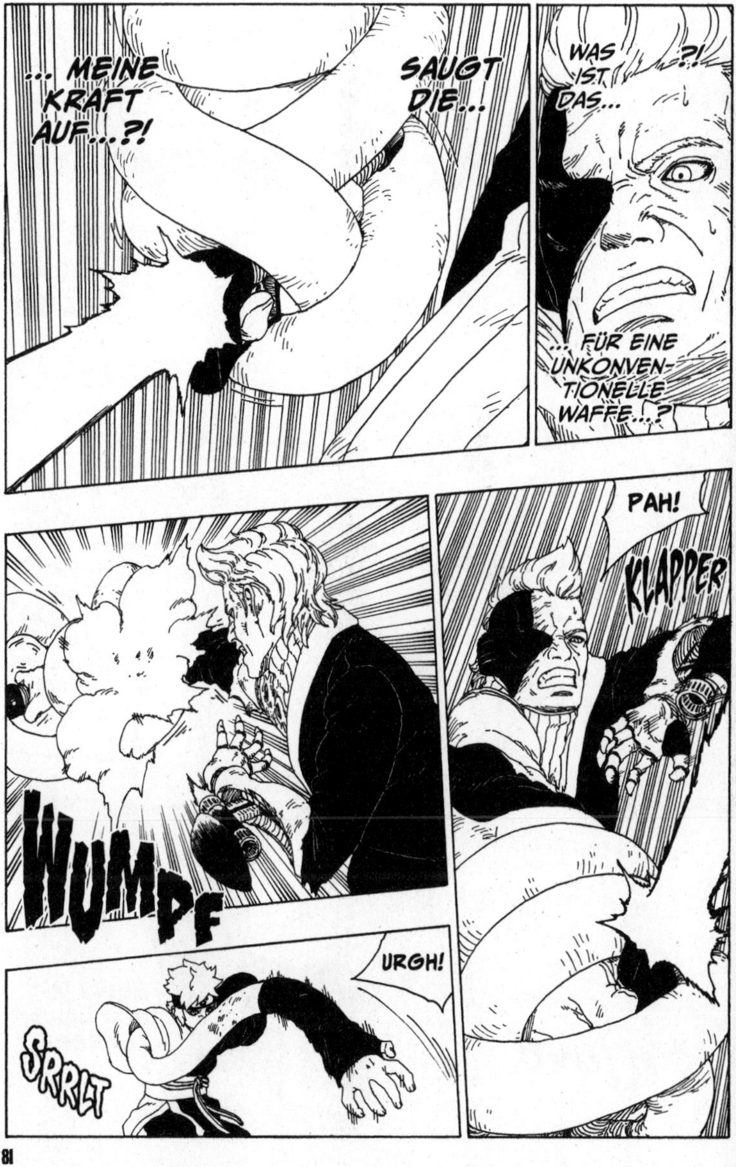

SAUGT DIE...
... MEINE KRAFT AUF...?!
WAS IST DAS... ?!
... FÜR EINE UNKONVENTIONELLE WAFFE...?
PAH!
KLAPPER
WUMPF
URGH!
SRRLT

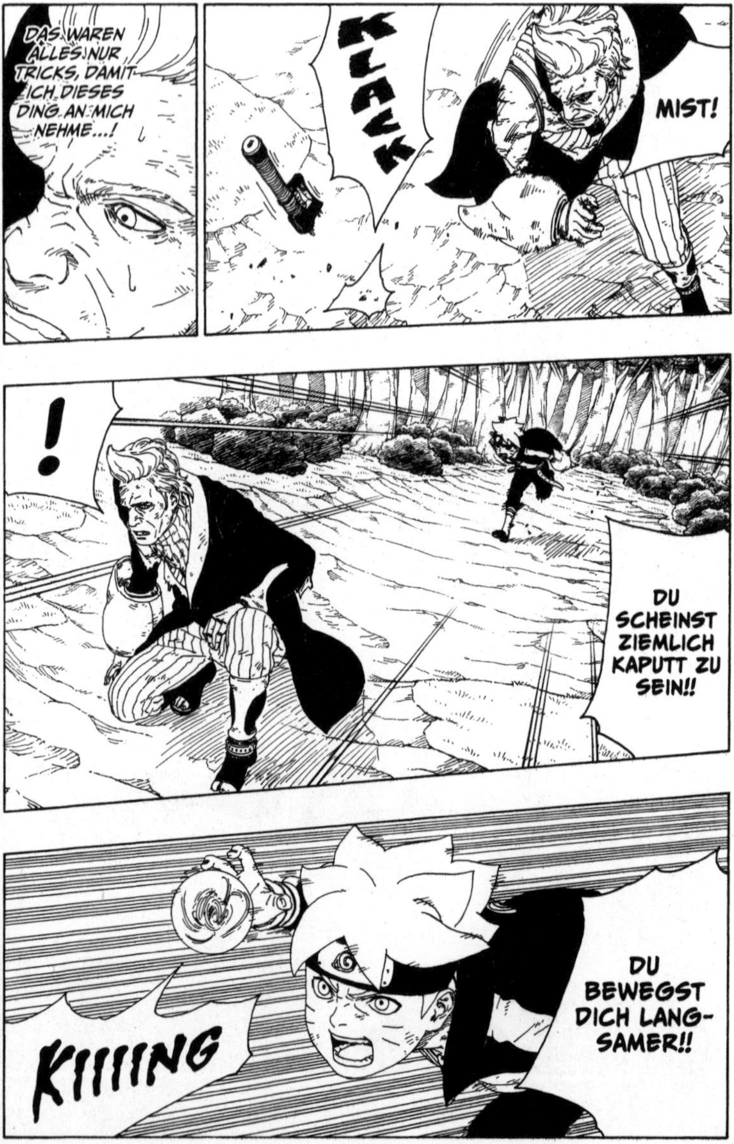
MIST!
KLACK
DAS WAREN ALLES NUR TRICKS, DAMIT ICH DIESES DING AN MICH NEHME...!
!
DU SCHEINST ZIEMLICH KAPUTT ZU SEIN!!
DU BEWEGST DICH LANG-SAMER!!
KIIIING

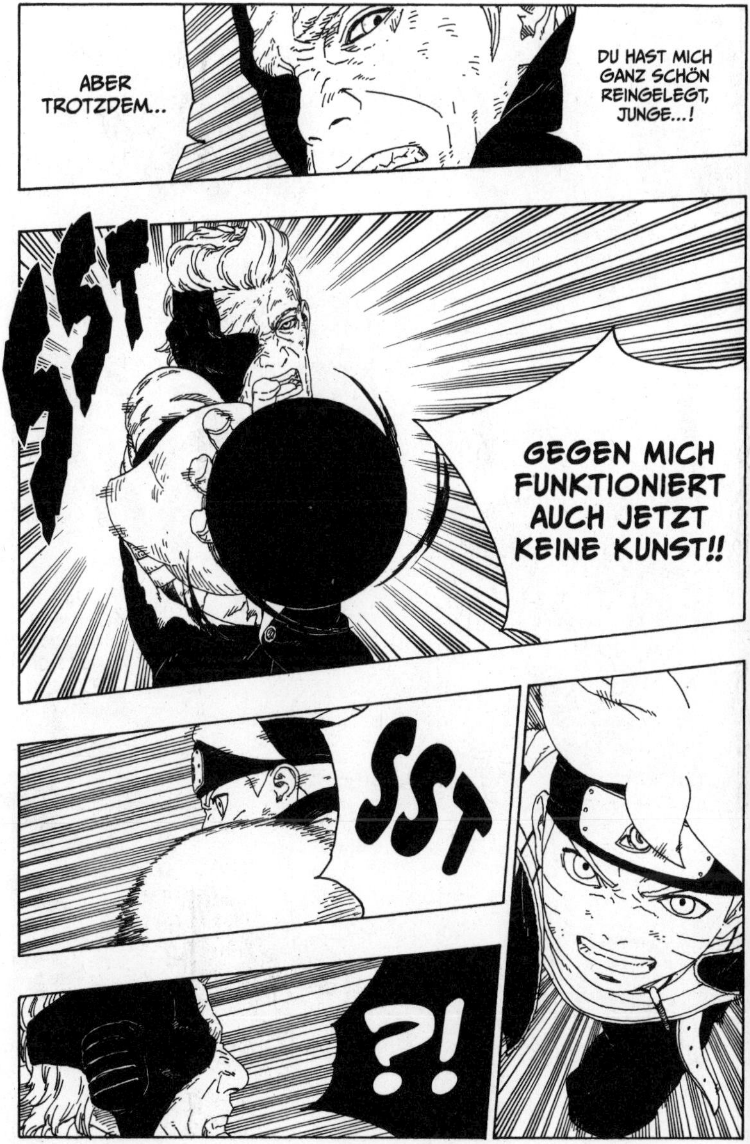

DU HAST MICH GANZ SCHÖN REINGELEGT, JUNGE...!
ABER TROTZDEM...
SST
GEGEN MICH FUNKTIONIERT AUCH JETZT KEINE KUNST!!
SST
?!

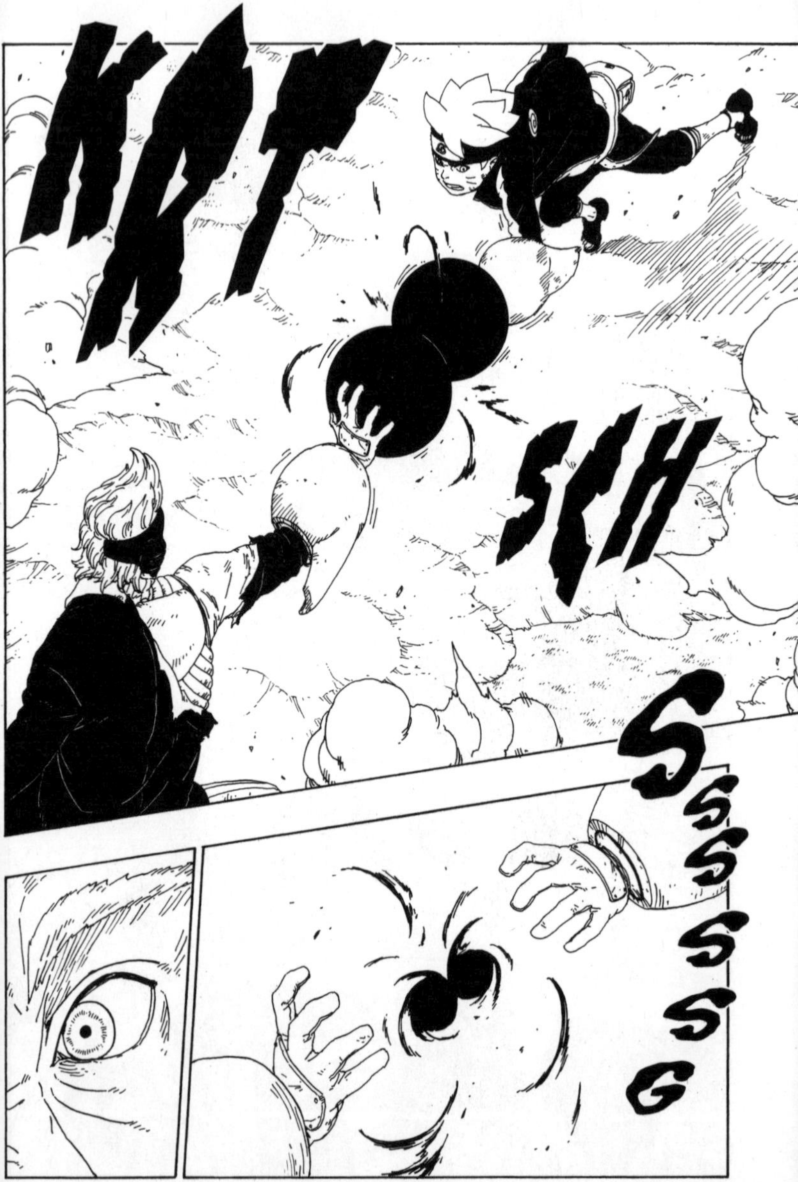
KRT
SCH
SSSSSG

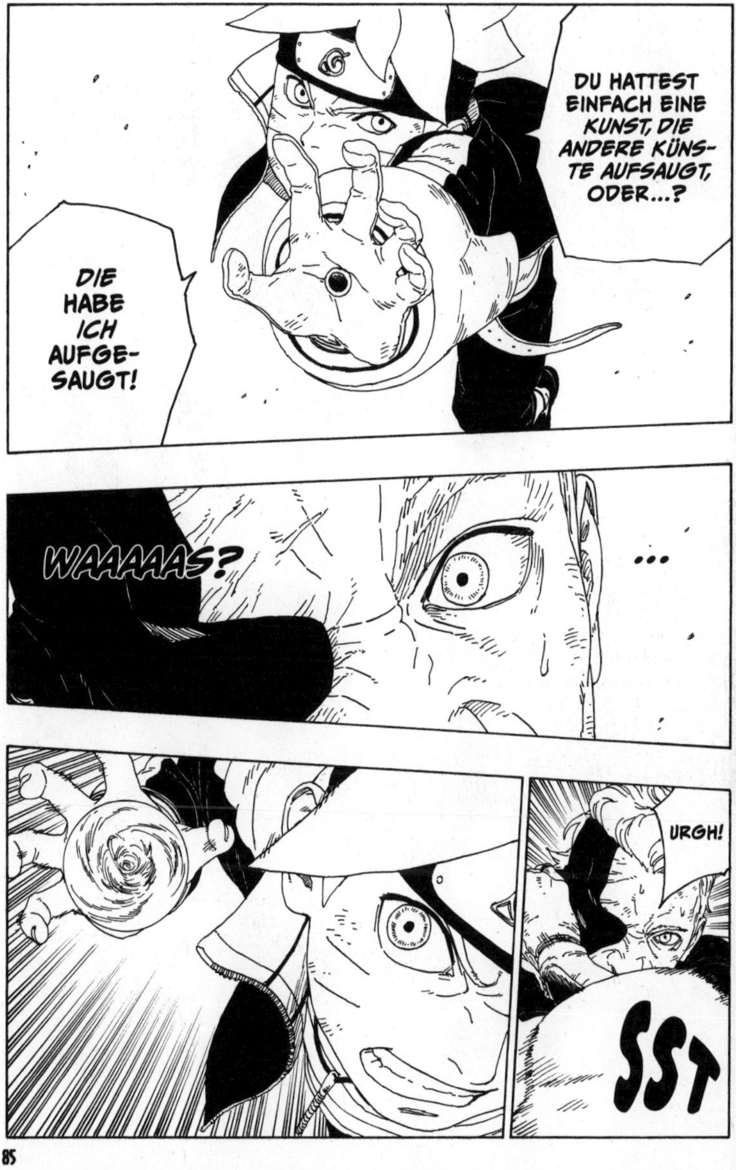
DU HATTEST EINFACH EINE KUNST, DIE ANDERE KÜNSTE AUFSAUGT, ODER...?
DIE HABE ICH AUFGESAUGT!
WAAAAAS?
...
URGH!
SST

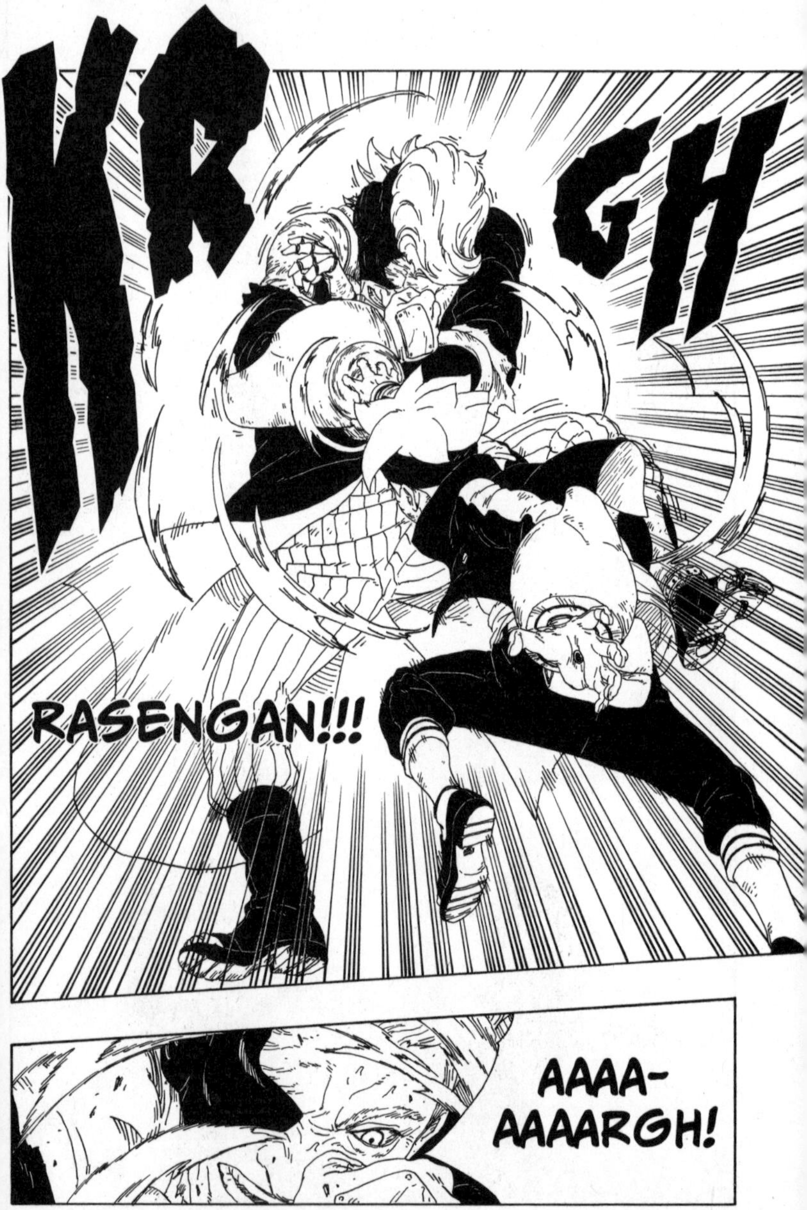

NNGH
RASENGAN!!!
AAAA-
AAAARGH!

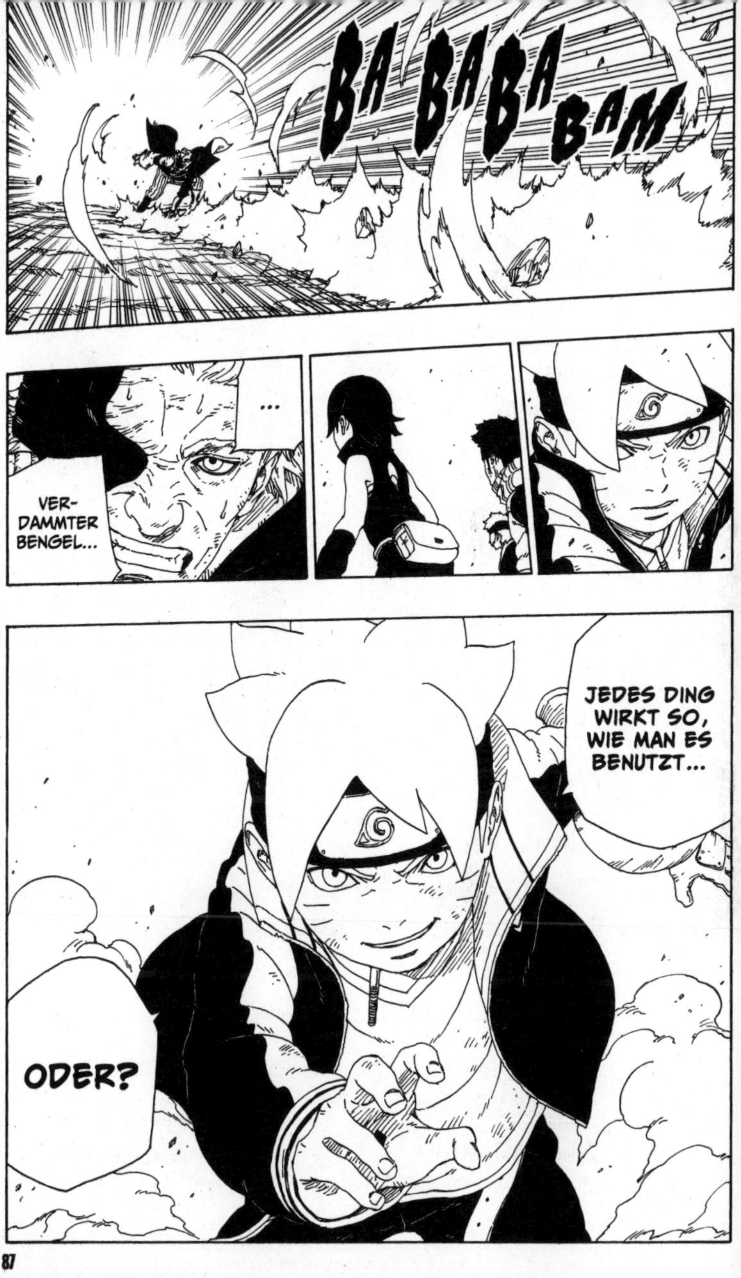

BA BA BA BA BAM
...
VER-
DAMMTER
BENGEL...
JEDES DING
WIRKT SO,
WIE MAN ES
BENUTZT...
ODER?

GROSSES NINJA-LEXIKON – TEIL 17

IBIKI MORINO

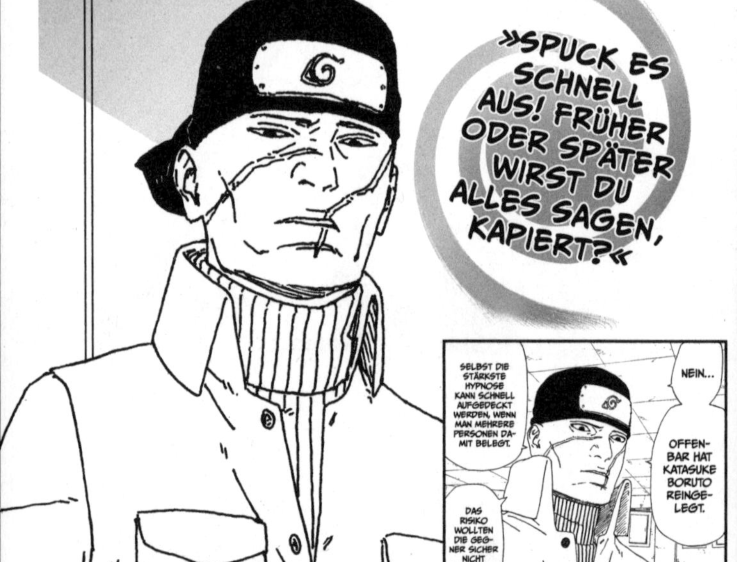

Eigenschaften

Körperkraft	100	Schnelligkeit	098
Intelligenz	120	Chakra	100
Wahrnehmungskraft	130	Verhandlungsgeschick	120

Fähigkeiten

Folter und Verhör ☆☆☆☆☆
Psychologie ☆☆☆
Medizin ☆☆☆

Ninja-Künste

Ninpo-Ebizeme-no-Jutsu*, Kuchiyose-Shiokibeya u. a.**

Die durchschnittlichen Eigenschaftswerte liegen bei normalen Menschen um die 60, bei Ge-Nin um die 90. Fähigkeitsgrade gibt es von 1-5. Mit 5 Sternen gehört man zur Spitzenklasse.

* Ebi = Hummer, Zeme = Folter
** Shioki = Strafe, Beya = Zimmer

22: DAS FINALE!

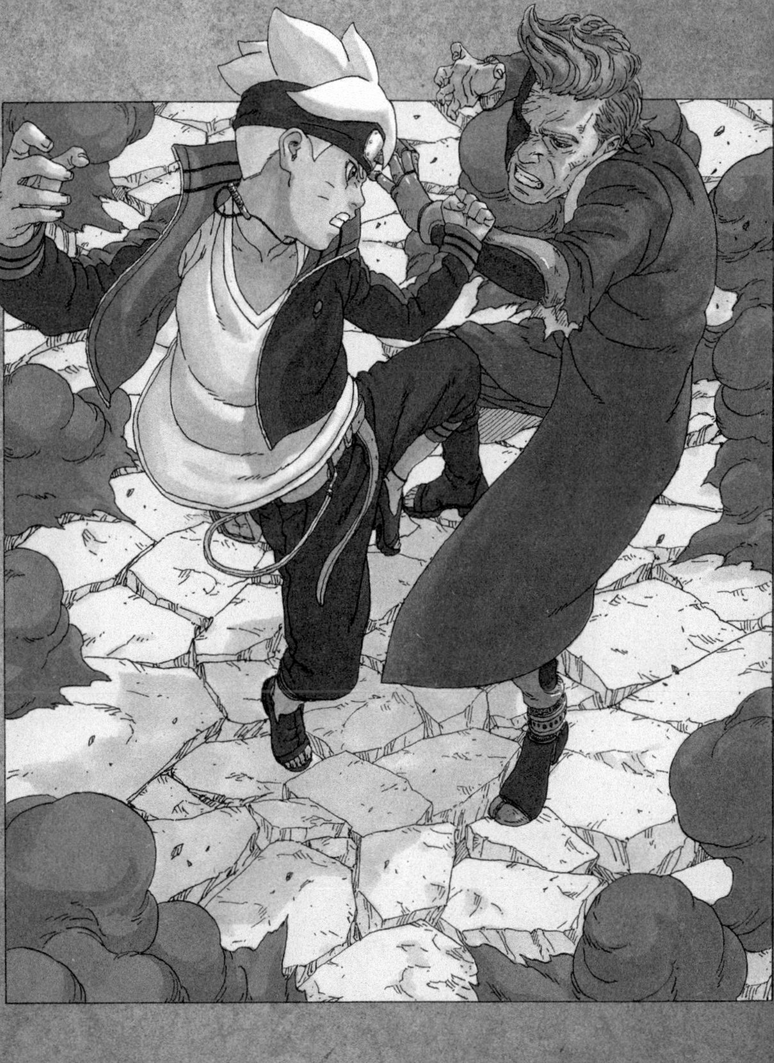

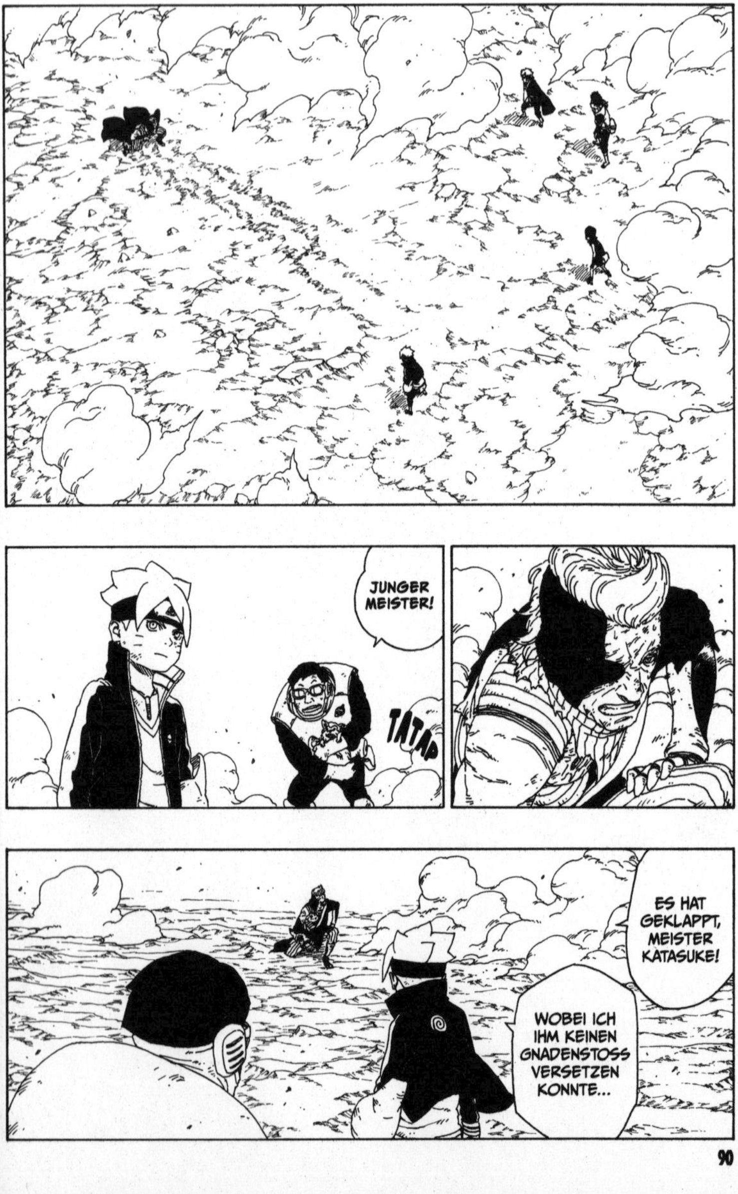
JUNGER MEISTER!
TATAP
ES HAT GEKLAPPT, MEISTER KATASUKE!
WOBEI ICH IHM KEINEN GNADENSTOSS VERSETZEN KONNTE...

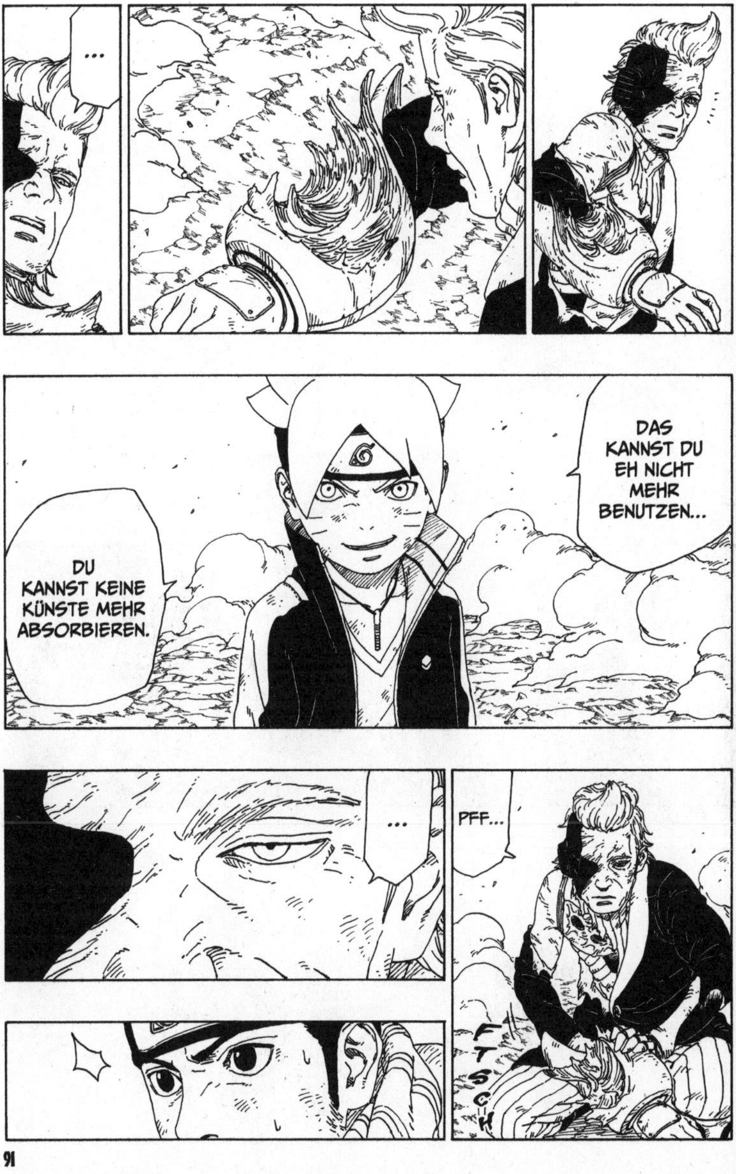
...
DAS KANNST DU EH NICHT MEHR BENUTZEN...
DU KANNST KEINE KÜNSTE MEHR ABSORBIEREN.
PFF...
FTSCH
...

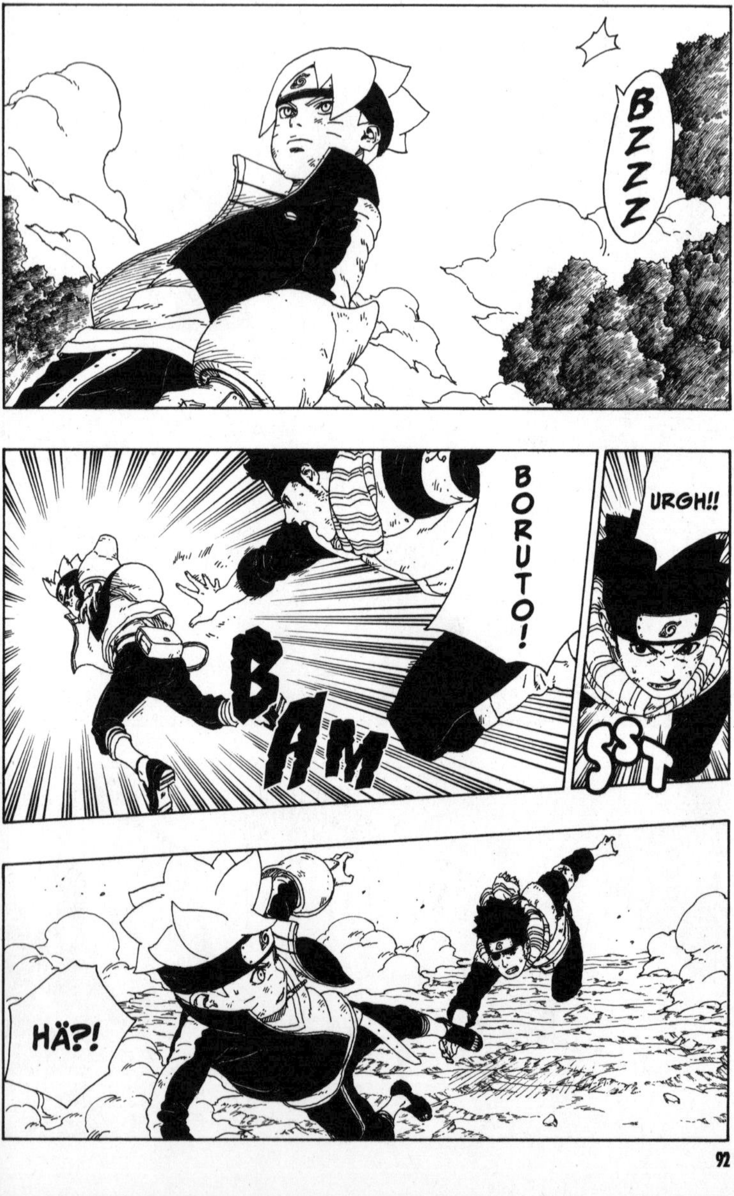
BZZZ
URGH!!
SST
BORUTO!
BAM
HÄ?!

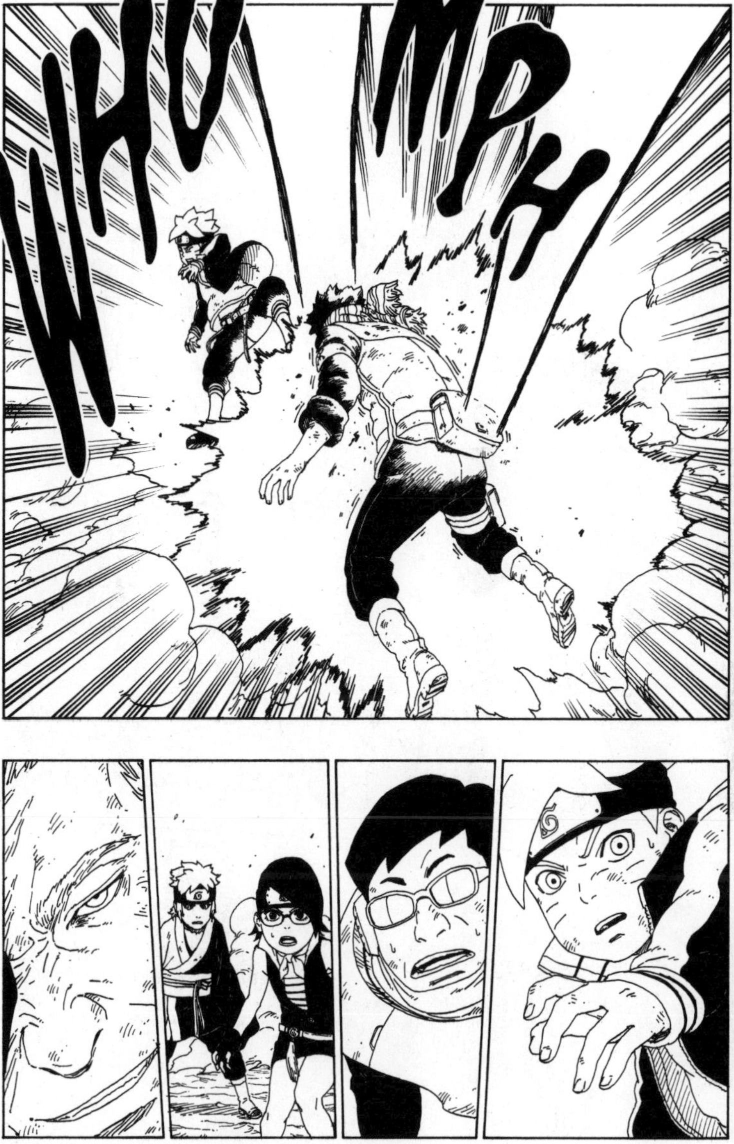
WHUMPH

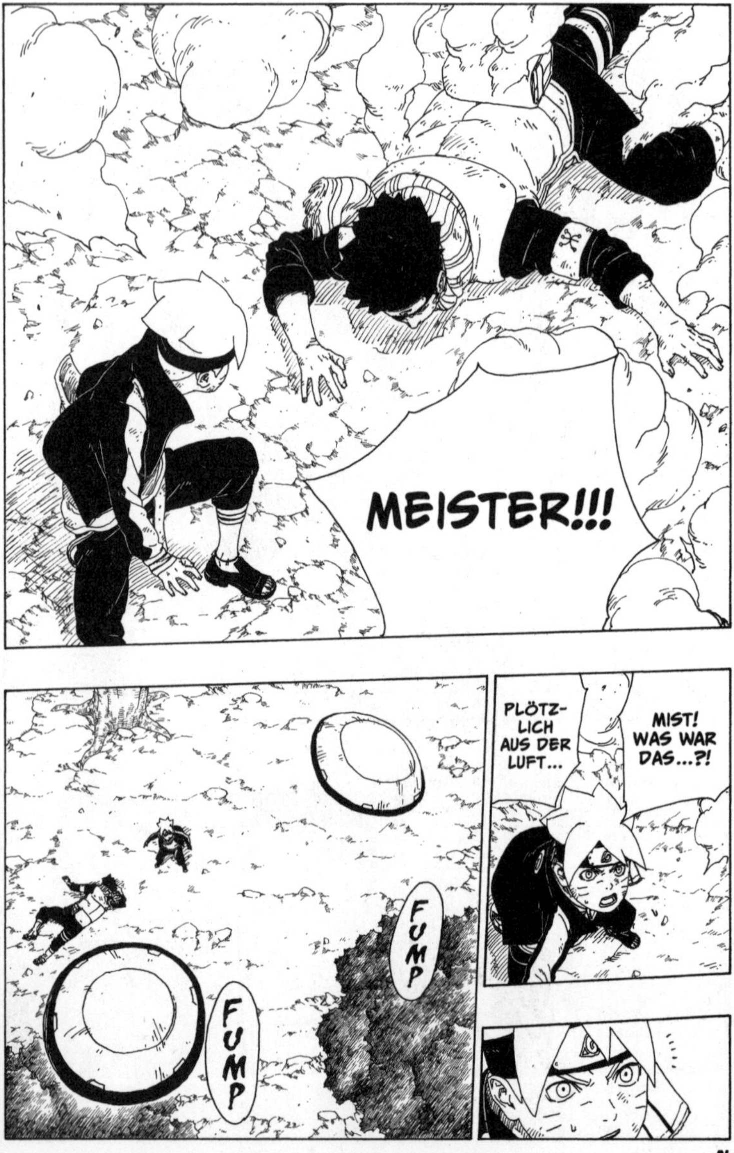
MEISTER!!!
MIST! WAS WAR DAS...?!
PLÖTZLICH AUS DER LUFT...
FUMP
FUMP
.....

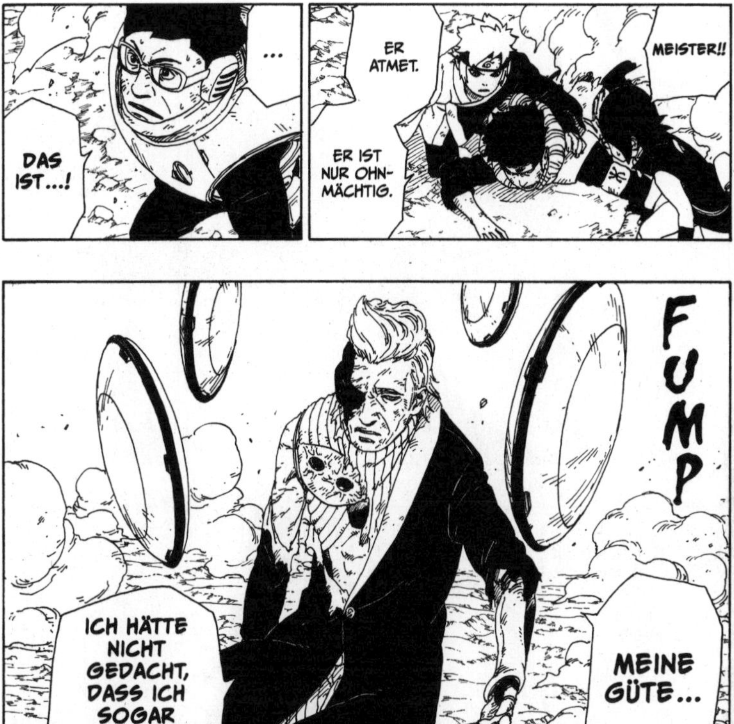

* MIKAGAMI = SPIEGEL, DOROON = DROHNE

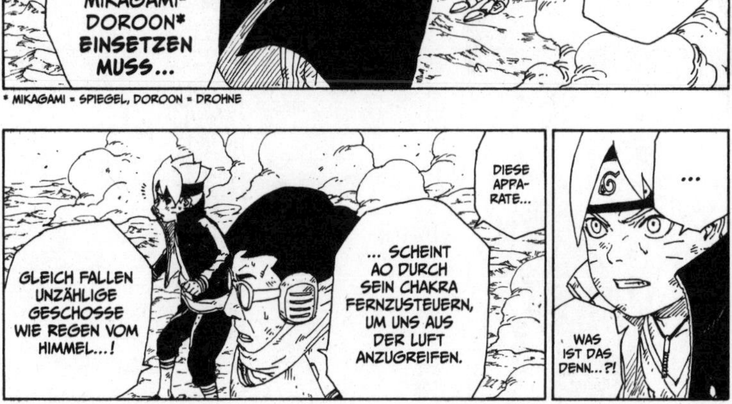

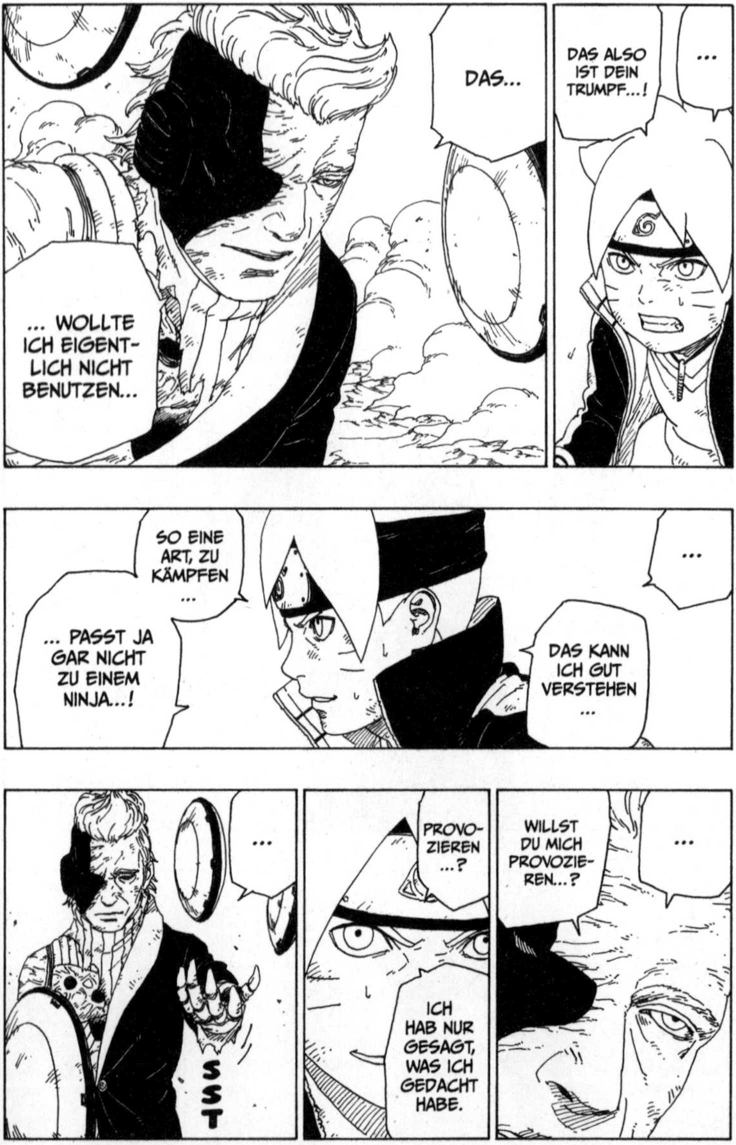
...
DAS ALSO IST DEIN TRUMPF...!
DAS...
... WOLLTE ICH EIGENTLICH NICHT BENUTZEN...
...
DAS KANN ICH GUT VERSTEHEN ...
SO EINE ART, ZU KÄMPFEN ...
... PASST JA GAR NICHT ZU EINEM NINJA...!
...
WILLST DU MICH PROVOZIEREN...?
PROVOZIEREN ...?
ICH HAB NUR GESAGT, WAS ICH GEDACHT HABE.
...
SST

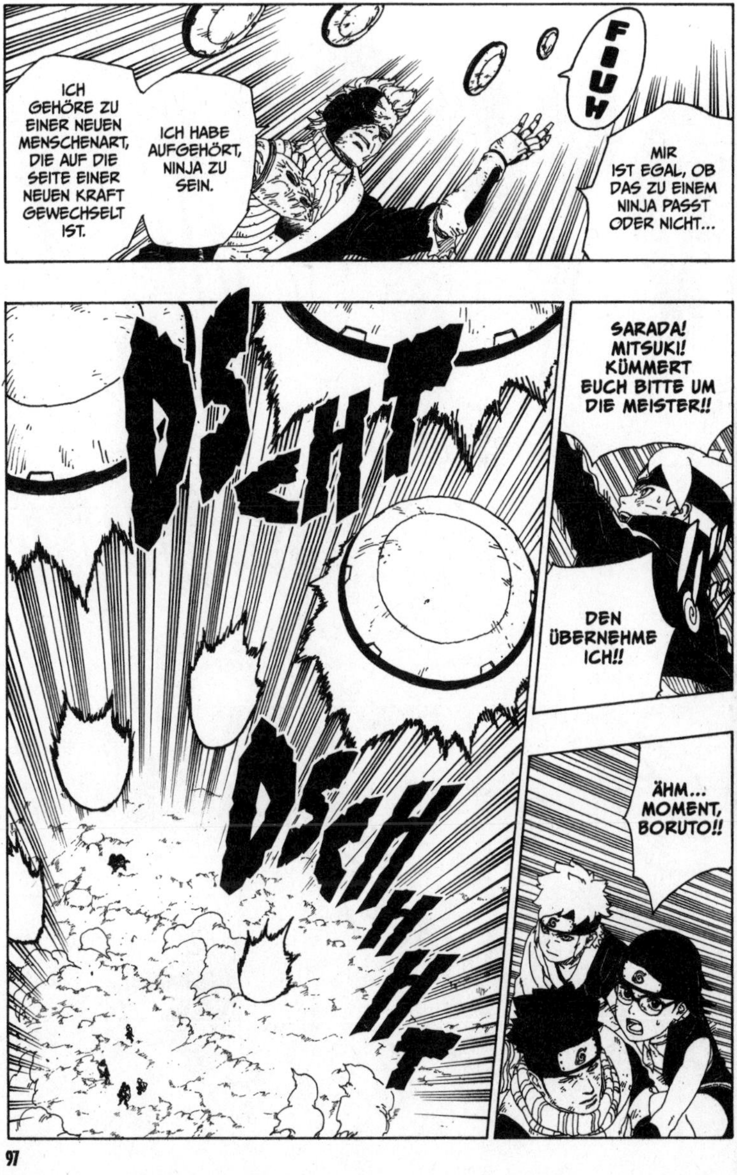
FIUH
MIR IST EGAL, OB DAS ZU EINEM NINJA PASST ODER NICHT...
ICH HABE AUFGEHÖRT, NINJA ZU SEIN.
ICH GEHÖRE ZU EINER NEUEN MENSCHENART, DIE AUF DIE SEITE EINER NEUEN KRAFT GEWECHSELT IST.
SARADA! MITSUKI! KÜMMERT EUCH BITTE UM DIE MEISTER!!
DEN ÜBERNEHME ICH!!
ÄHM... MOMENT, BORUTO!!

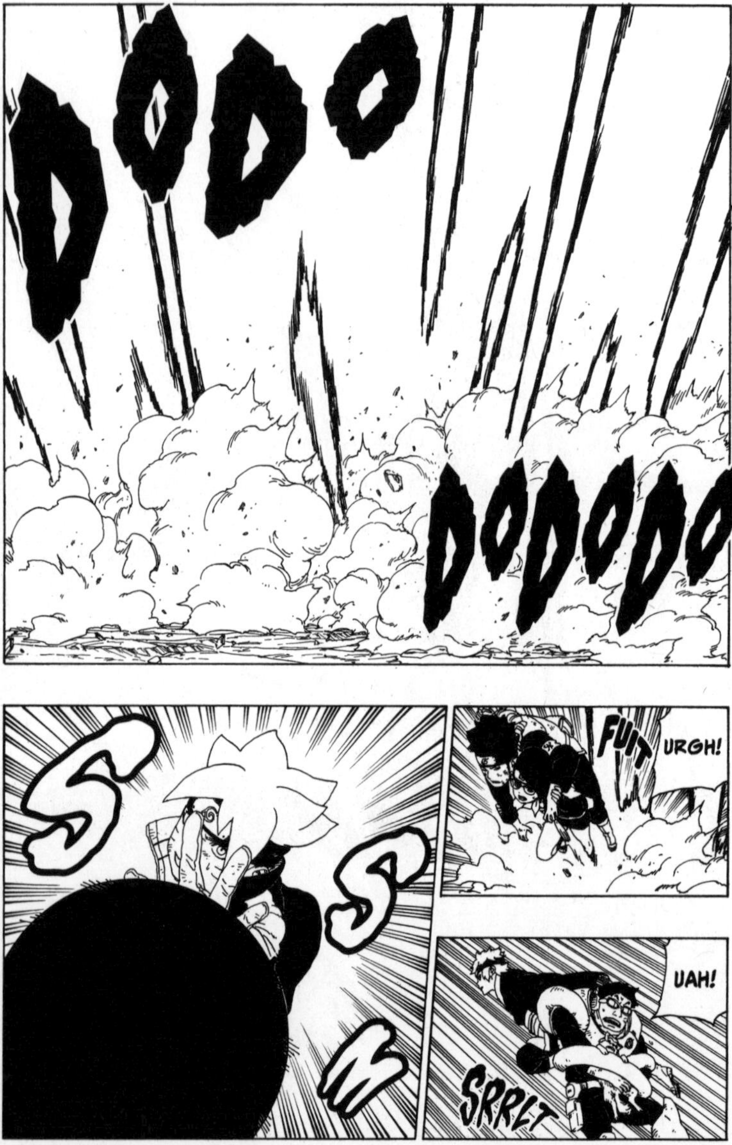
DODO
DODODO
FUIT
URGH!
UAH!
SRRLT
SSM

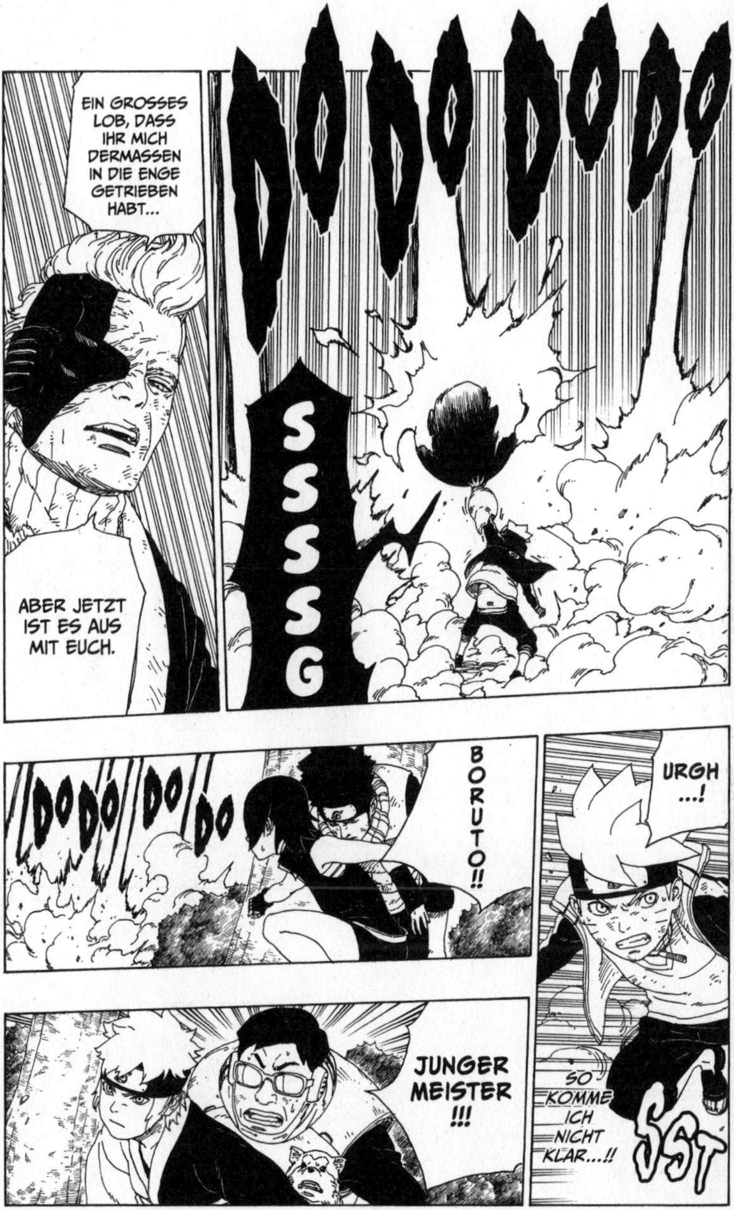

DODODODODO
SSSSG
EIN GROSSES LOB, DASS IHR MICH DERMASSEN IN DIE ENGE GETRIEBEN HABT...
ABER JETZT IST ES AUS MIT EUCH.
URGH ...!
BORUTO!!
DODODODODO
SO KOMME ICH NICHT KLAR...!!
SST
JUNGER MEISTER!!!

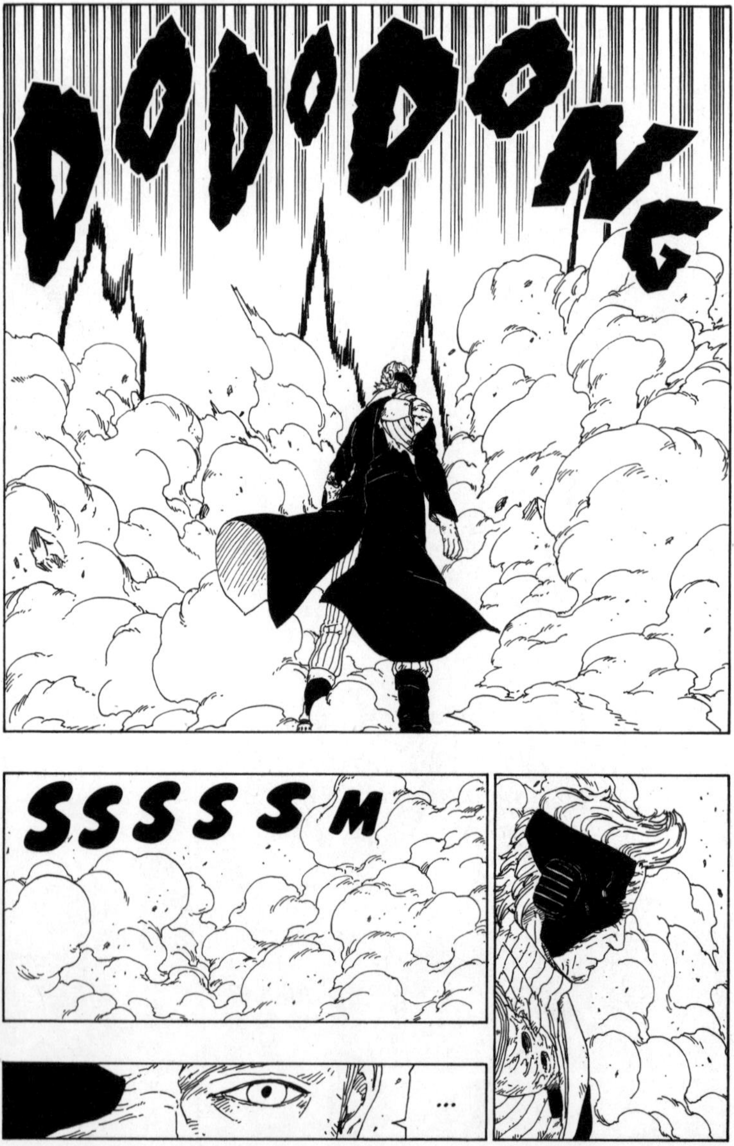
DODODONG
SSSSSM
...

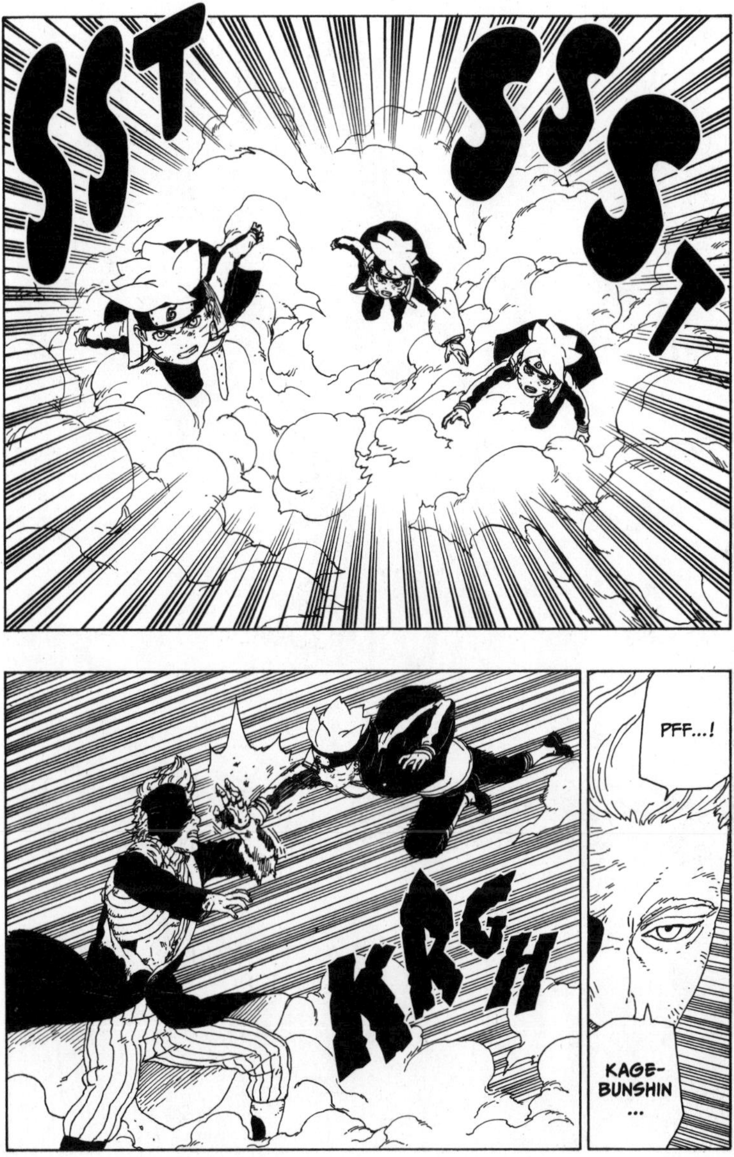
SSSST
SST
PFF...!
KAGE-
BUNSHIN
...
KRGH

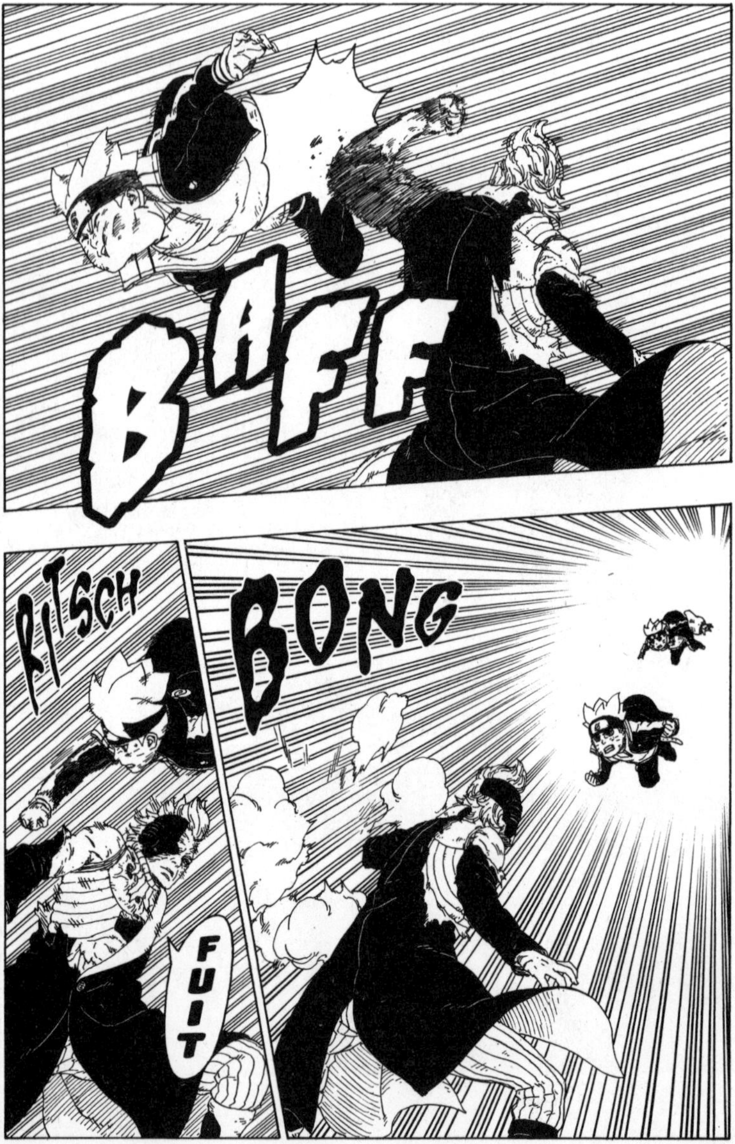
BAFF
BONG
RITSCH
FUIT

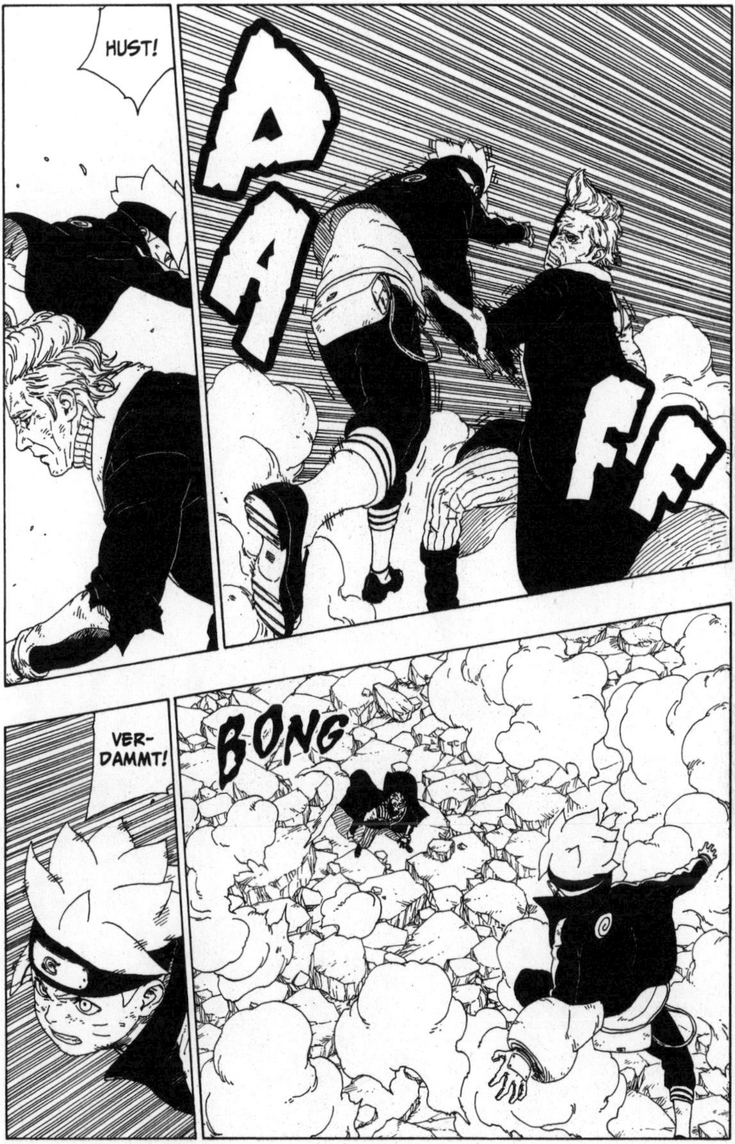
PAFF
HUST!
BONG
VER-
DAMMT!

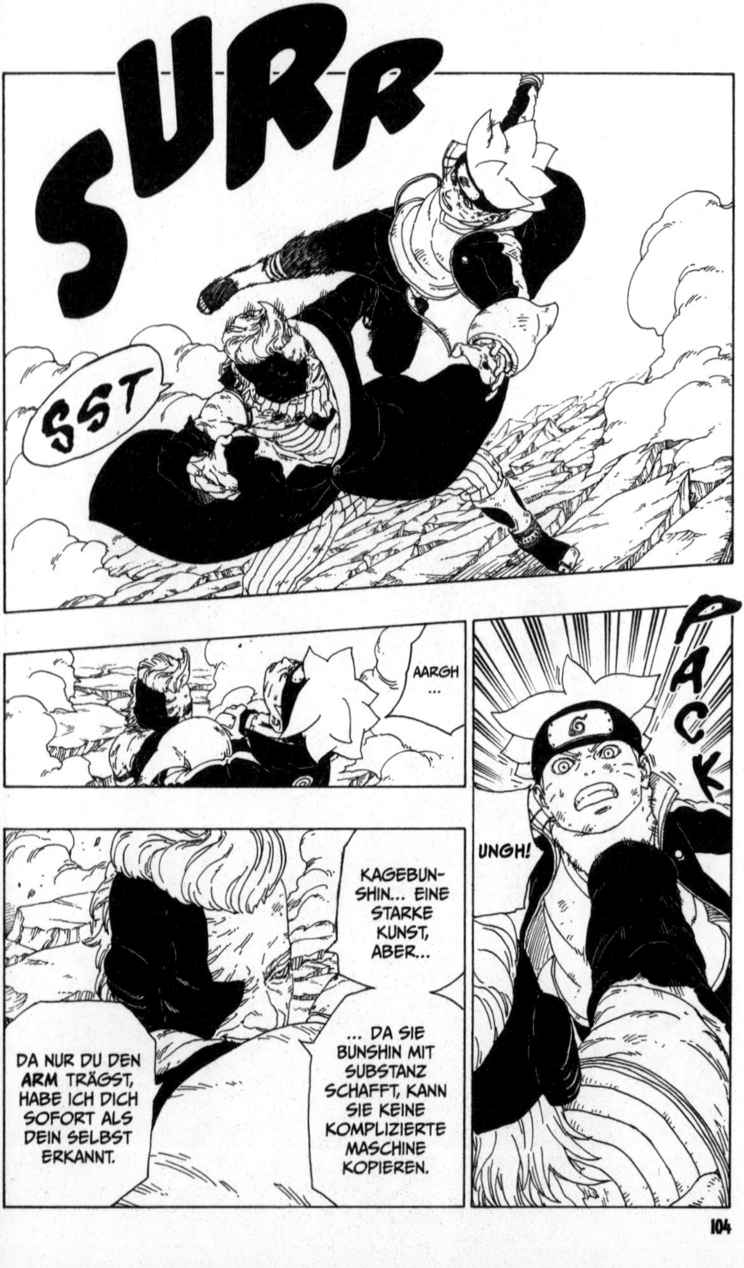
SURR
SST
PACK
UNGH!
AARGH ...
KAGEBUNSHIN... EINE STARKE KUNST, ABER...
... DA SIE BUNSHIN MIT SUBSTANZ SCHAFFT, KANN SIE KEINE KOMPLIZIERTE MASCHINE KOPIEREN.
DA NUR DU DEN ARM TRÄGST, HABE ICH DICH SOFORT ALS DEIN SELBST ERKANNT.

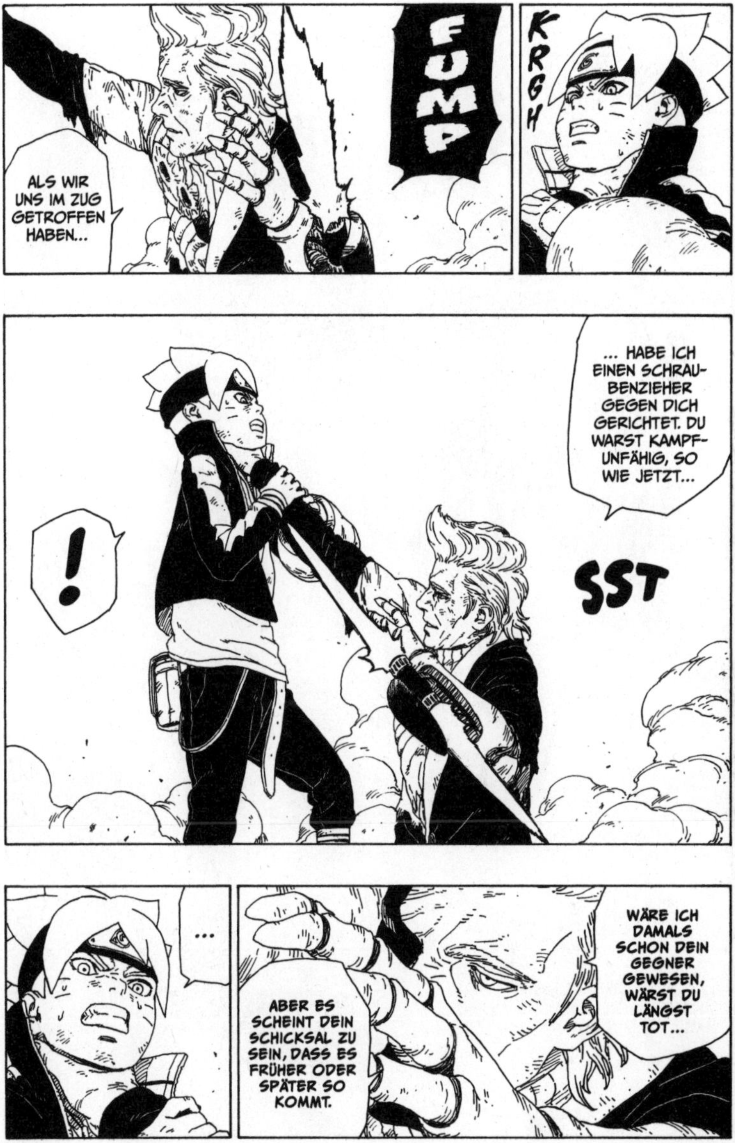
KRGH
FUMP
ALS WIR UNS IM ZUG GETROFFEN HABEN...
... HABE ICH EINEN SCHRAUBENZIEHER GEGEN DICH GERICHTET. DU WARST KAMPFUNFÄHIG, SO WIE JETZT...
SST
!
WÄRE ICH DAMALS SCHON DEIN GEGNER GEWESEN, WÄRST DU LÄNGST TOT...
ABER ES SCHEINT DEIN SCHICKSAL ZU SEIN, DASS ES FRÜHER ODER SPÄTER SO KOMMT.
...

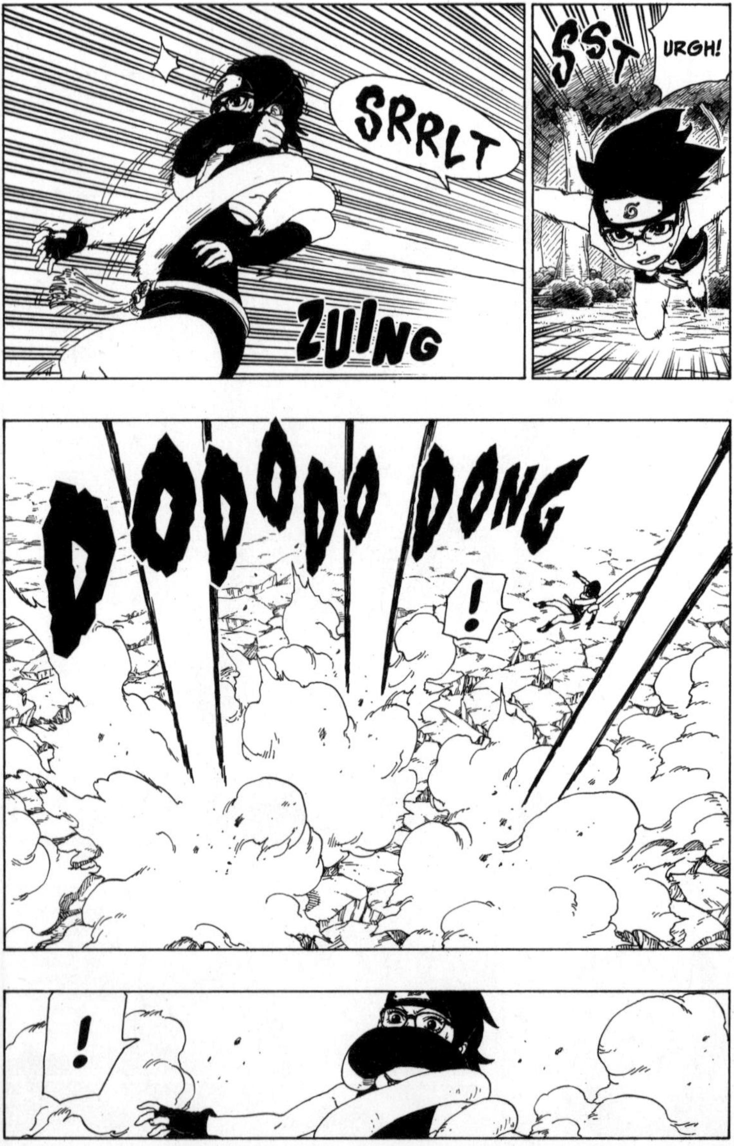
SST
URGH!
SRRLT
ZUING
DODODO DONG
!
!

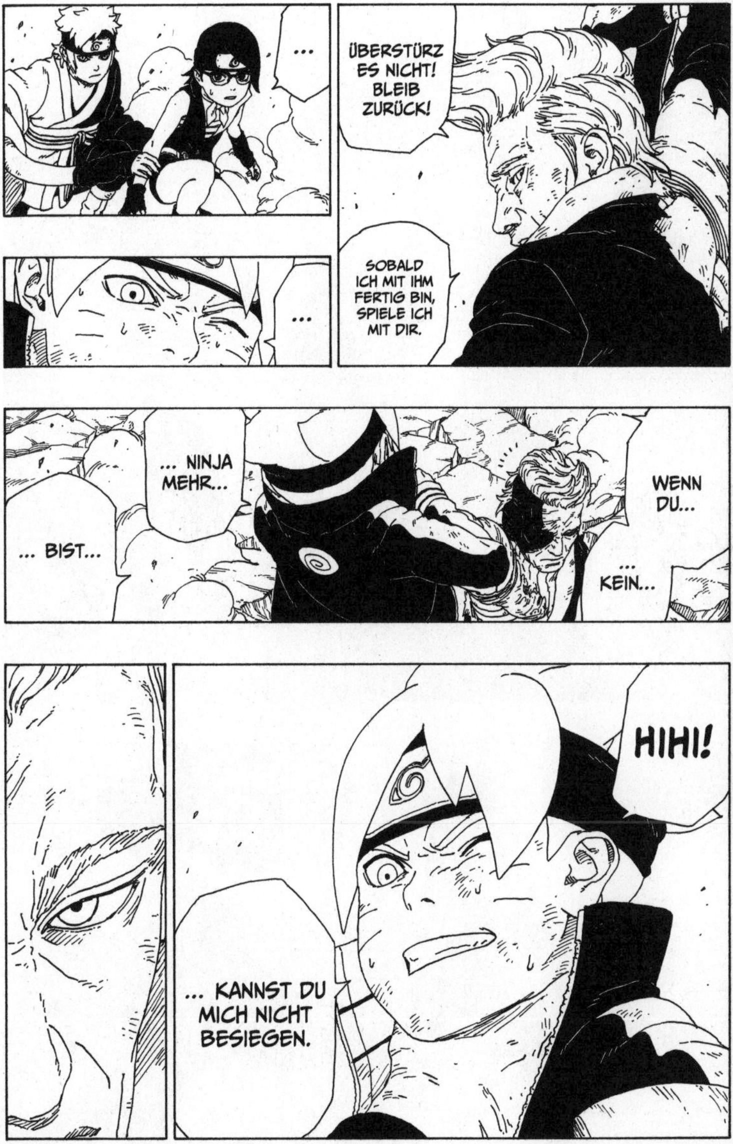
ÜBERSTÜRZ ES NICHT! BLEIB ZURÜCK!
SOBALD ICH MIT IHM FERTIG BIN, SPIELE ICH MIT DIR.
...
...
WENN DU...
... KEIN...
... NINJA MEHR...
... BIST...
HIHI!
... KANNST DU MICH NICHT BESIEGEN.

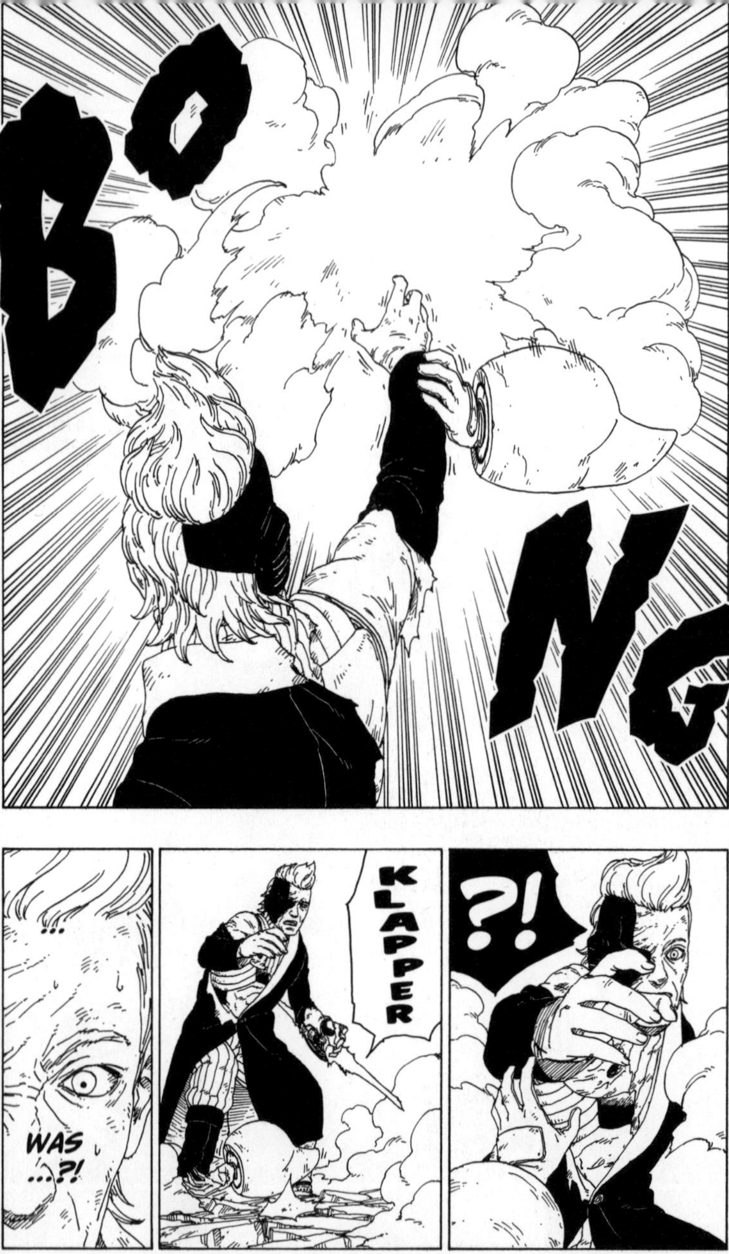
BOO
NG
?!
KLAPPER
...
WAS ...?!

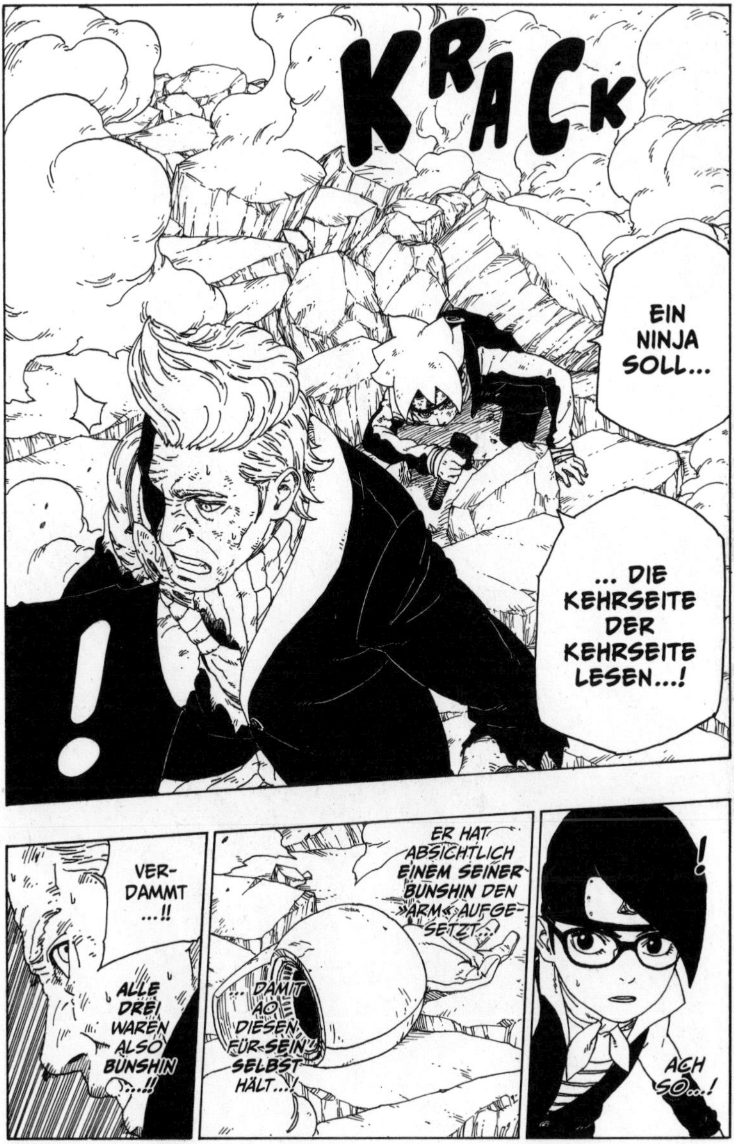
KRACK
EIN NINJA SOLL...
... DIE KEHRSEITE DER KEHRSEITE LESEN...!
ER HAT ABSICHTLICH EINEM SEINER BUNSHIN DEN »ARM« AUFGESETZT...
... DAMIT AO DIESEN FÜR SEIN SELBST HÄLT...!
VERDAMMT ...!!
ALLE DREI WAREN ALSO BUNSHIN ...!!
ACH SO...!

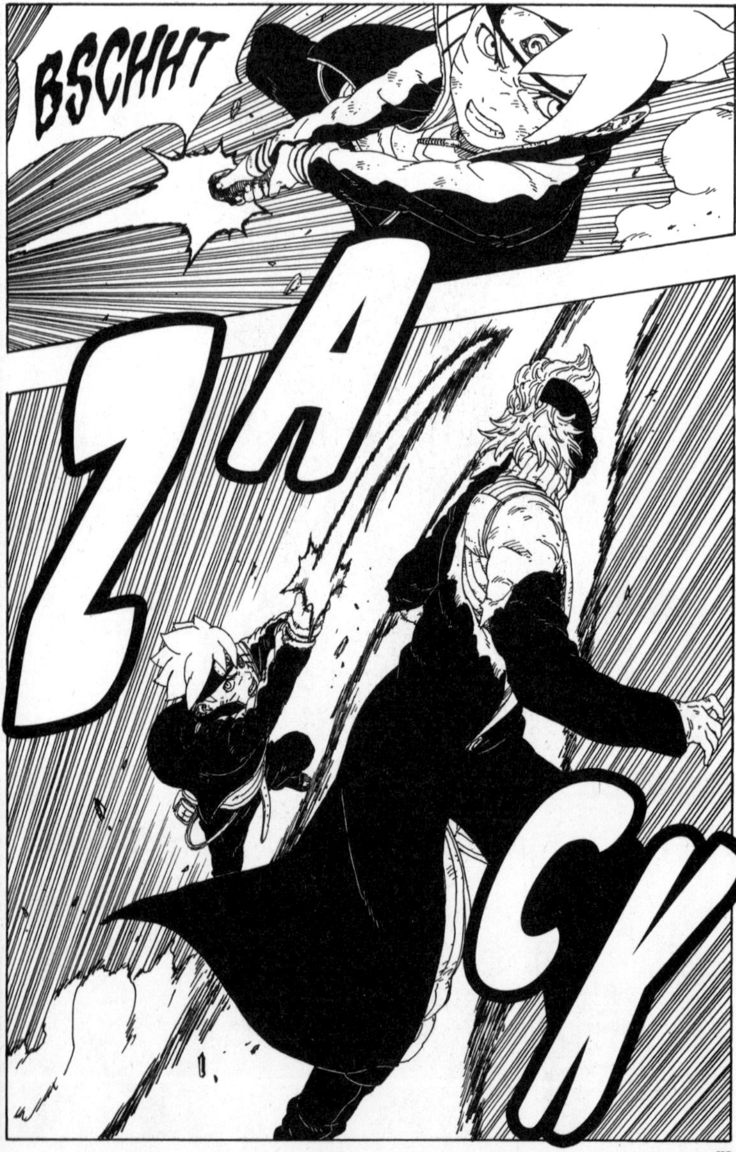
BSCHHT
ZACK

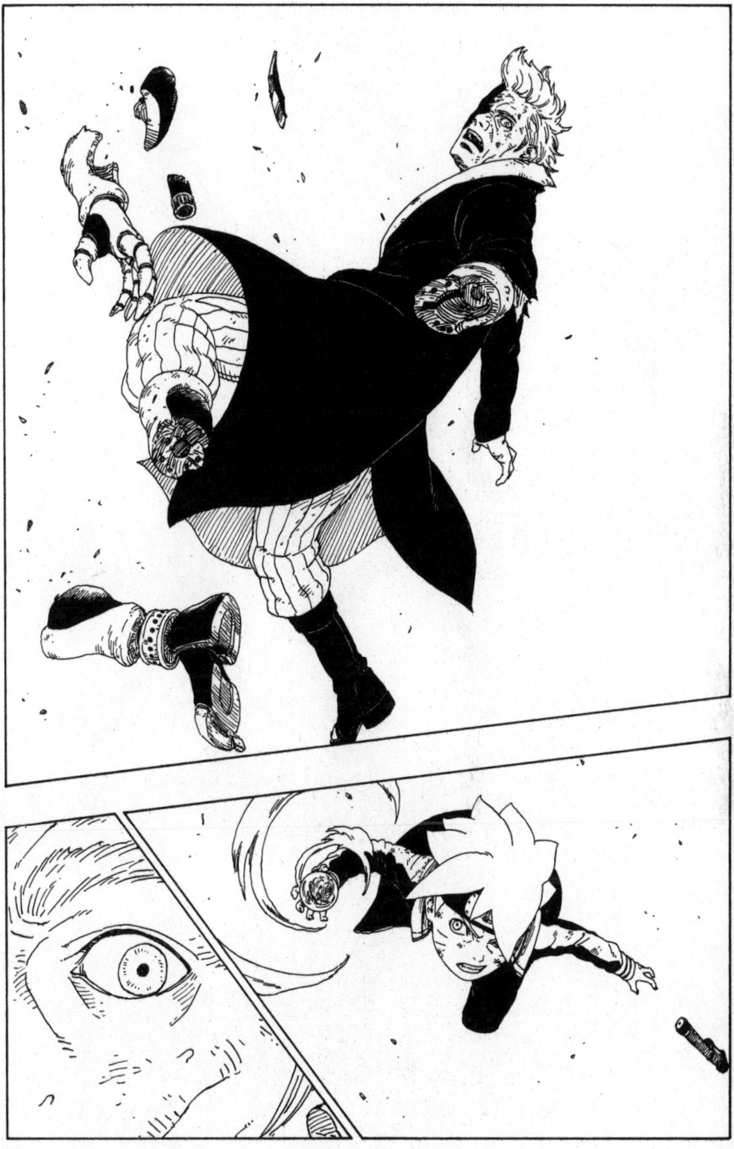

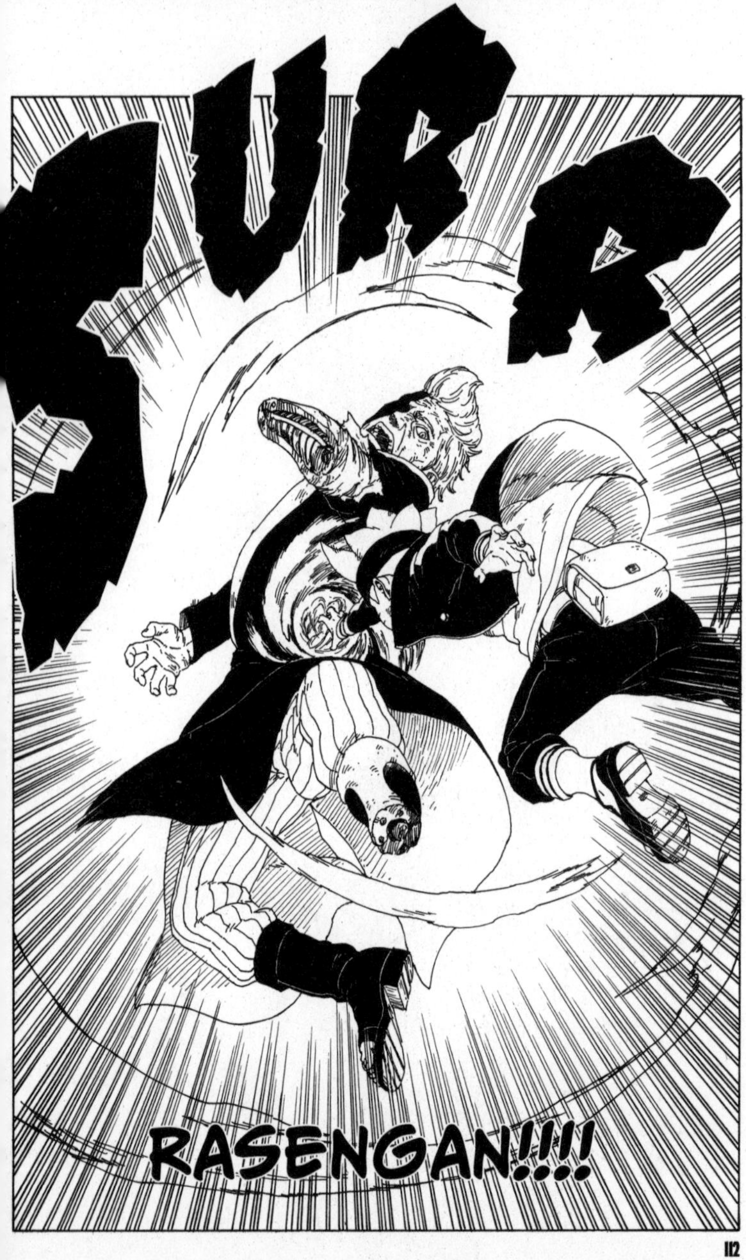
RASENGAN!!!!

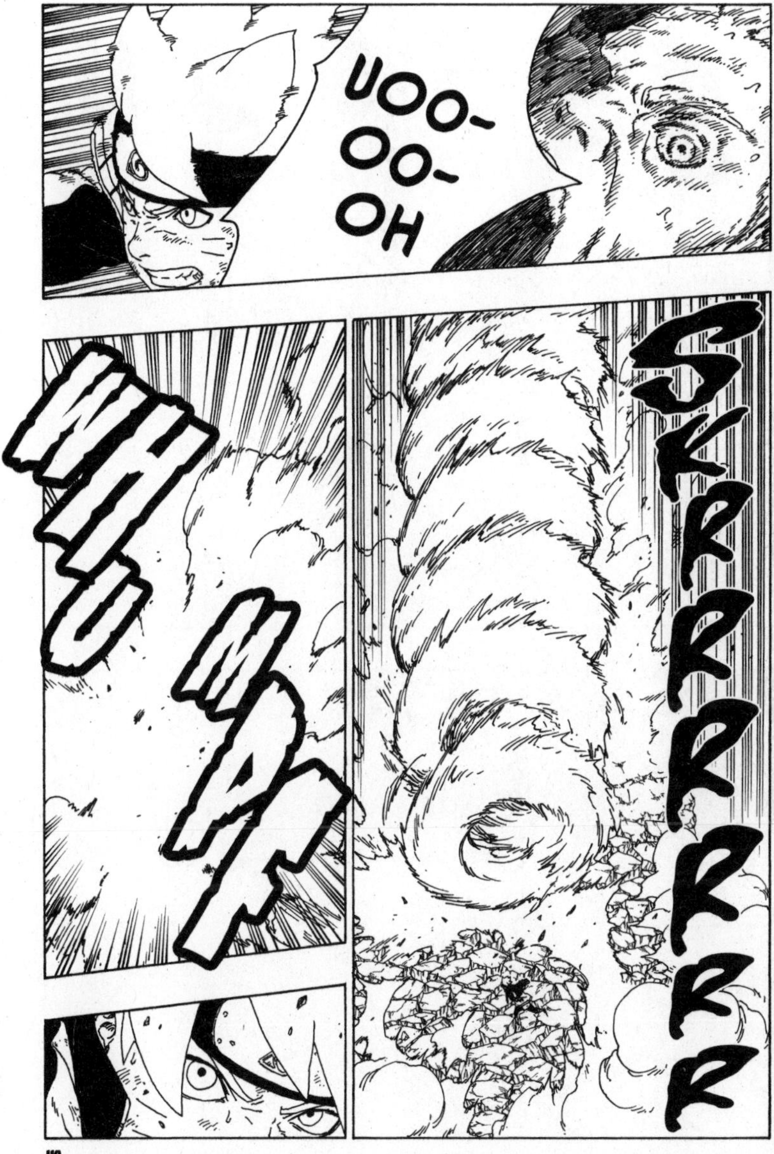
UOO-
OO-
OH
SKRRRRRRR
WHUMPF

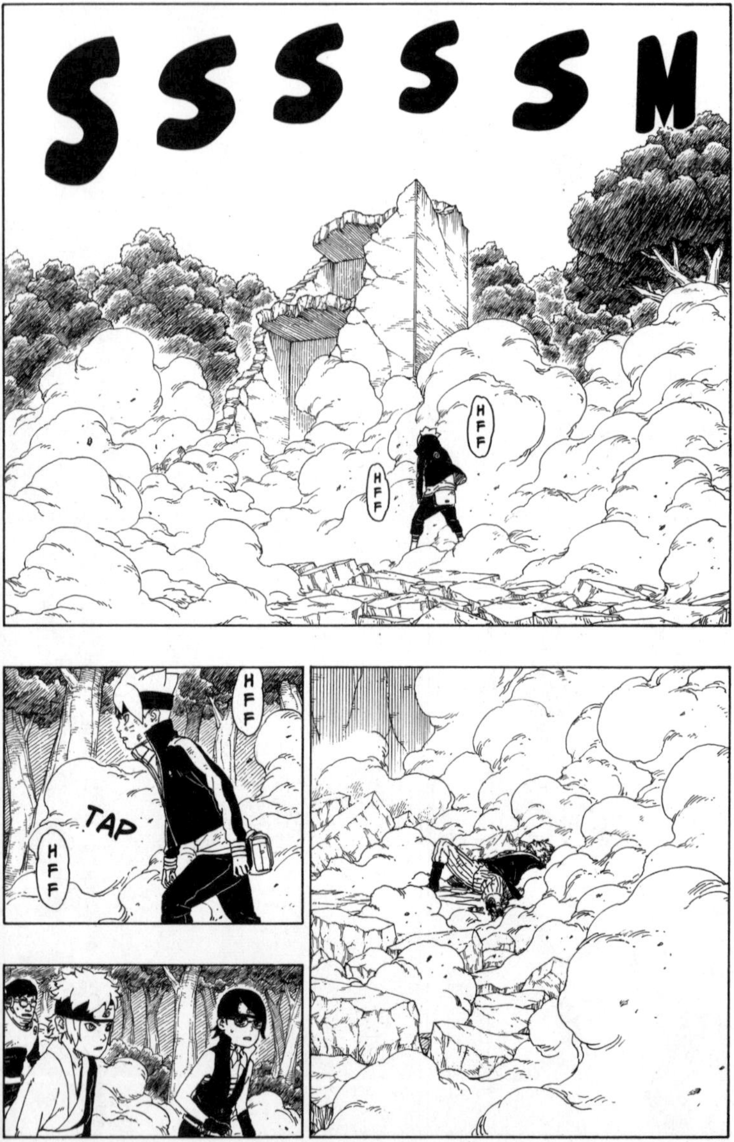
SSSSSM
HFF
HFF
HFF
TAP
HFF

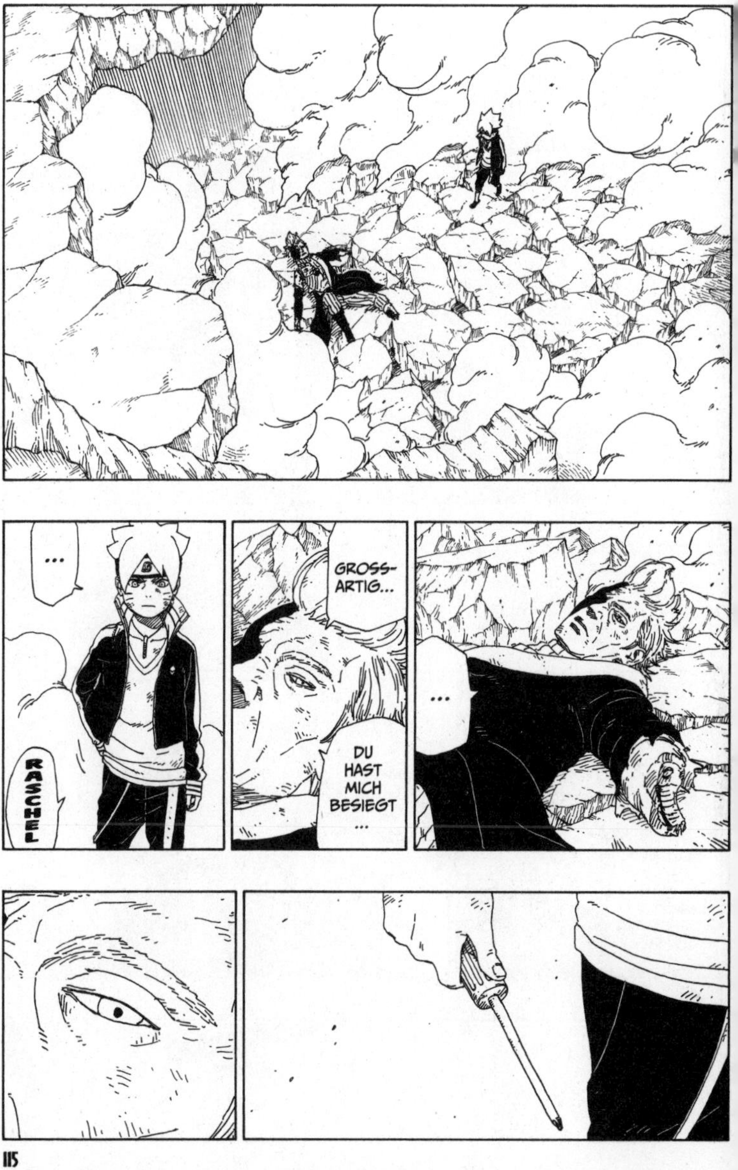
GROSS-
ARTIG...
...
DU
HAST
MICH
BESIEGT
...
...
RASCHEL

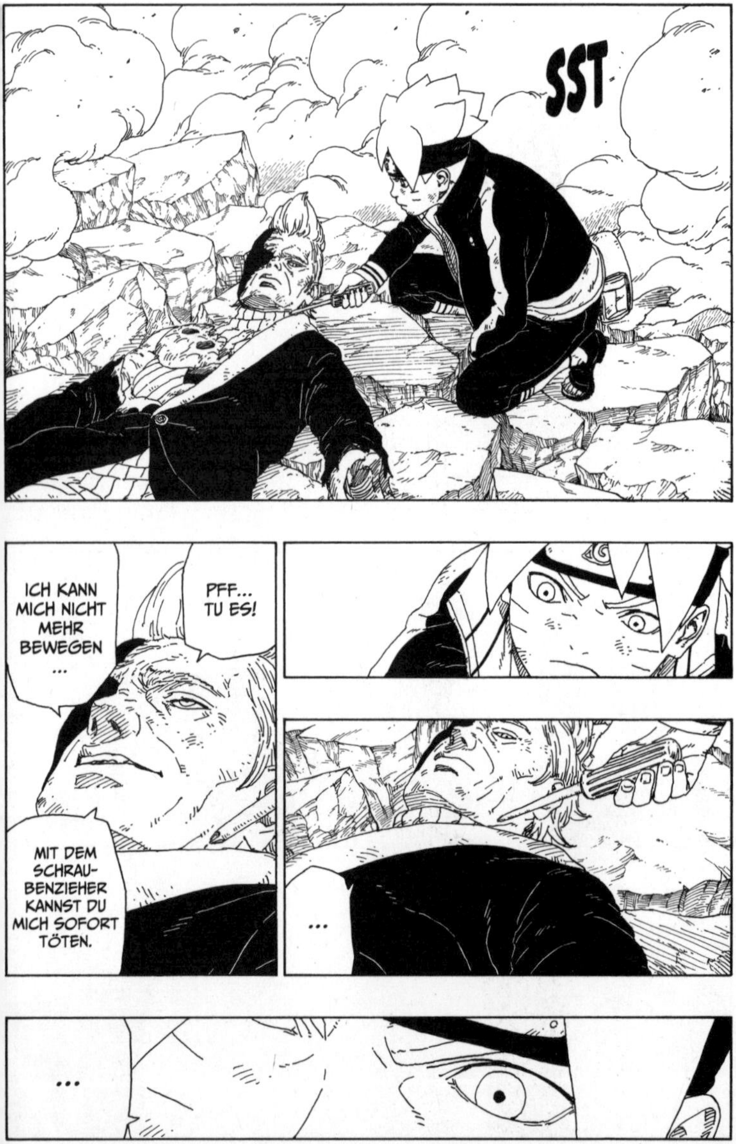
SST
PFF... TU ES!
ICH KANN MICH NICHT MEHR BEWEGEN ...
MIT DEM SCHRAUBENZIEHER KANNST DU MICH SOFORT TÖTEN.
...
...

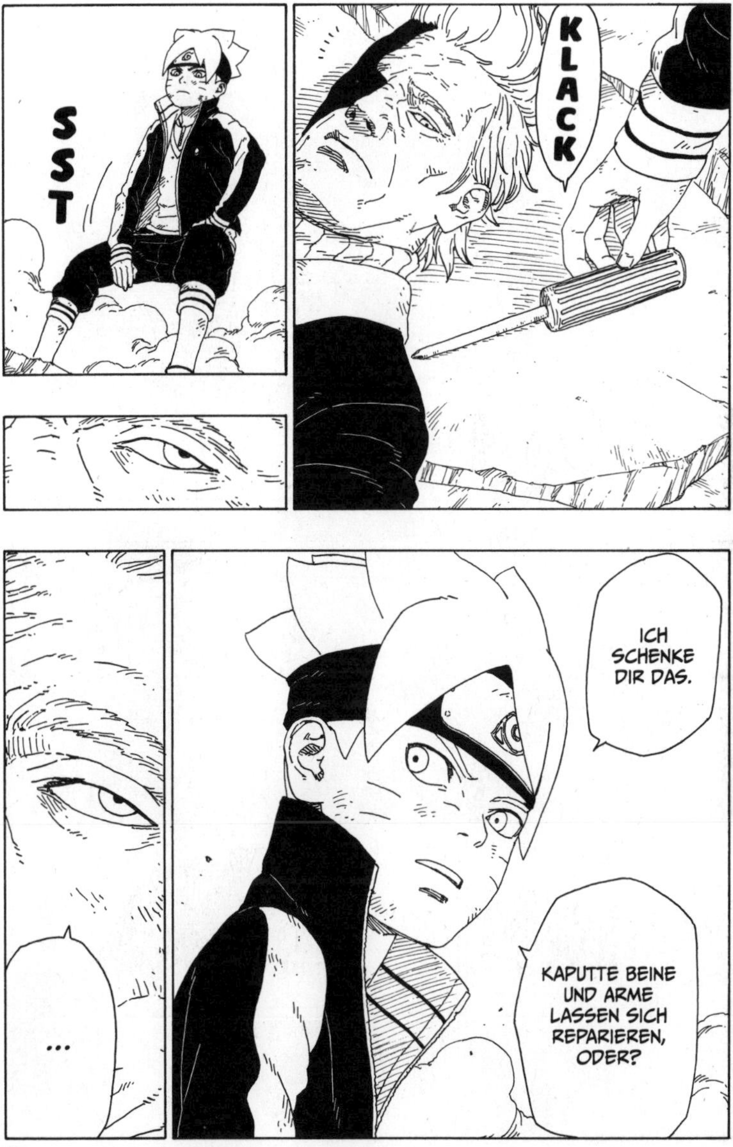
KLACK
SST
ICH SCHENKE DIR DAS.
KAPUTTE BEINE UND ARME LASSEN SICH REPARIEREN, ODER?
...

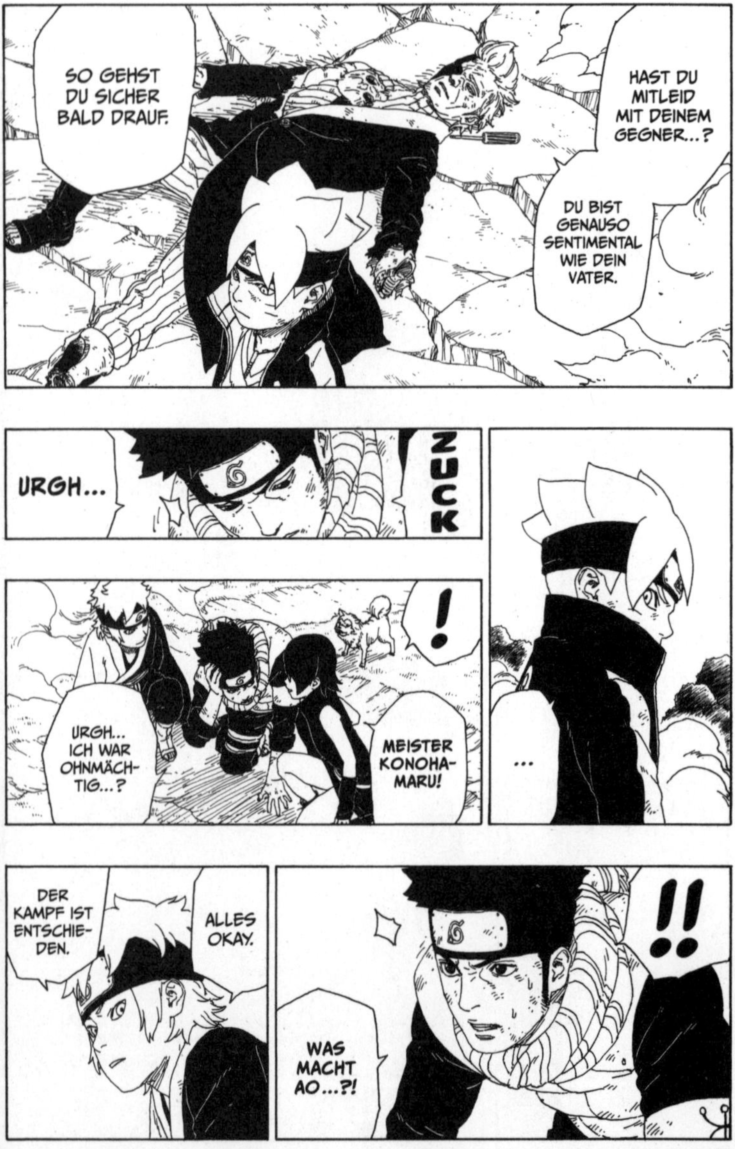
HAST DU MITLEID MIT DEINEM GEGNER...?
DU BIST GENAUSO SENTIMENTAL WIE DEIN VATER.
SO GEHST DU SICHER BALD DRAUF.
...
ZUCK
URGH...
!
MEISTER KONOHA-MARU!
URGH... ICH WAR OHNMÄCH-TIG...?
!!
WAS MACHT AO...?!
ALLES OKAY.
DER KAMPF IST ENTSCHIE-DEN.

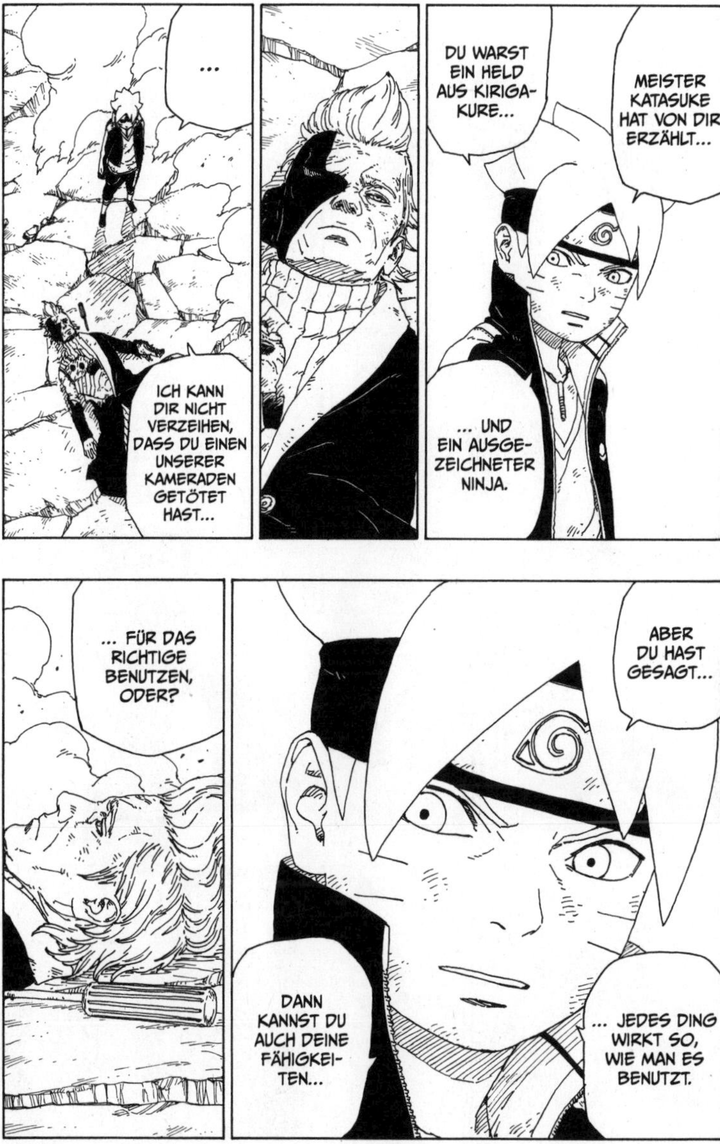
MEISTER KATASUKE HAT VON DIR ERZÄHLT...
DU WARST EIN HELD AUS KIRIGA-KURE...
... UND EIN AUSGE-ZEICHNETER NINJA.
...
ICH KANN DIR NICHT VERZEIHEN, DASS DU EINEN UNSERER KAMERADEN GETÖTET HAST...
ABER DU HAST GESAGT...
... JEDES DING WIRKT SO, WIE MAN ES BENUTZT.
DANN KANNST DU AUCH DEINE FÄHIGKEI-TEN...
... FÜR DAS RICHTIGE BENUTZEN, ODER?

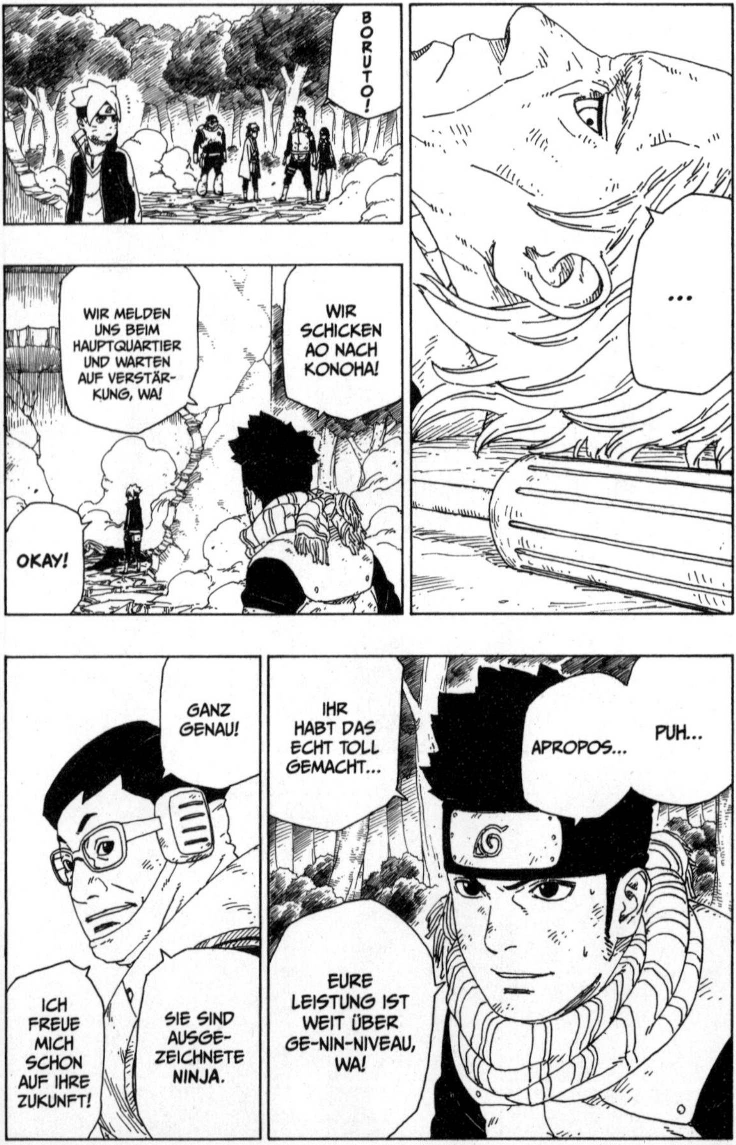
...
BORUTO!
WIR SCHICKEN AO NACH KONOHA!
WIR MELDEN UNS BEIM HAUPTQUARTIER UND WARTEN AUF VERSTÄR-KUNG, WA!
OKAY!
PUH...
APROPOS...
IHR HABT DAS ECHT TOLL GEMACHT...
EURE LEISTUNG IST WEIT ÜBER GE-NIN-NIVEAU, WA!
GANZ GENAU!
SIE SIND AUSGE-ZEICHNETE NINJA.
ICH FREUE MICH SCHON AUF IHRE ZUKUNFT!

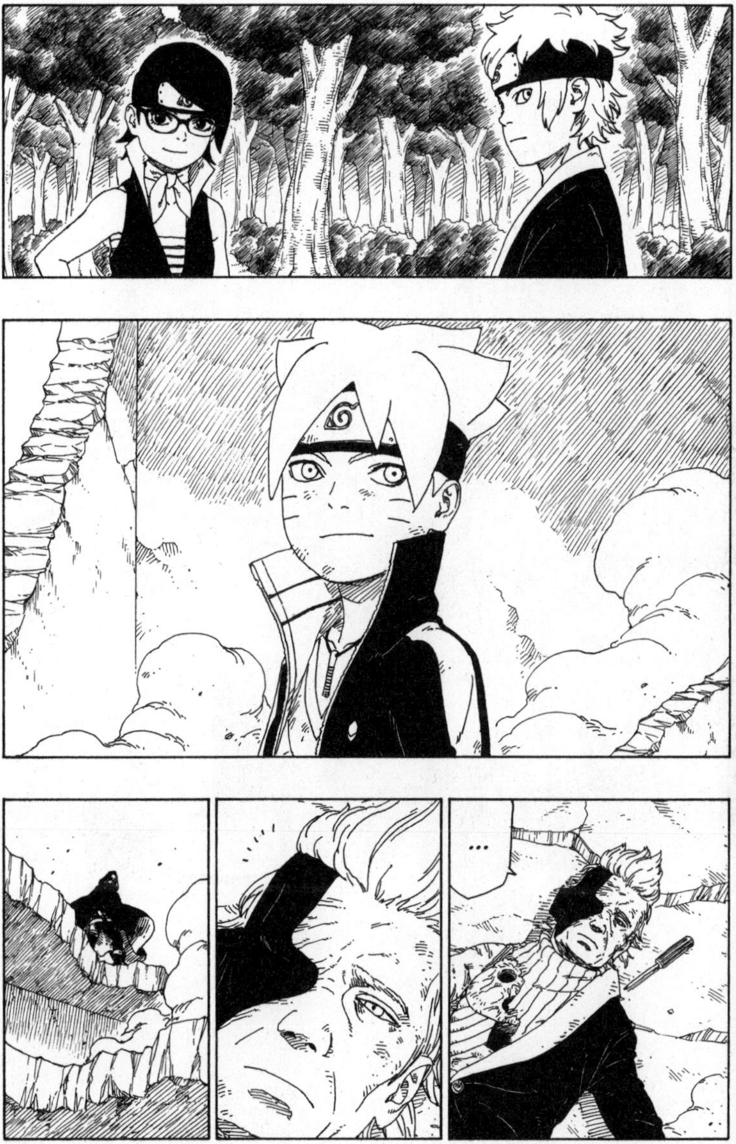

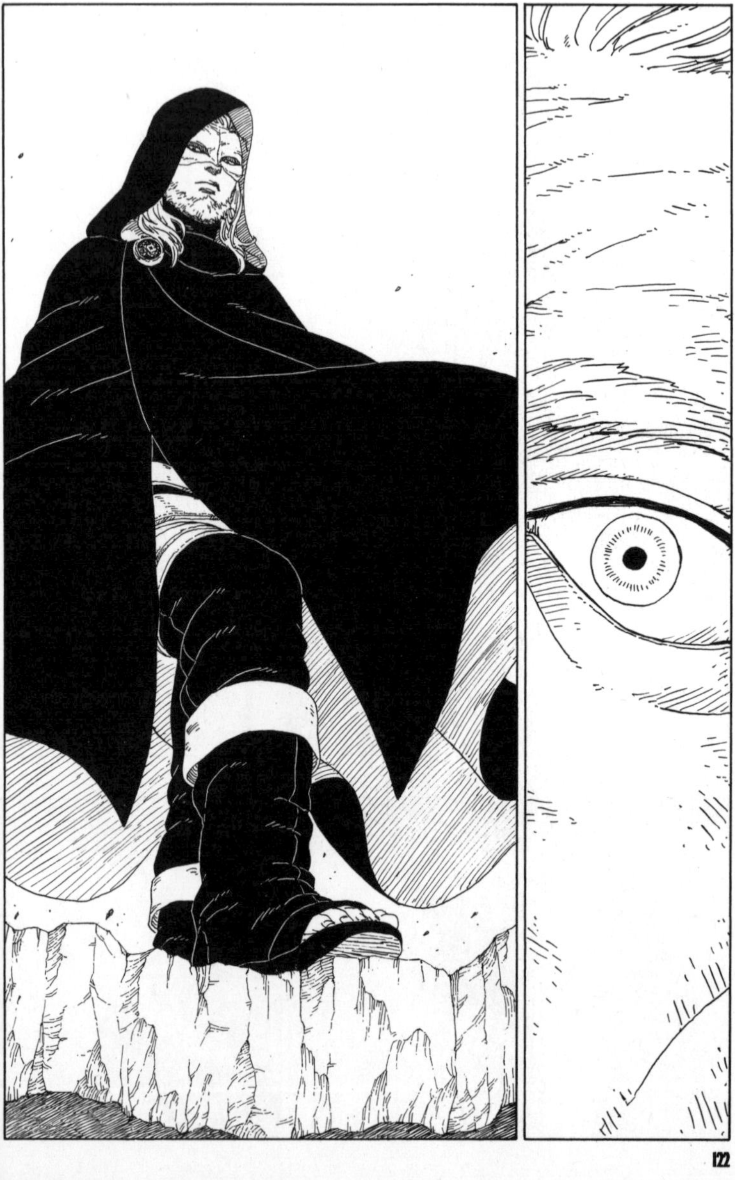

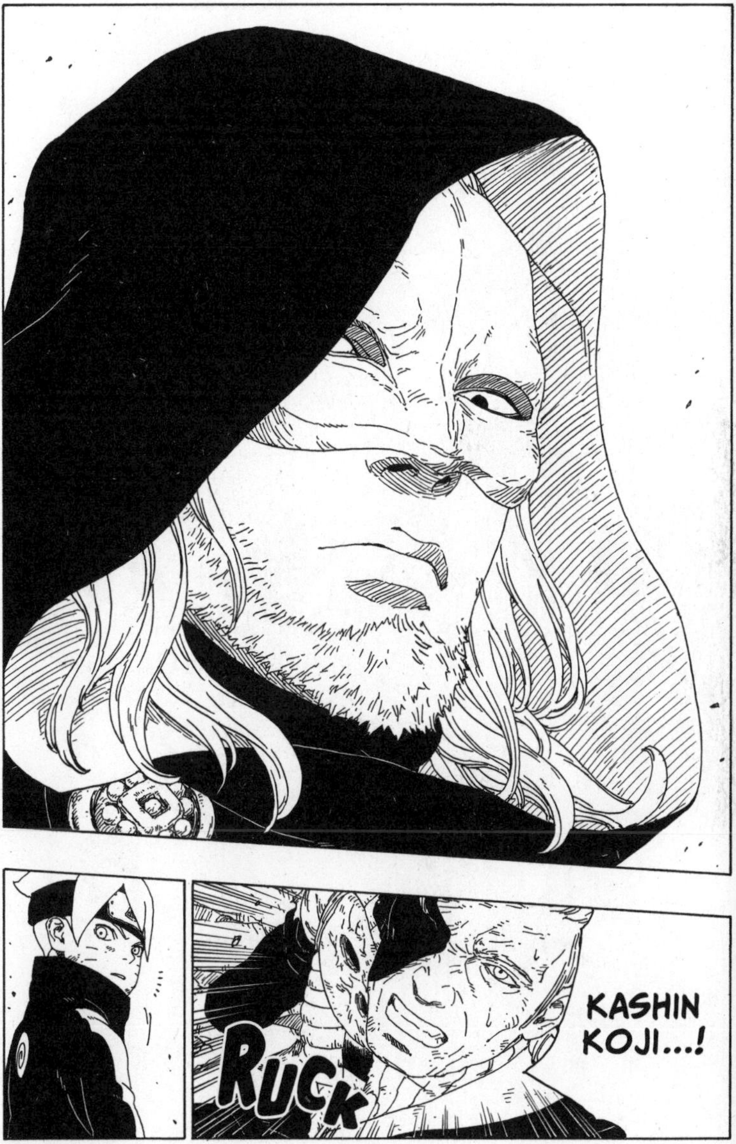
KASHIN
KOJI...!
RUCK

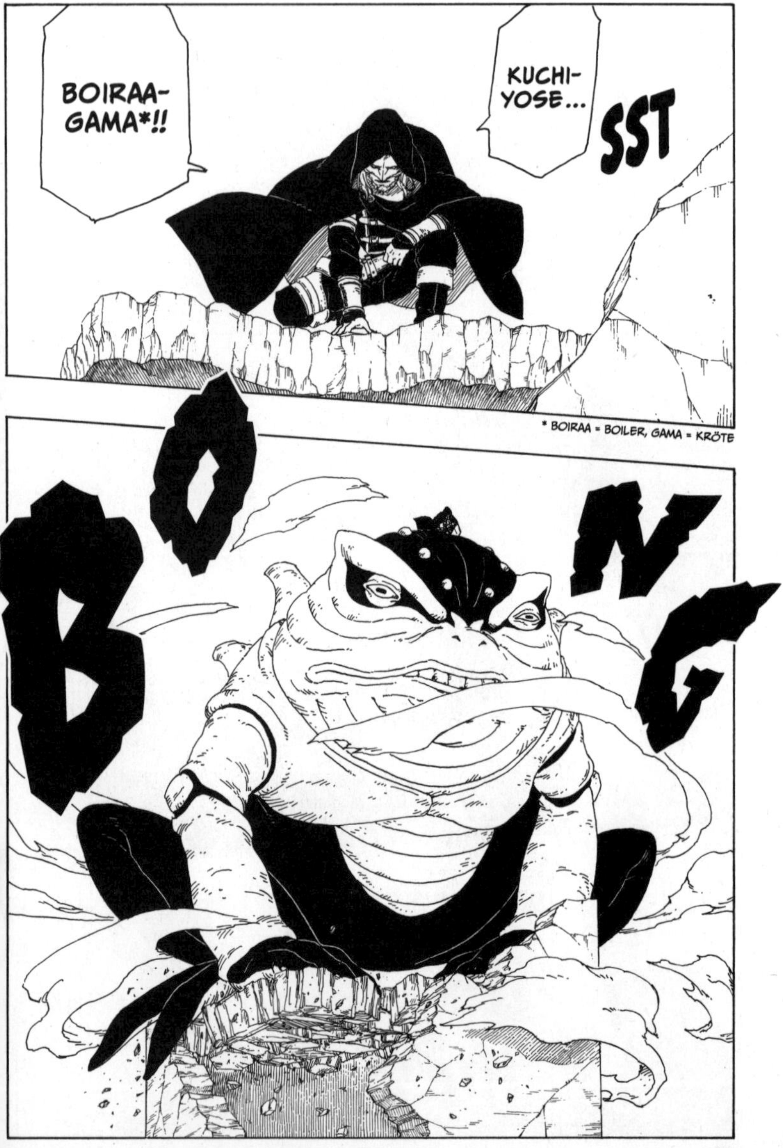

* BOIRAA = BOILER, GAMA = KRÖTE

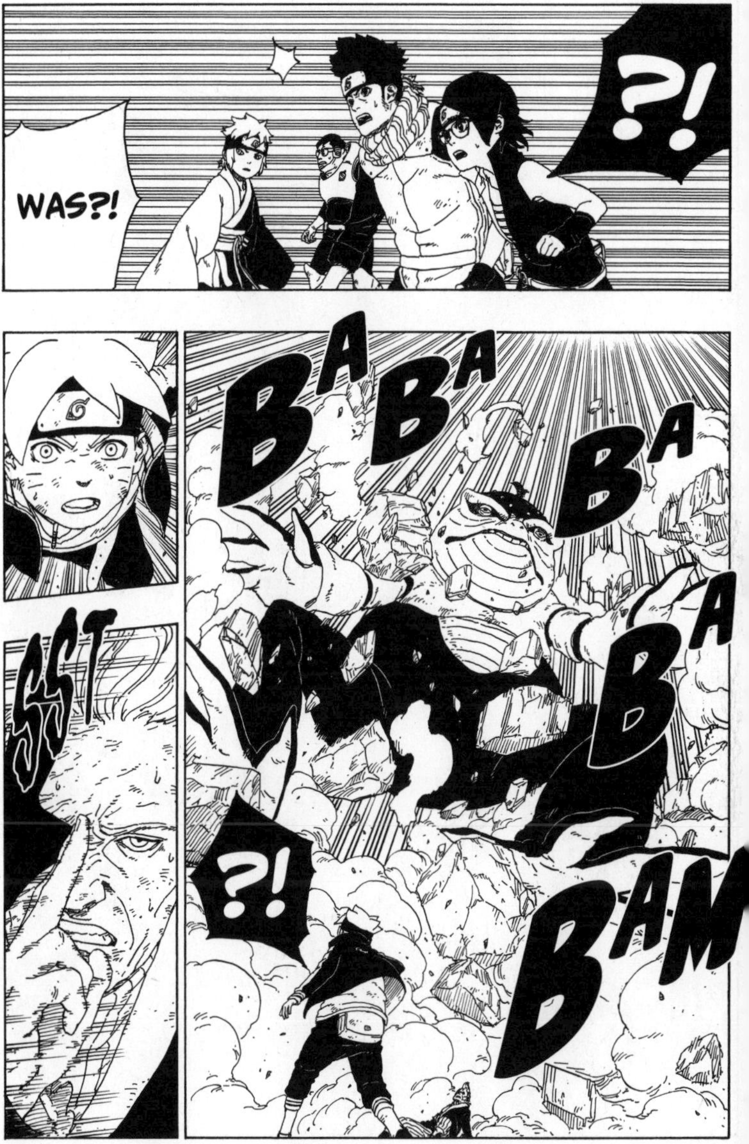
?!
WAS?!
BABABABABA
SST
?!
BAM

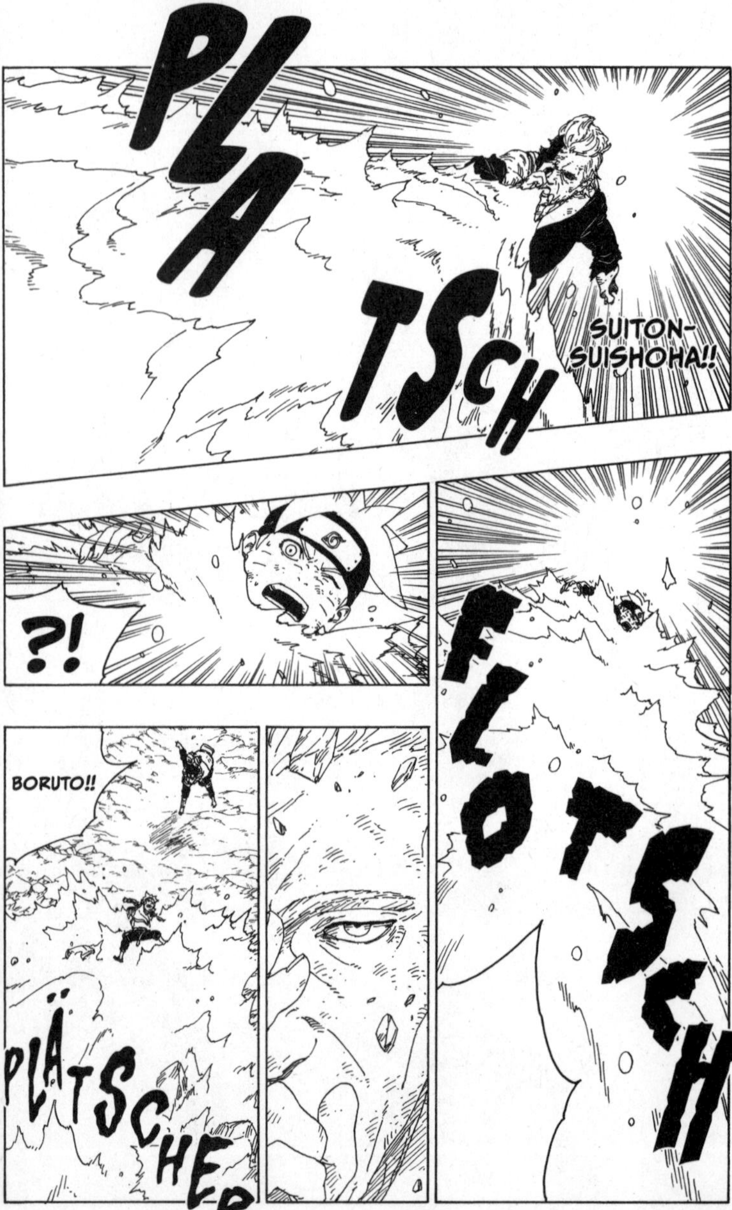
PLATSCH
SUITON-SUISHOHA!!
FLOTSCH
?!
BORUTO!!
PLÄTSCHER

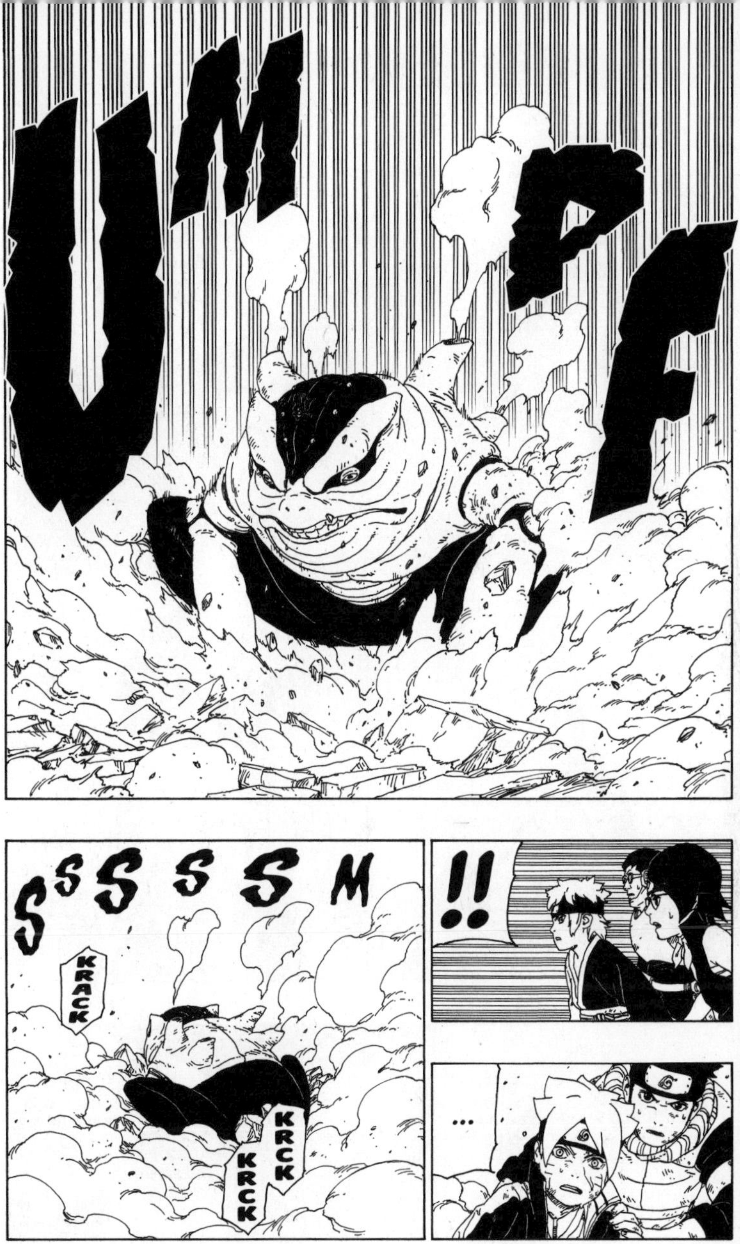
UMPF
SSSSSM
KRACK
KRCK
KRCK
!!
...

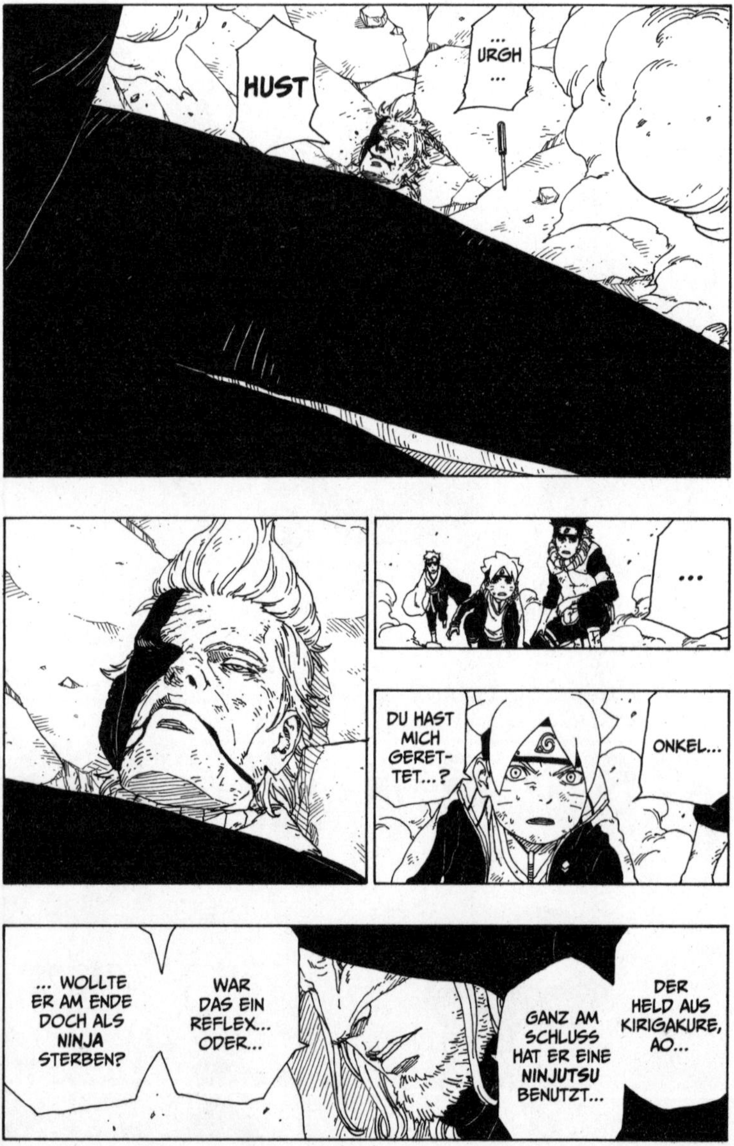

... URGH ...
HUST
...
ONKEL...
DU HAST MICH GERET-TET...?
DER HELD AUS KIRIGAKURE, AO...
GANZ AM SCHLUSS HAT ER EINE NINJUTSU BENUTZT...
WAR DAS EIN REFLEX... ODER...
... WOLLTE ER AM ENDE DOCH ALS NINJA STERBEN?

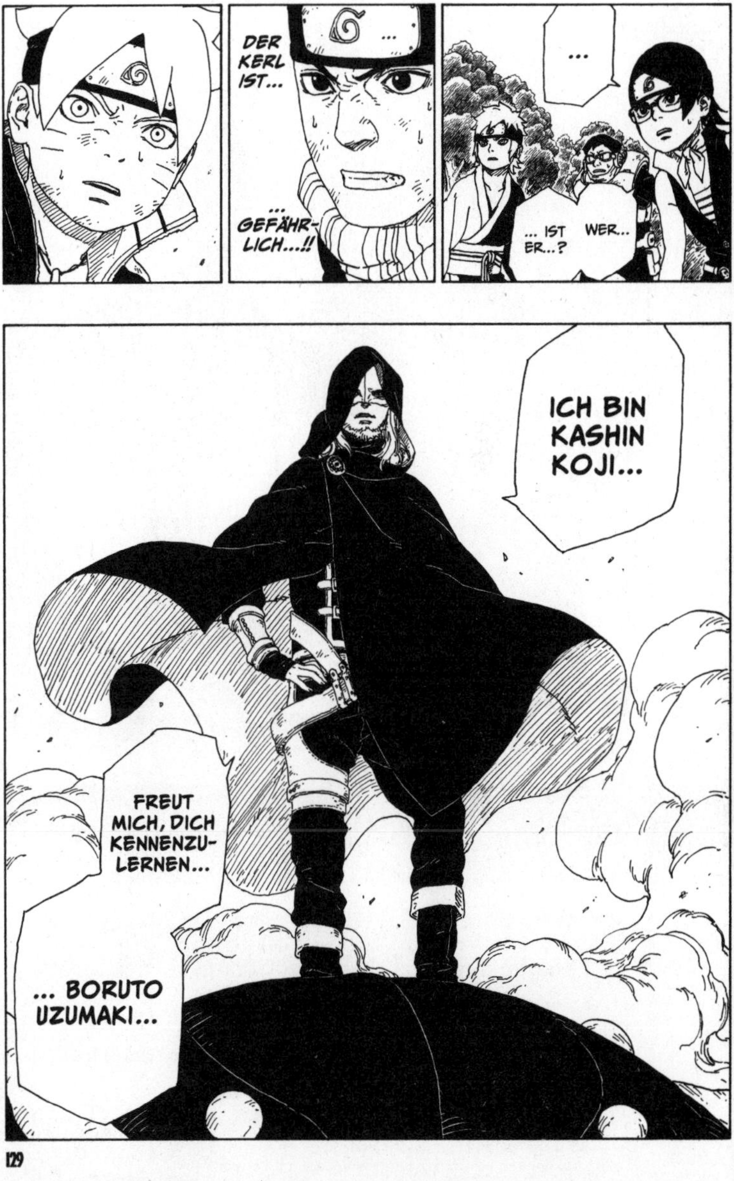
...
WER...
... IST ER...?
DER KERL IST...
...
... GEFÄHRLICH...!!
ICH BIN KASHIN KOJI...
FREUT MICH, DICH KENNENZULERNEN...
... BORUTO UZUMAKI...

GROSSES NINJA-LEXIKON – TEIL 18

AO

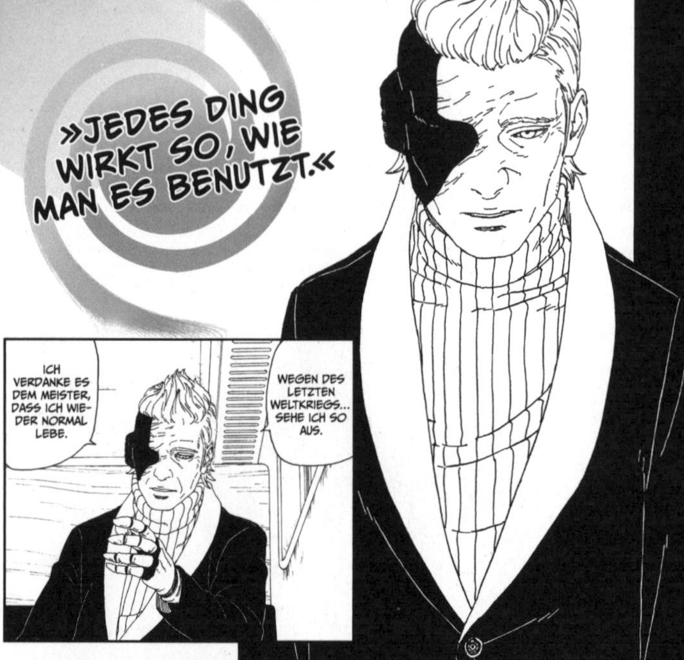

Eigenschaften

Körperkraft......................40 (140)　Schnelligkeit.......................32 (132)

Intelligenz..............................135　Chakra....................................077

Wahrnehmungskraft......55 (145)　Verhandlungsgeschick............096

Fähigkeiten

Scharfschießen ☆☆☆☆　Spionieren ☆☆☆☆

Interne Maschinen/Ninja-Ausrüstung

Sanshiki-Shinobi-Gote*, Chakra-Absorber-Mk.2 u. a.

Die durchschnittlichen Eigenschaftswerte liegen bei normalen Menschen um die 60, bei Ge-Nin um die 90. Fähigkeitsgrade gibt es von 1-5. Mit 5 Sternen gehört man zur Spitzenklasse.

* San = drei, Shiki = Modell, Gote = Handprotektor

23: KAMA

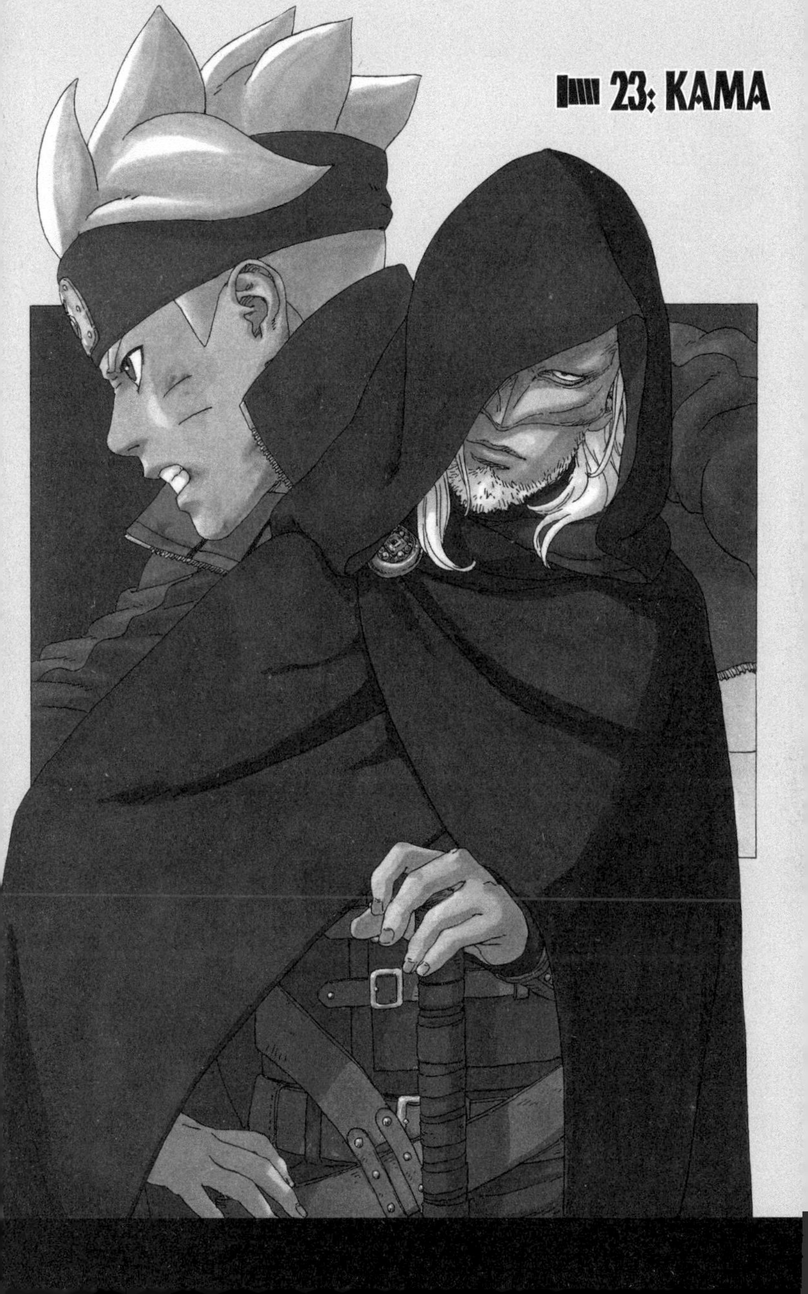

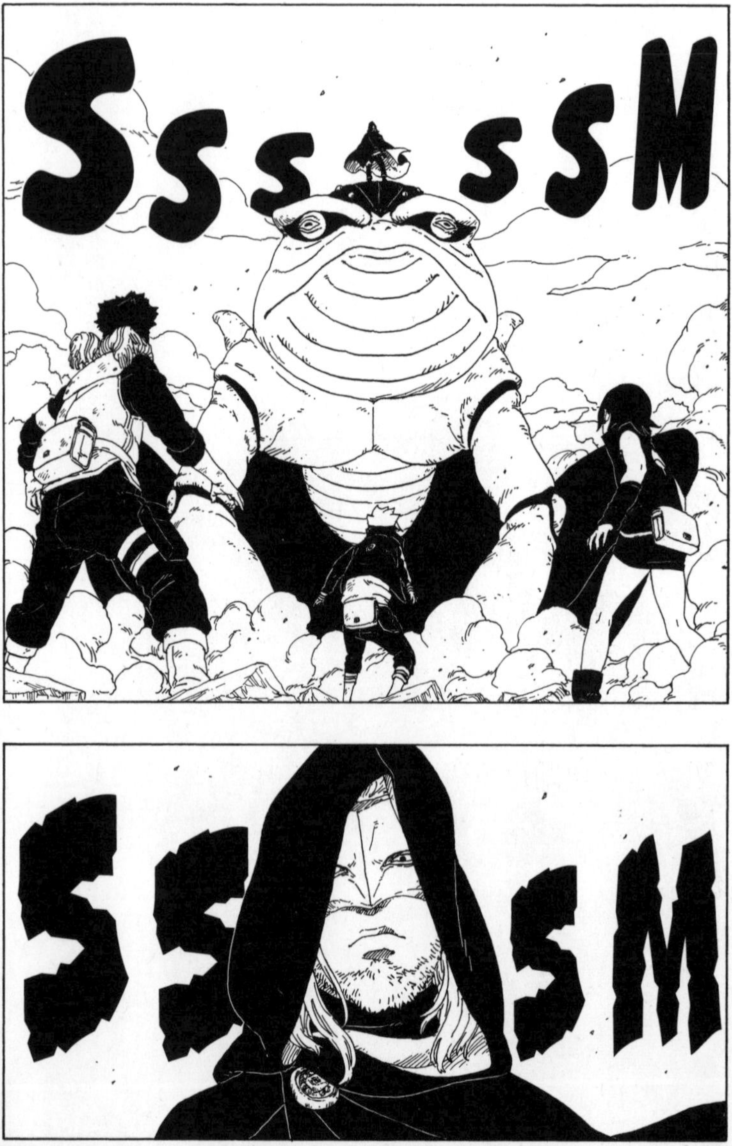
SSSSSM
SSSM

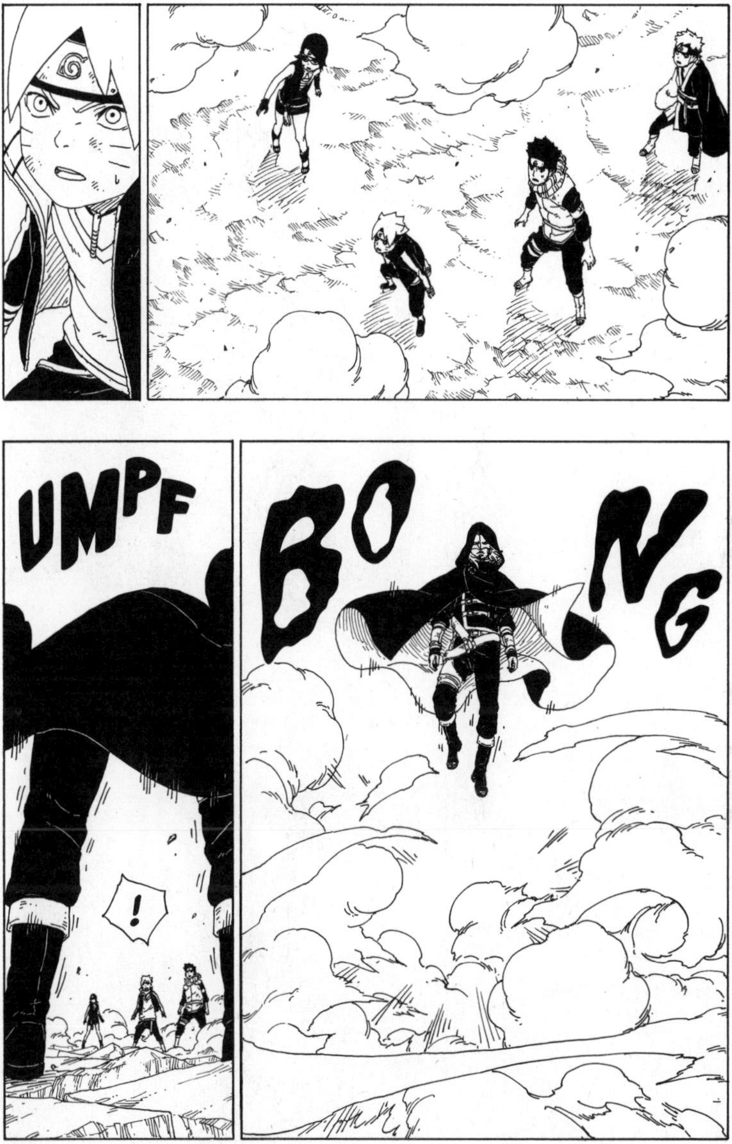
UMPF
!
BONG

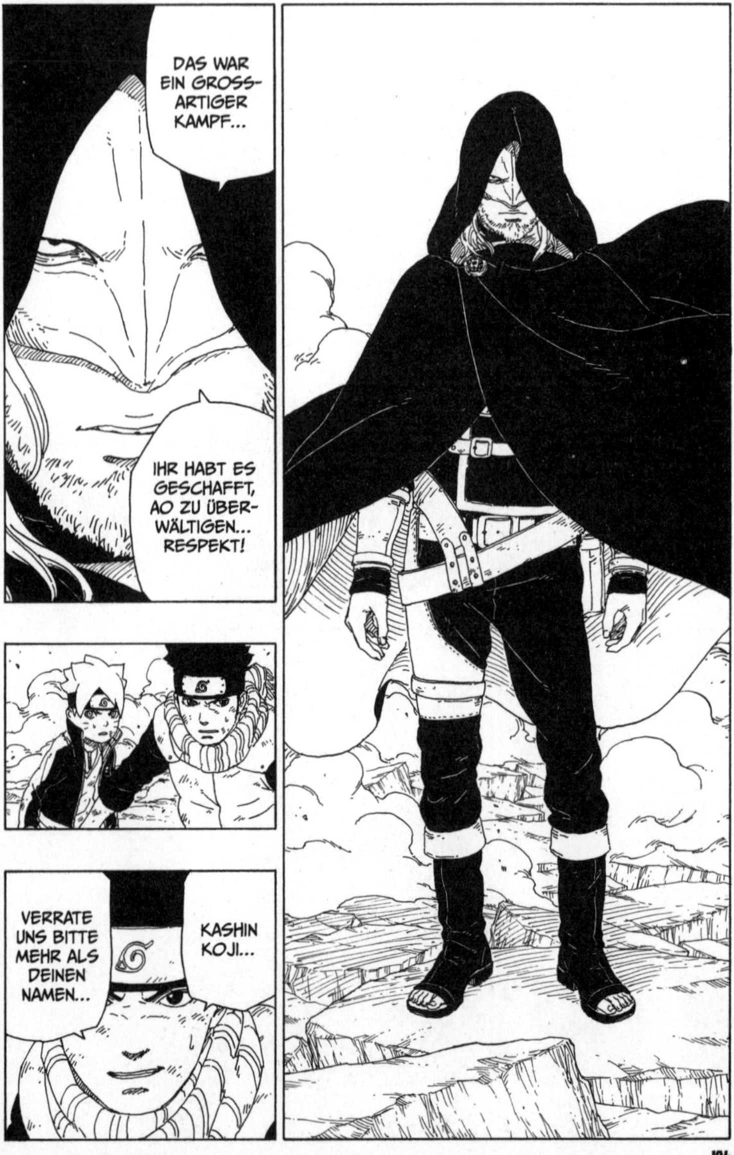
DAS WAR EIN GROSS-ARTIGER KAMPF...
IHR HABT ES GESCHAFFT, AO ZU ÜBER-WÄLTIGEN... RESPEKT!
KASHIN KOJI...
VERRATE UNS BITTE MEHR ALS DEINEN NAMEN...

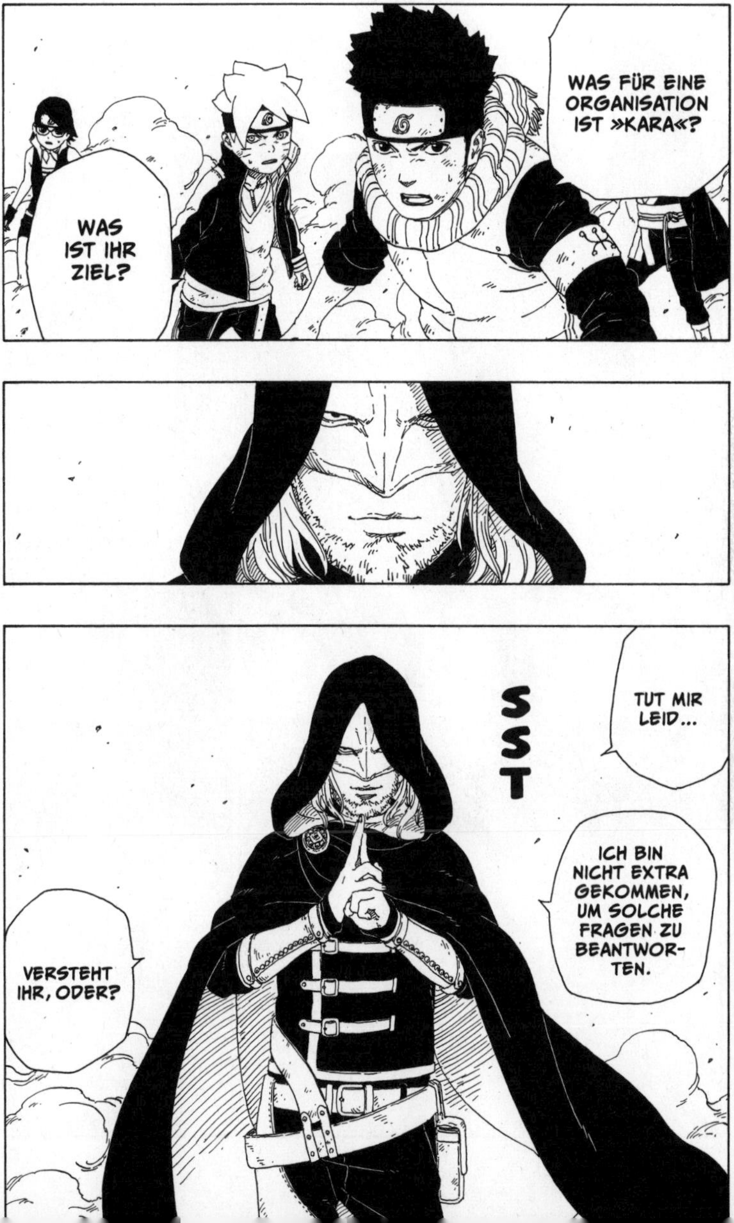
WAS FÜR EINE ORGANISATION IST »KARA«?
WAS IST IHR ZIEL?
SST
TUT MIR LEID...
ICH BIN NICHT EXTRA GEKOMMEN, UM SOLCHE FRAGEN ZU BEANTWORTEN.
VERSTEHT IHR, ODER?

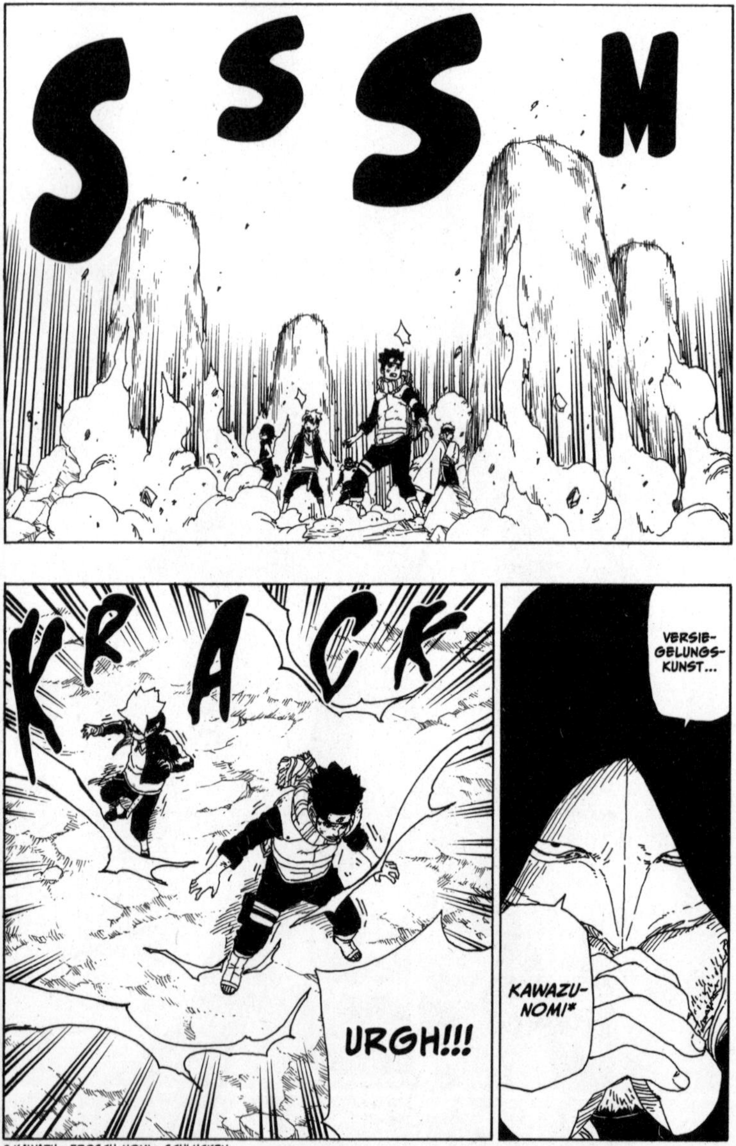

* KAWAZU = FROSCH, NOMI = SCHLUCKEN

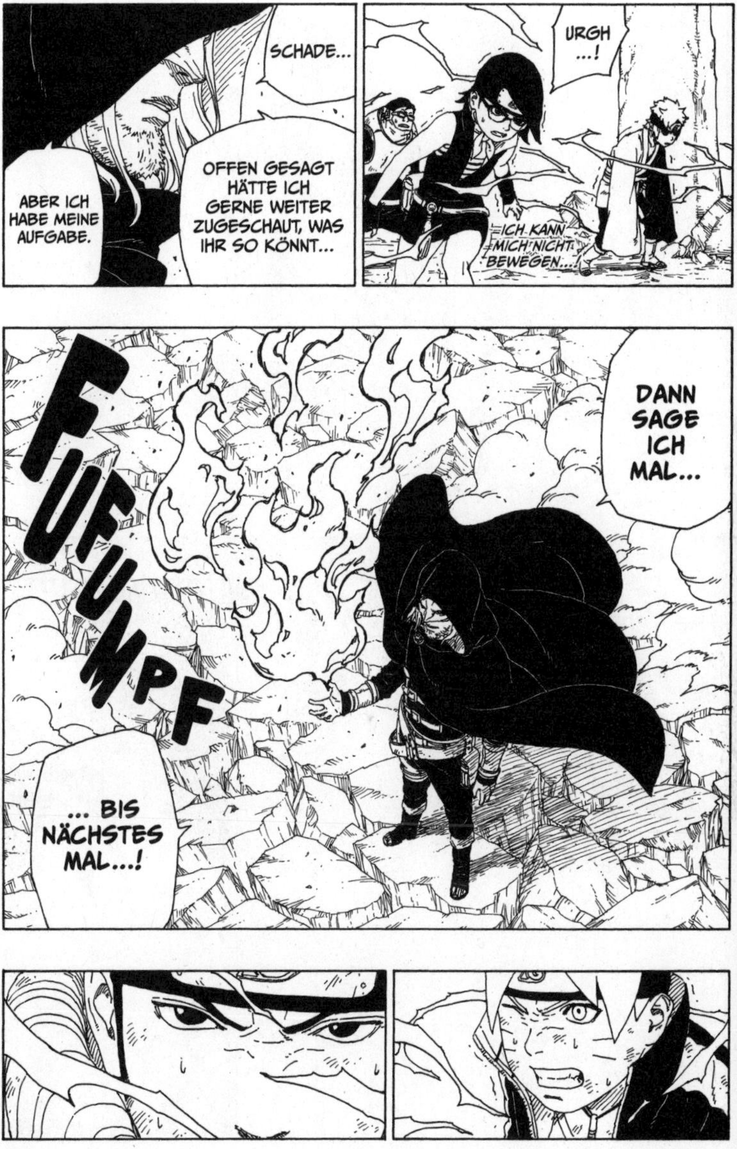
URGH ...!
ICH KANN MICH NICHT BEWEGEN...!
SCHADE...
OFFEN GESAGT HÄTTE ICH GERNE WEITER ZUGESCHAUT, WAS IHR SO KÖNNT...
ABER ICH HABE MEINE AUFGABE.
DANN SAGE ICH MAL...
FUFUMPF
... BIS NÄCHSTES MAL...!

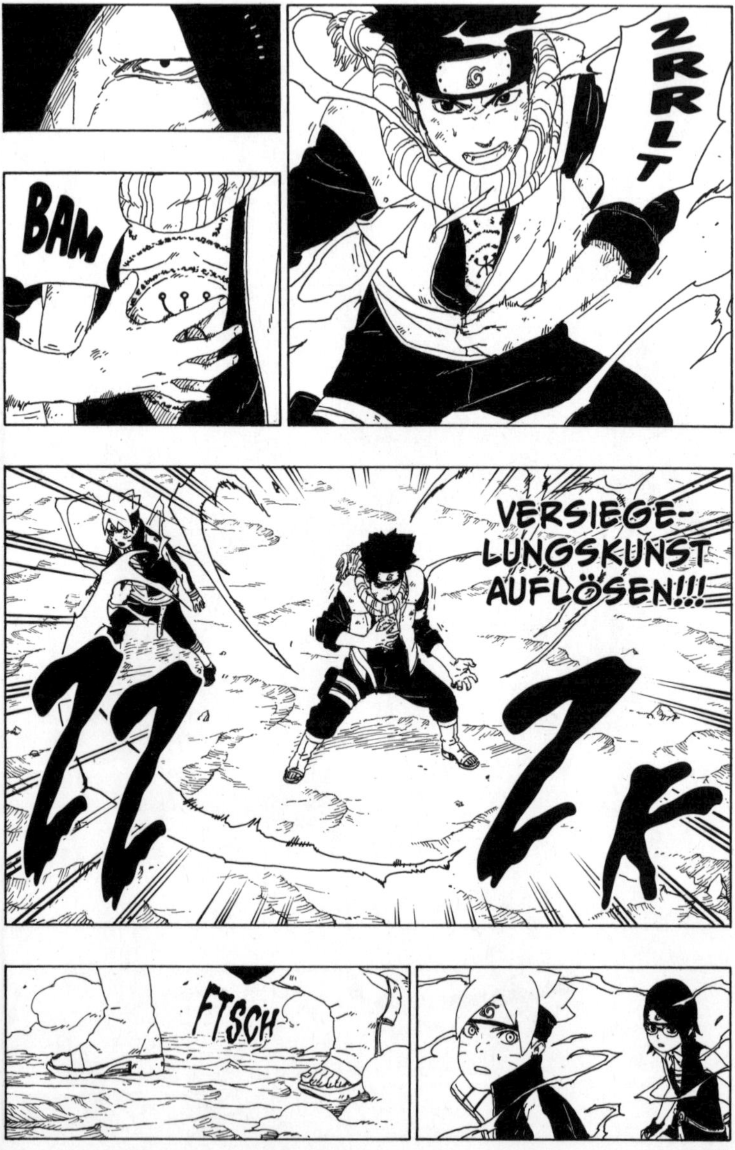
ZRRLT
BAM
VERSIEGE-
LUNGSKUNST
AUFLÖSEN!!!
ZZZK
FTSCH

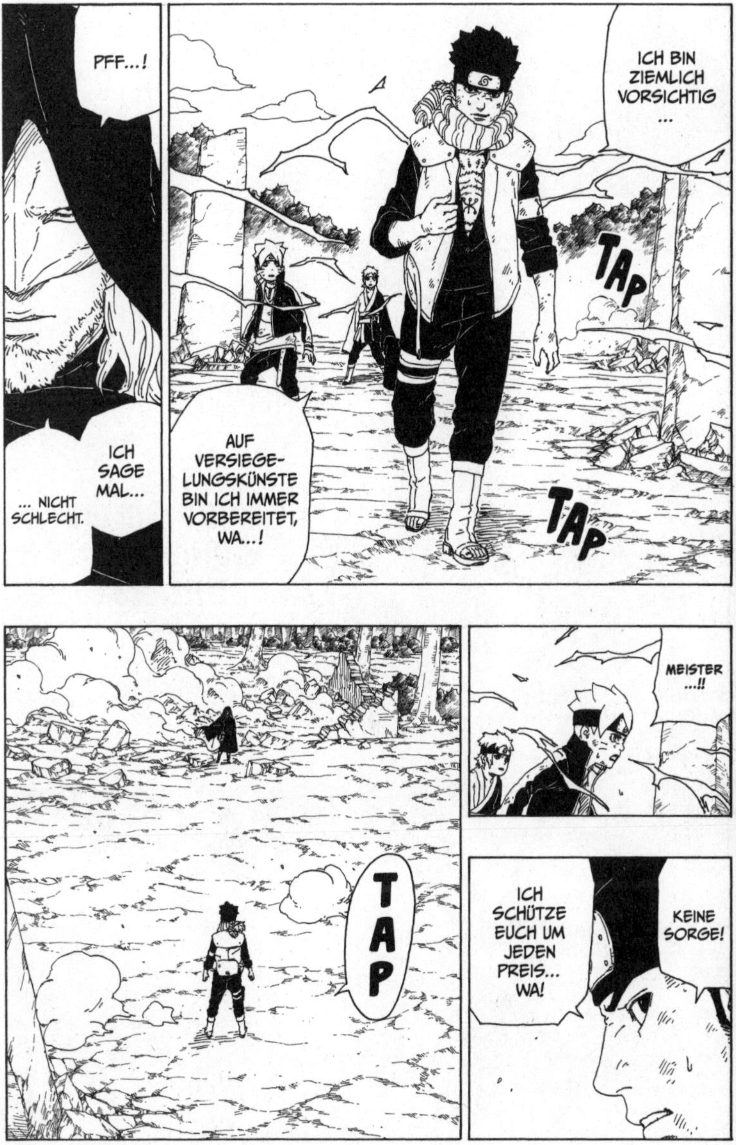
ICH BIN ZIEMLICH VORSICHTIG ...
TAP
TAP
AUF VERSIEGE-LUNGSKÜNSTE BIN ICH IMMER VORBEREITET, WA...!
PFF...!
ICH SAGE MAL...
... NICHT SCHLECHT.
MEISTER ...!!
KEINE SORGE!
ICH SCHÜTZE EUCH UM JEDEN PREIS... WA!
TAP

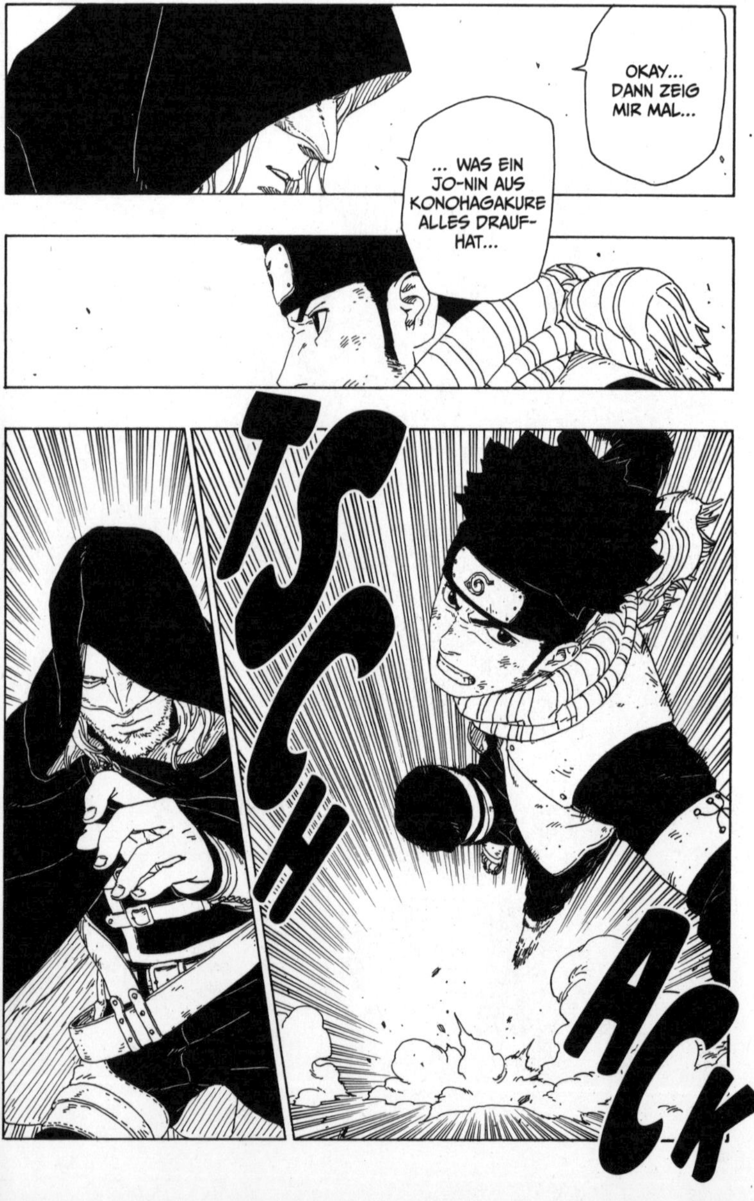
OKAY… DANN ZEIG MIR MAL…
… WAS EIN JO-NIN AUS KONOHAGAKURE ALLES DRAUFHAT…
TSCH
ACK

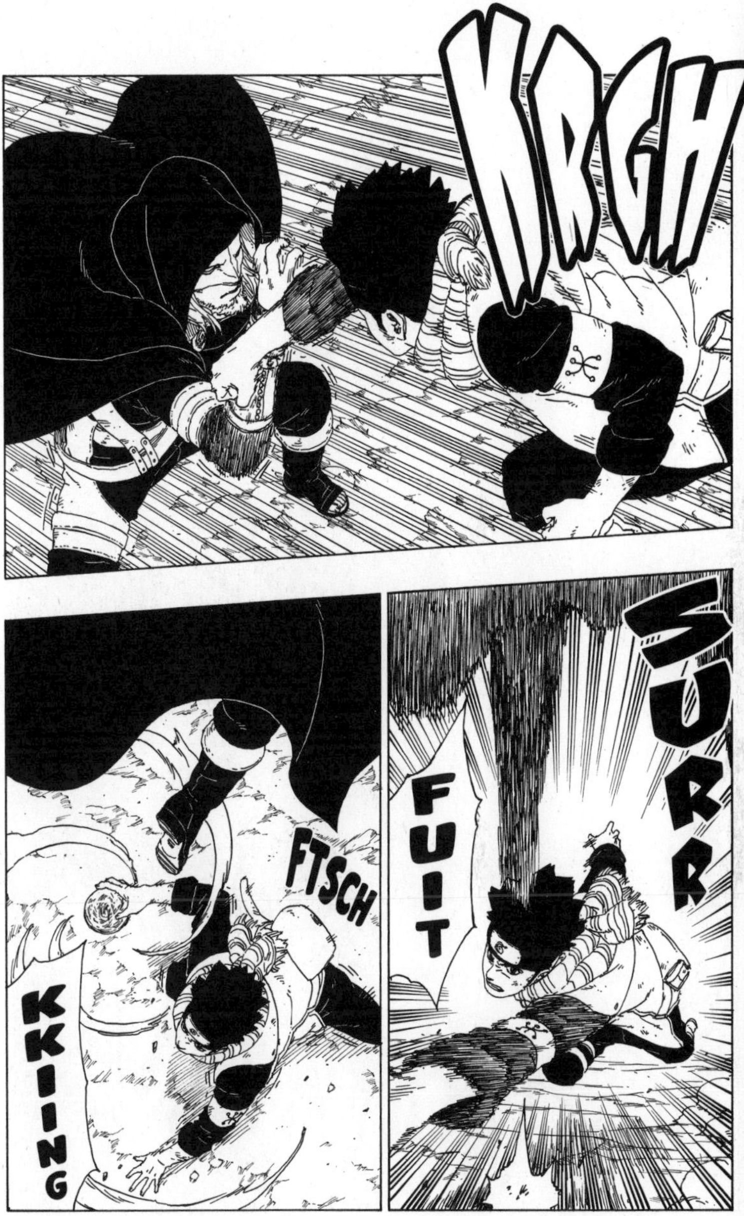
NRGH
SURR
FUIT
FTSCH
KKIING

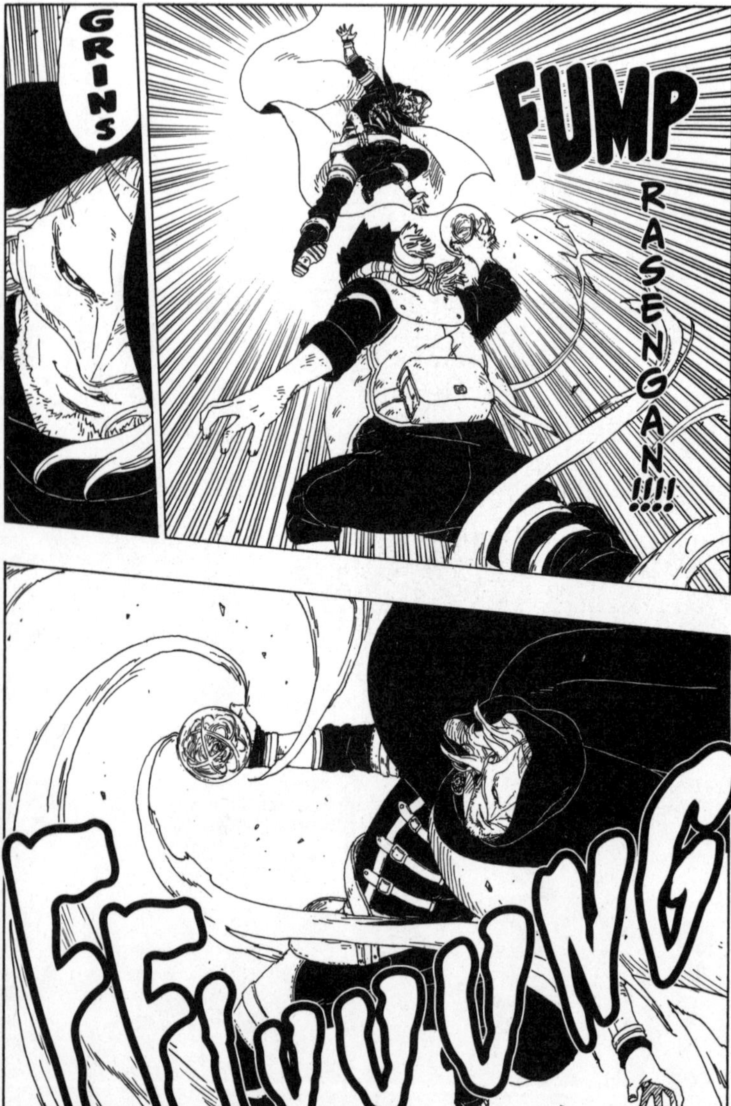
FUMP
RASENGAN!!!!
GRINS
FFWUUUNG

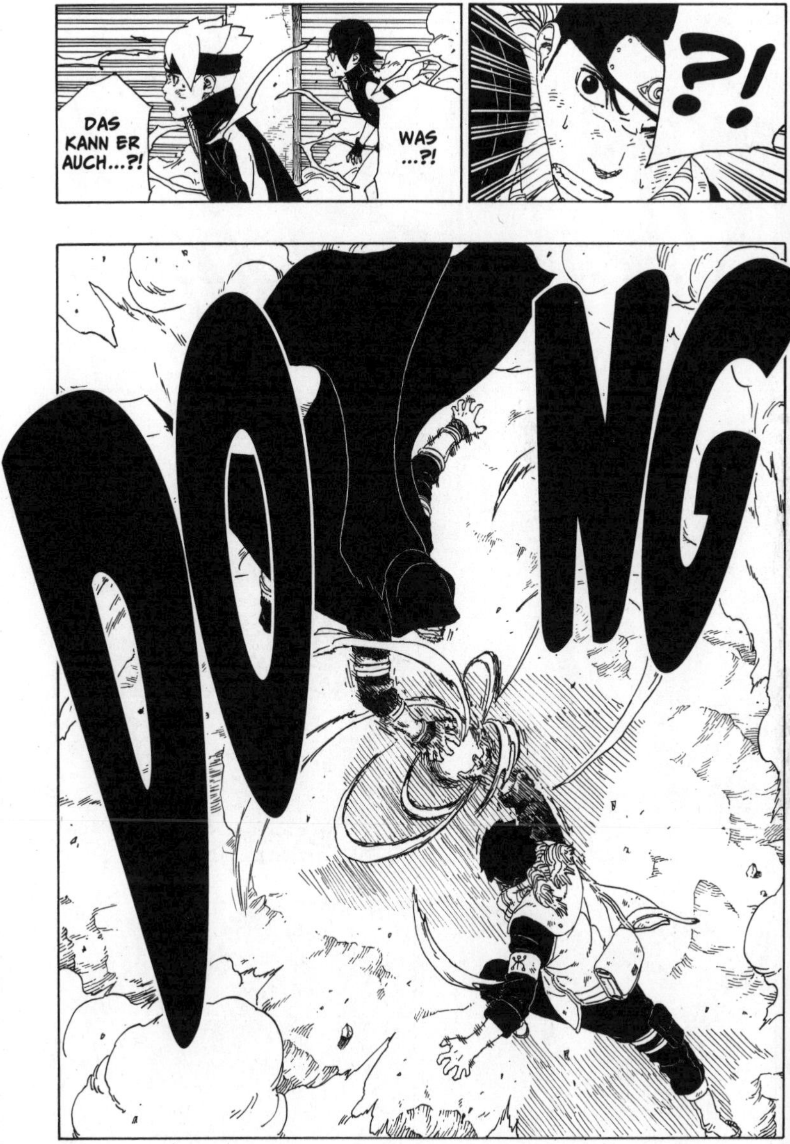
?!
WAS ...?!
DAS KANN ER AUCH...?!

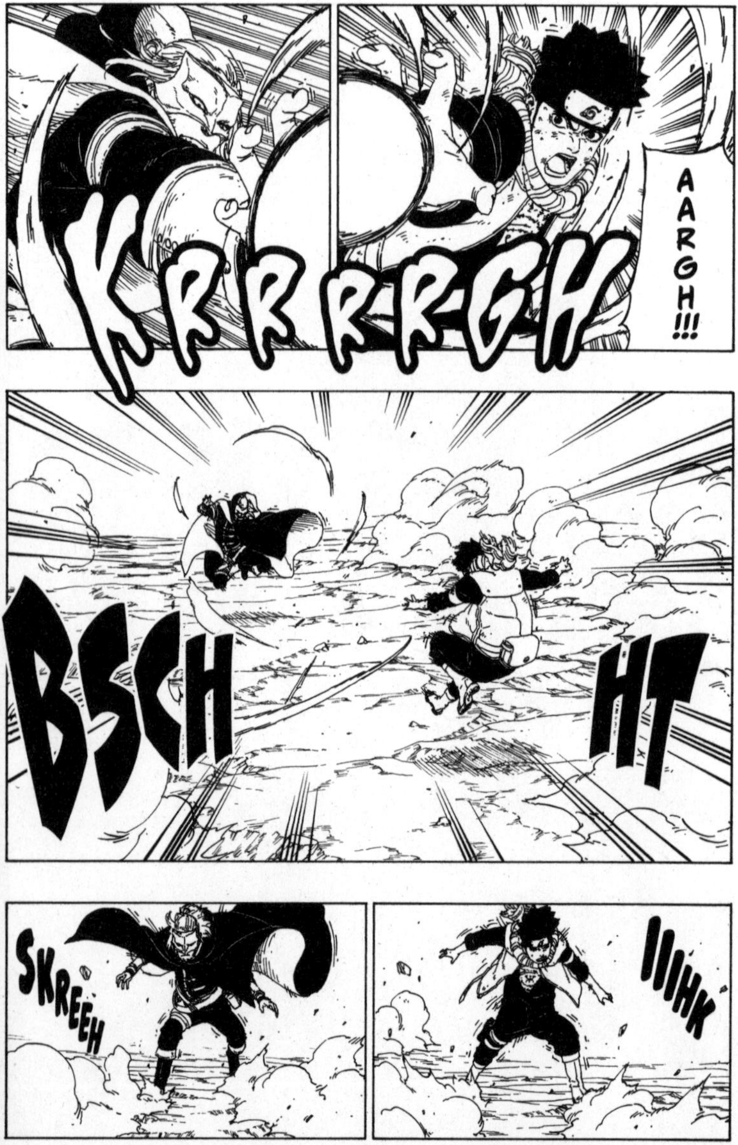
AARGH!!!
KRRRRGH
BSCHHT
IIIHK
SKREEH

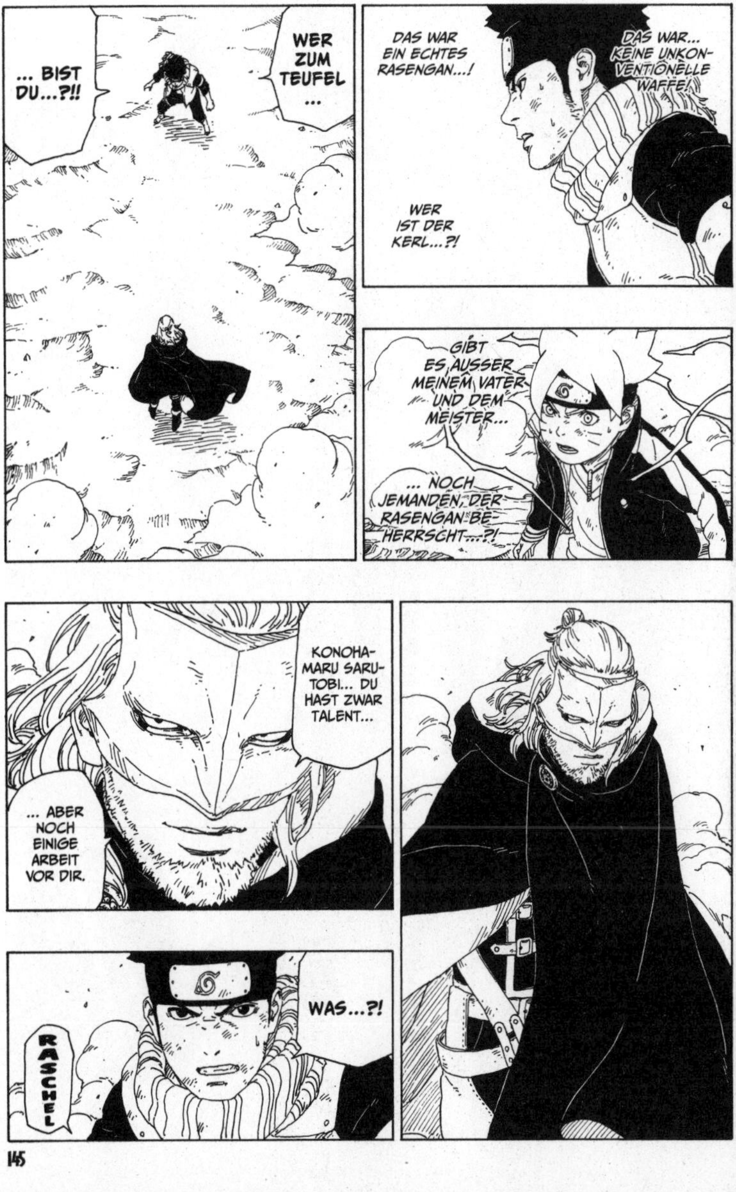

DAS WAR... KEINE UNKONVENTIONELLE WAFFE!
DAS WAR EIN ECHTES RASENGAN...!
WER IST DER KERL...?!
GIBT ES AUSSER MEINEM VATER UND DEM MEISTER...
... NOCH JEMANDEN, DER RASENGAN BEHERRSCHT...?!
WER ZUM TEUFEL ...
... BIST DU...?!!
KONOHAMARU SARUTOBI... DU HAST ZWAR TALENT...
... ABER NOCH EINIGE ARBEIT VOR DIR.
WAS...?!
RASCHEL

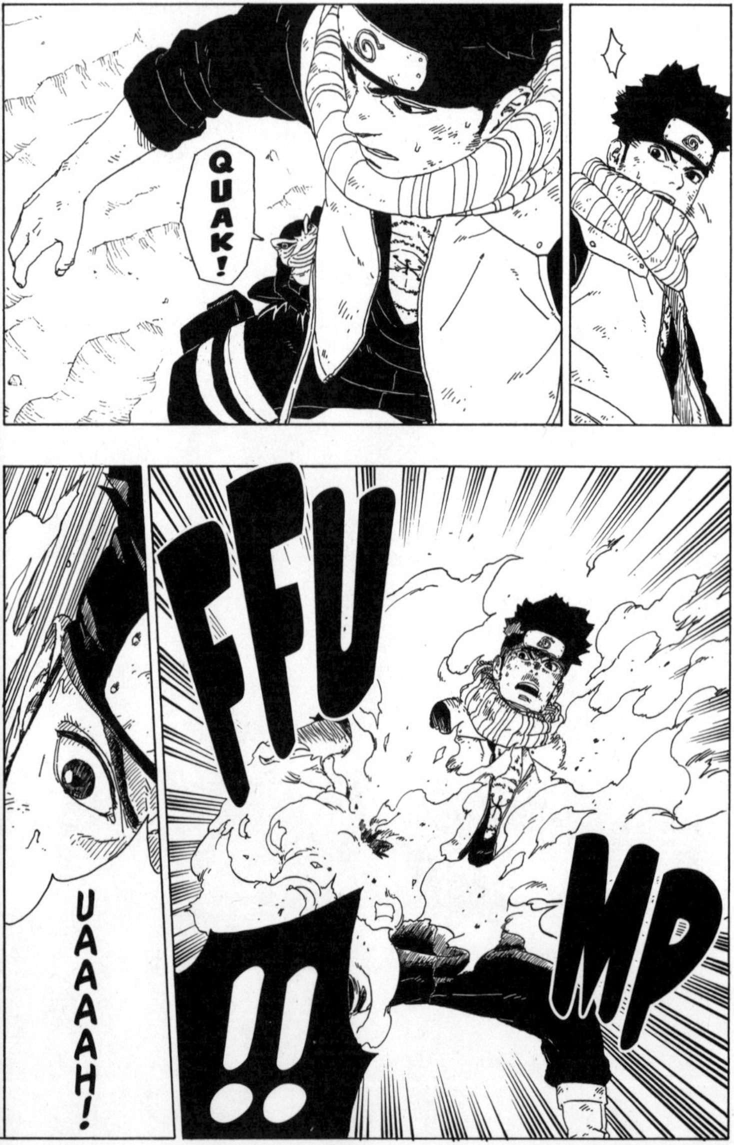
QUAK!
FFUMP!!
UAAAAH!

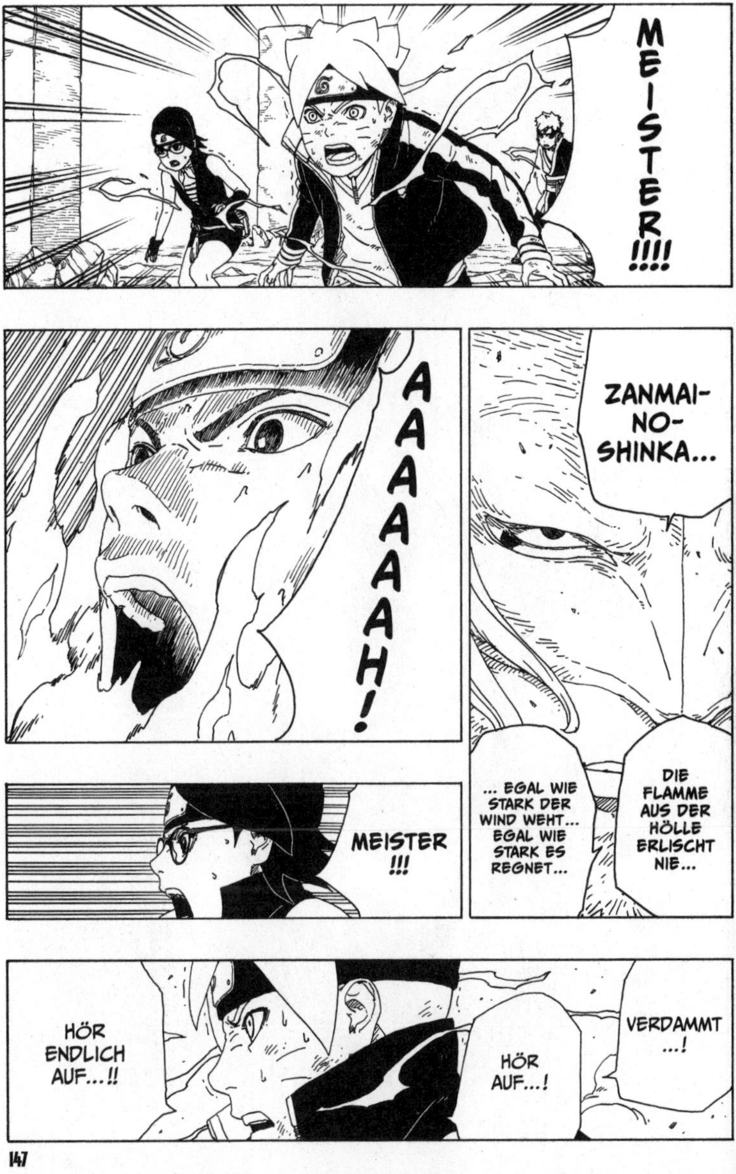
MEISTER!!!!
ZANMAI-NO-SHINKA...
DIE FLAMME AUS DER HÖLLE ERLISCHT NIE...
... EGAL WIE STARK DER WIND WEHT... EGAL WIE STARK ES REGNET...
AAAAAAH!
MEISTER!!!
VERDAMMT...!
HÖR AUF...!
HÖR ENDLICH AUF...!!

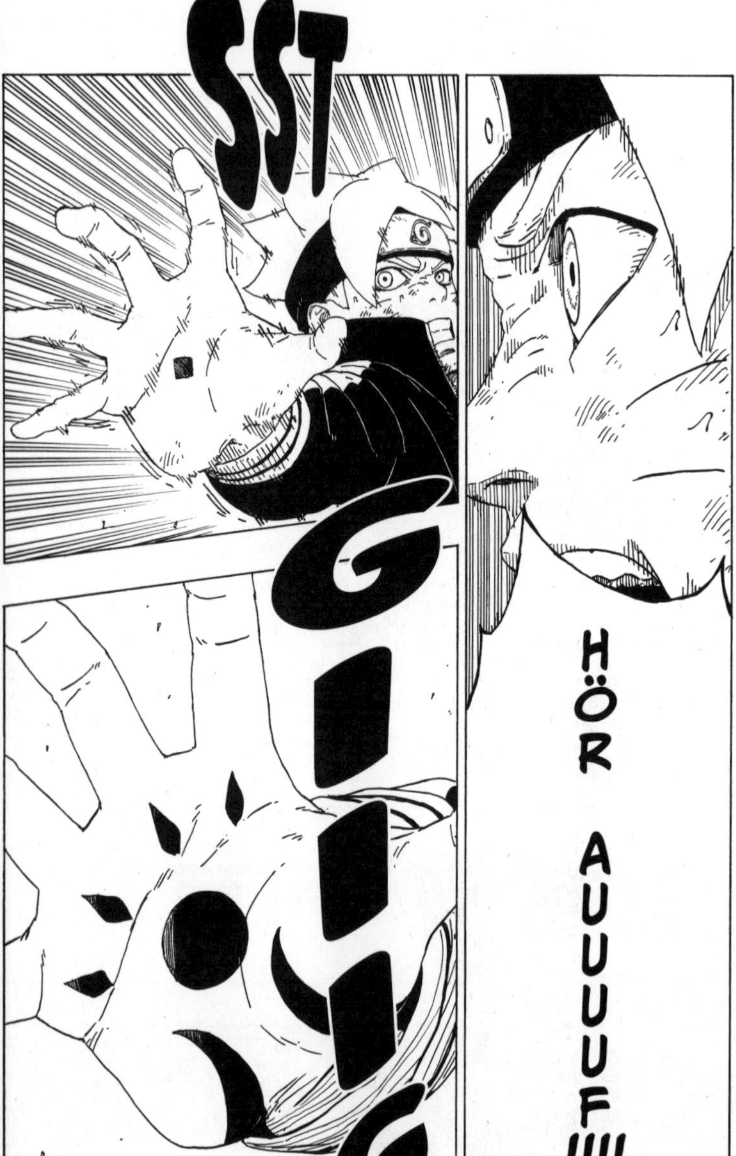

HÖR AUUUUF!!!!
SST
GIIIING

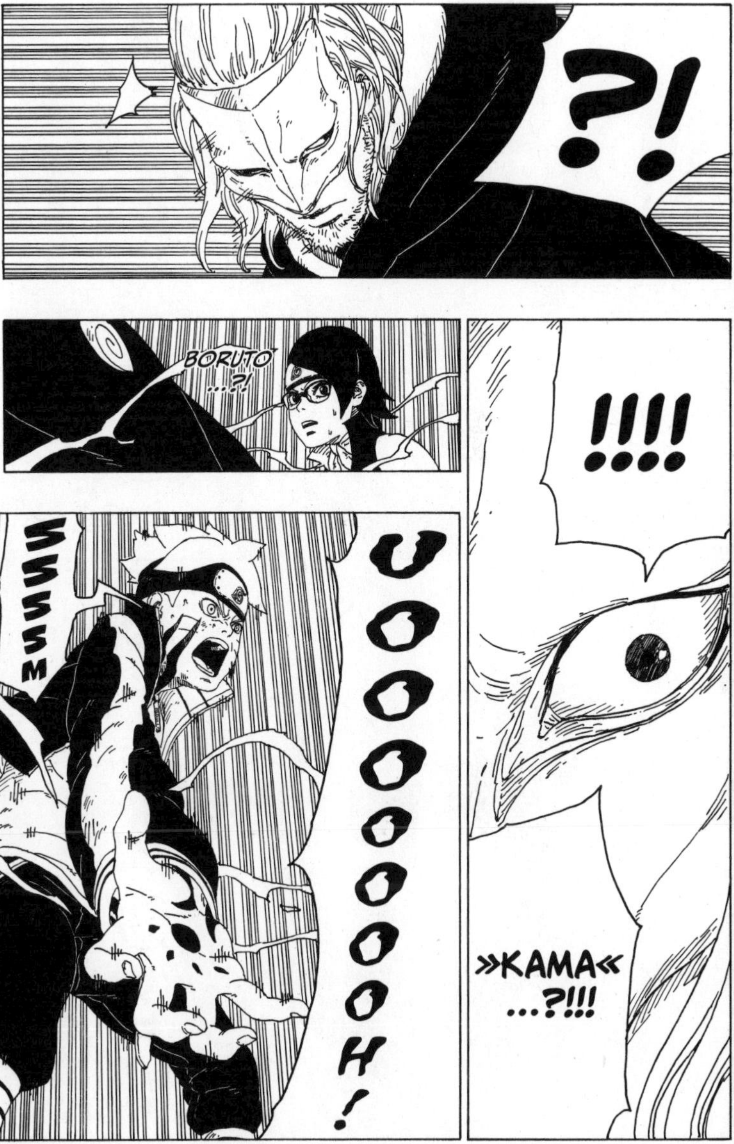
?!
!!!!
»KAMA« ...?!!!
BORUTO ...?!
UOOOOOOOOOOH!

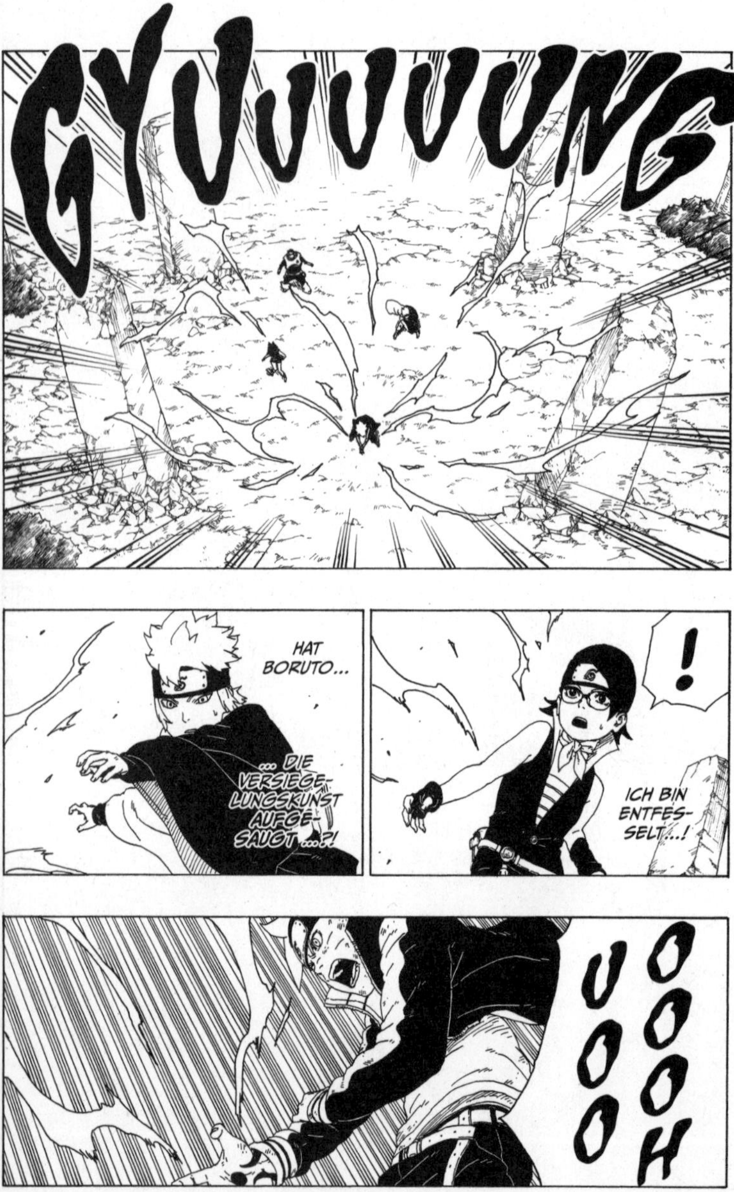
GYUUUUUNG
!
ICH BIN ENTFES-SELT ...!
HAT BORUTO ...
... DIE VERSIEGE-LUNGSKUNST AUFGE-SAUGT ...?!
UOOOOOOOOOH

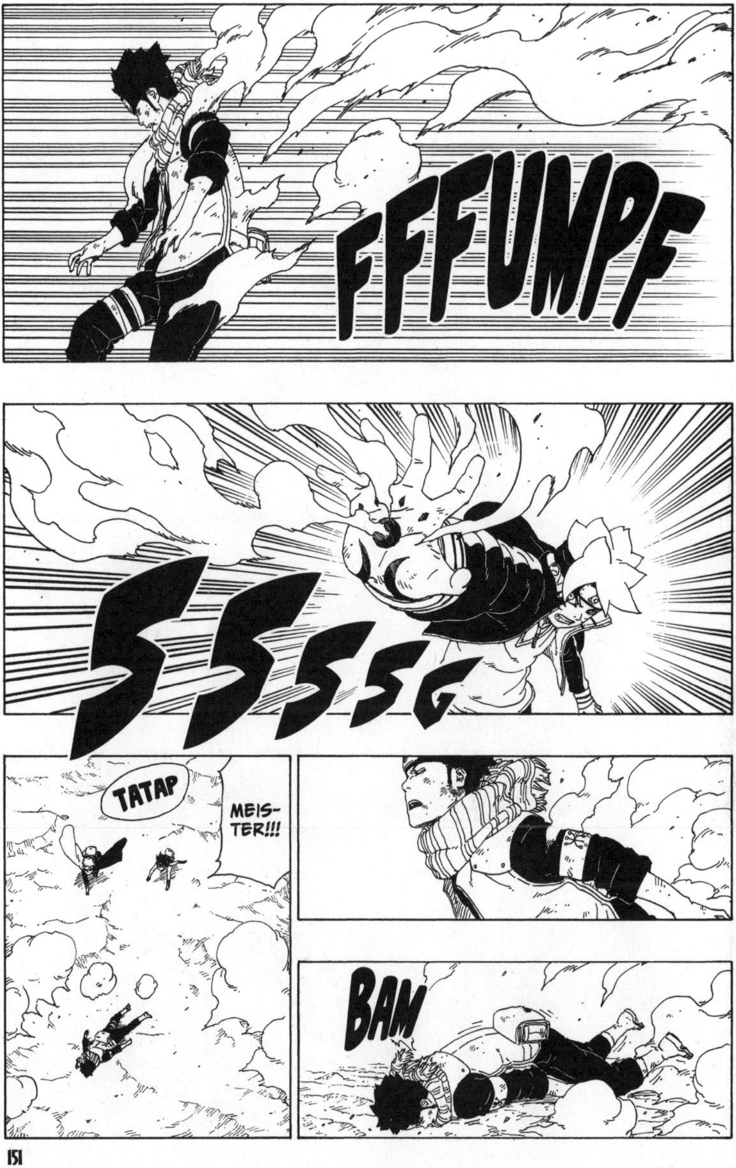
FFFUMPF
SSSSG
MEIS-
TER!!!
TATAP
BAM

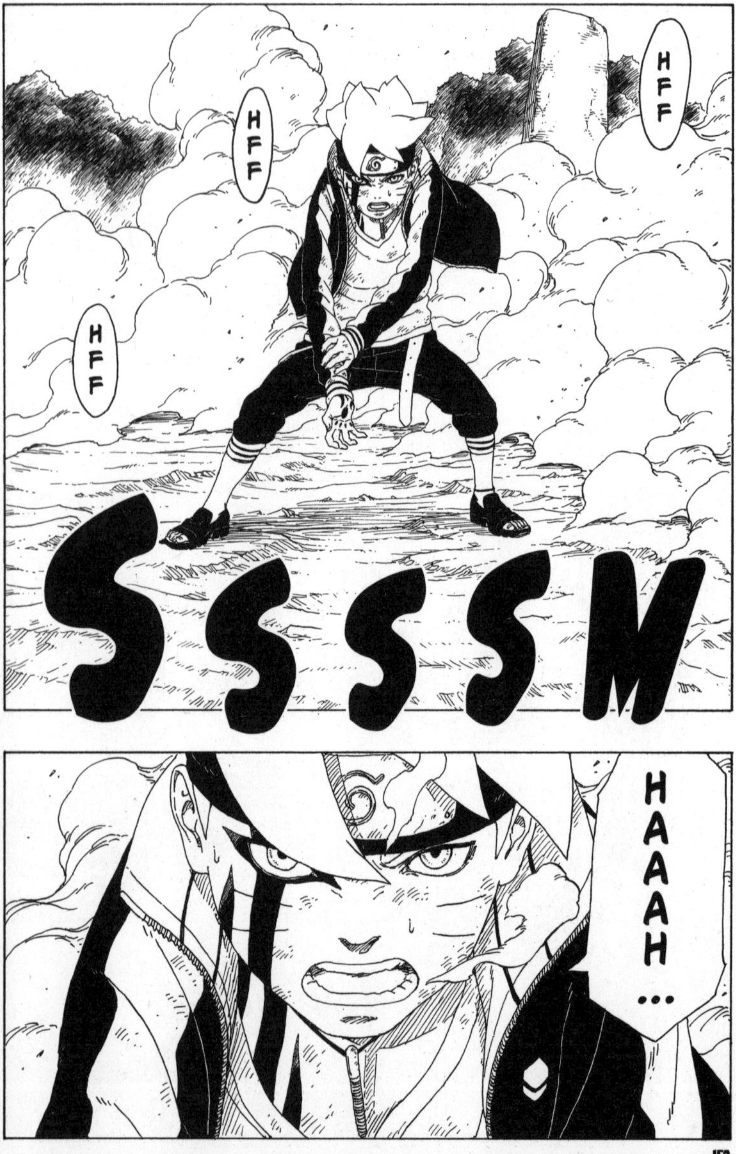
HFF
HFF
HFF
SSSSM
HAAAH...

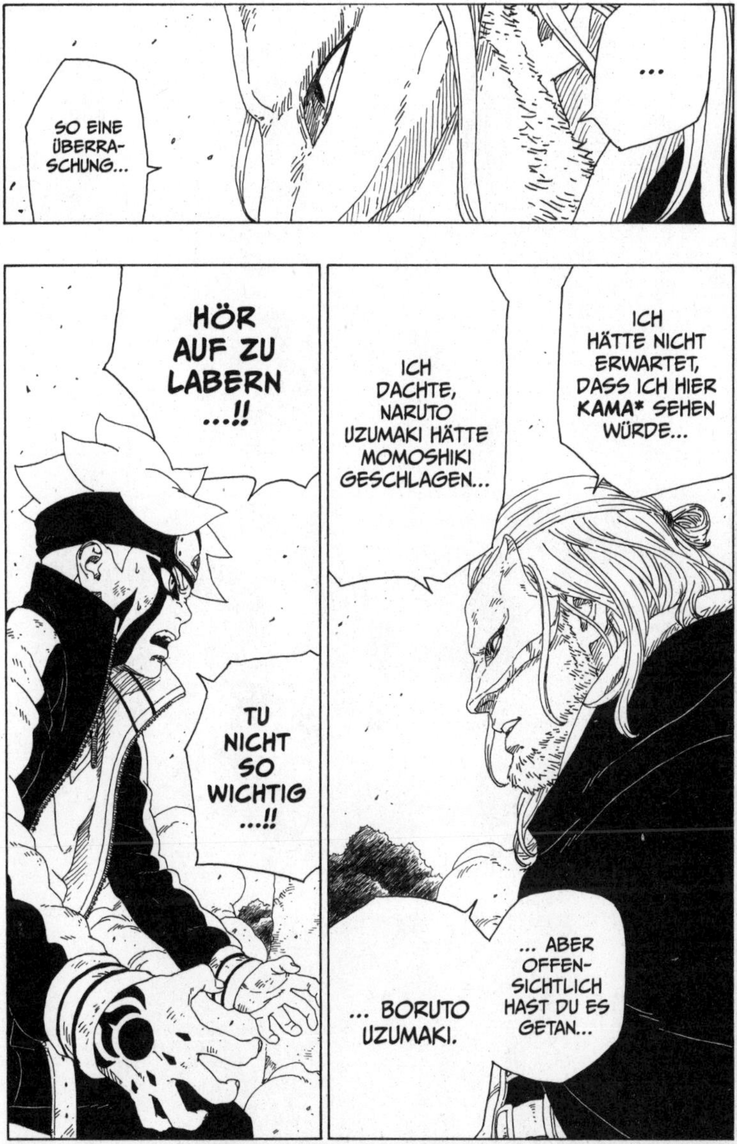

* KAMA BEDEUTET IM HINDUISMUS »LIEBE«, »LEIDENSCHAFT«, »VERLANGEN«. HIER WIRD IM ORIGINAL EIN SCHRIFTZEICHEN VERWENDET, DAS »KEIL« BEDEUTET, ABER MIT DER LESUNG »KAMA« VERSEHEN IST.

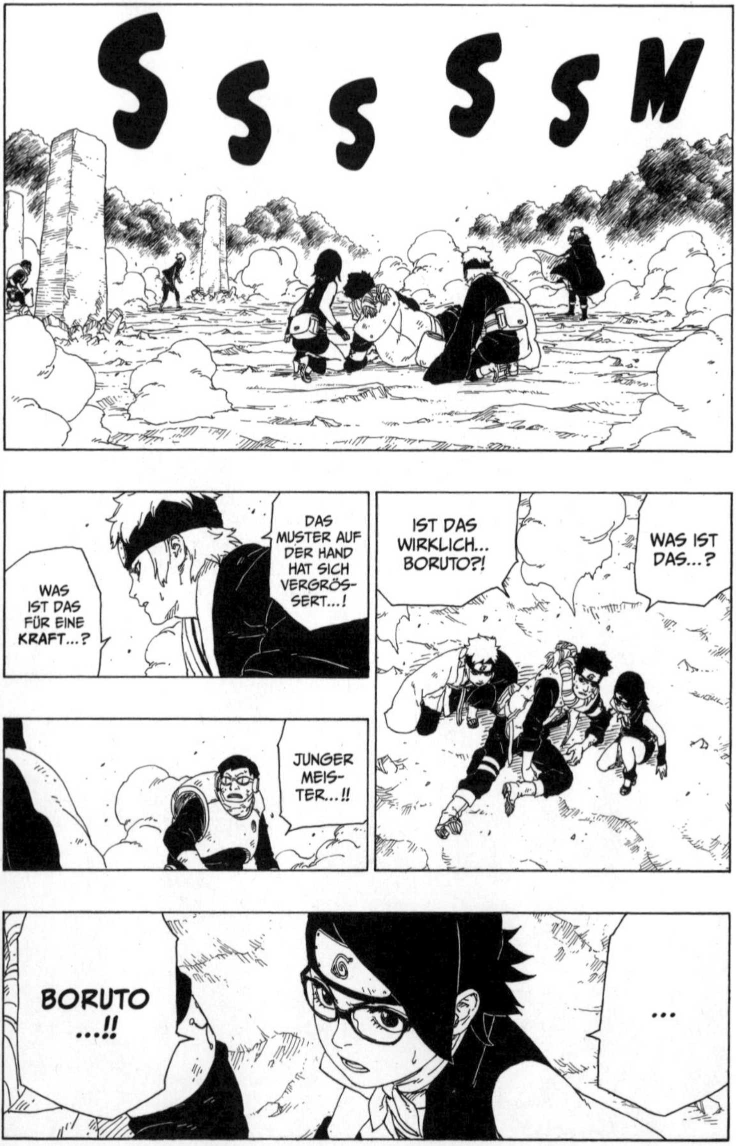

SSSSSM
WAS IST DAS...?
IST DAS WIRKLICH... BORUTO?!
DAS MUSTER AUF DER HAND HAT SICH VERGRÖS-SERT...!
WAS IST DAS FÜR EINE KRAFT...?
JUNGER MEIS-TER...!!
...
BORUTO ...!!

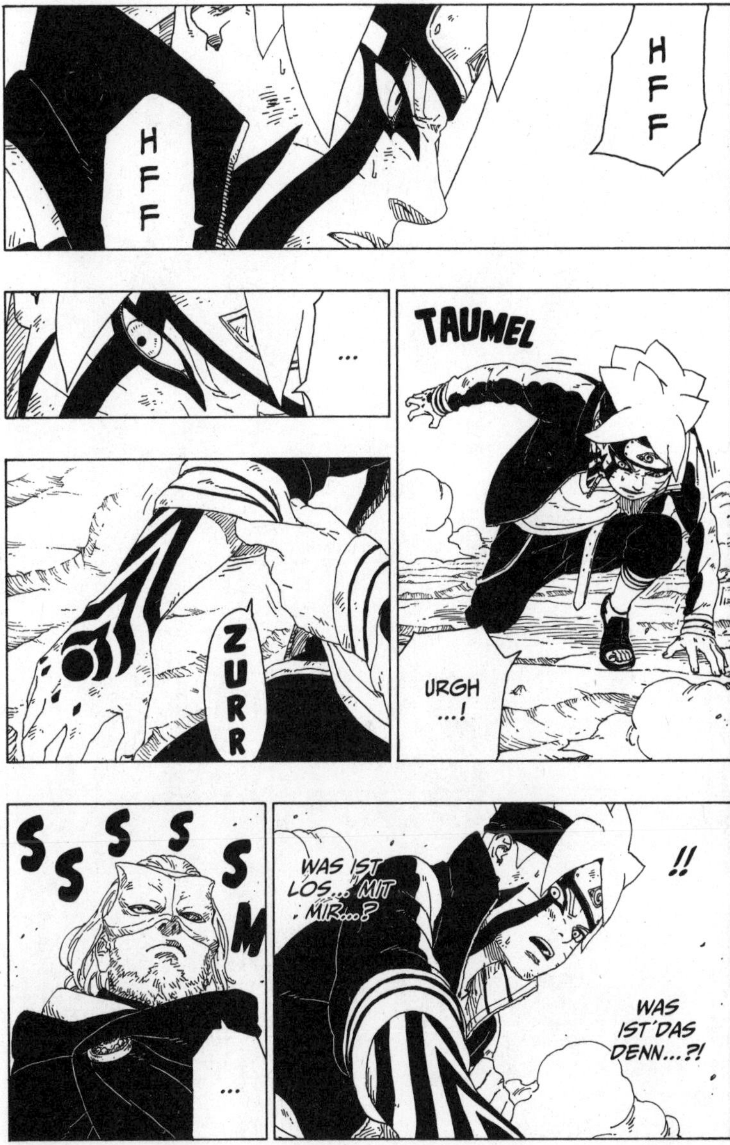
HFF
HFF
...
TAUMEL
URGH ...!
ZURR
!!
WAS IST LOS... MIT MIR...?
WAS IST'DAS DENN...?!
SSSSSSM
...

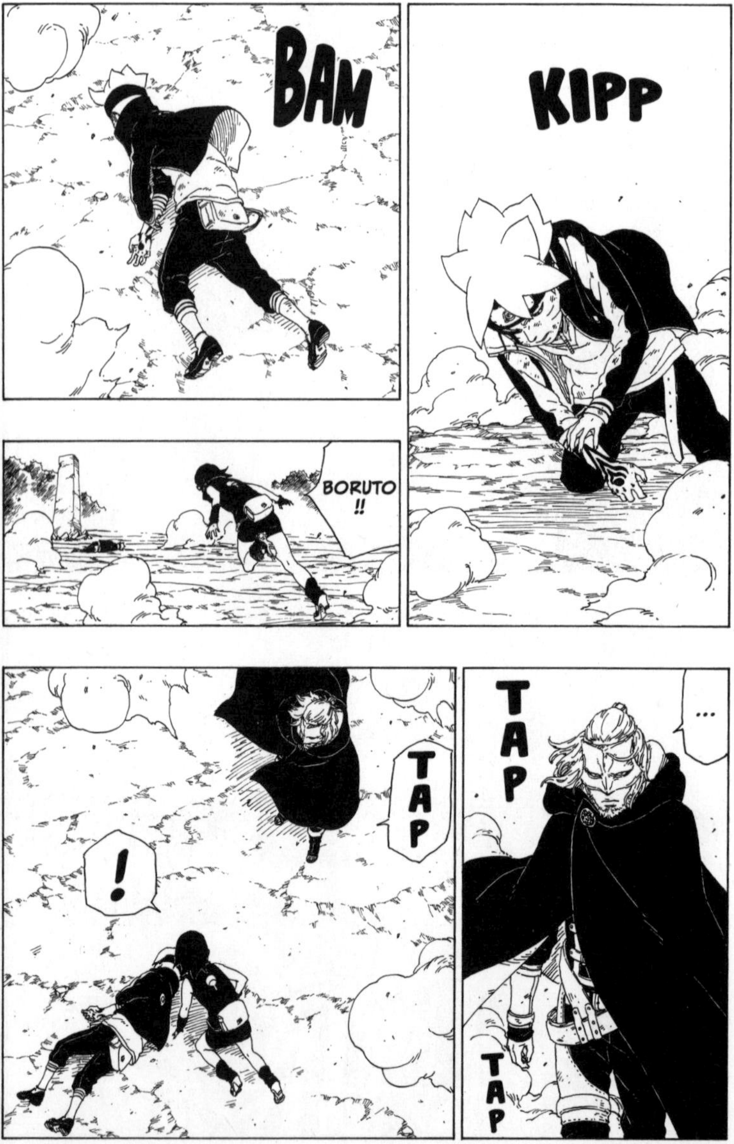
KIPP
BAM
BORUTO !!
TAP TAP
...
TAP TAP
TAP TAP
!

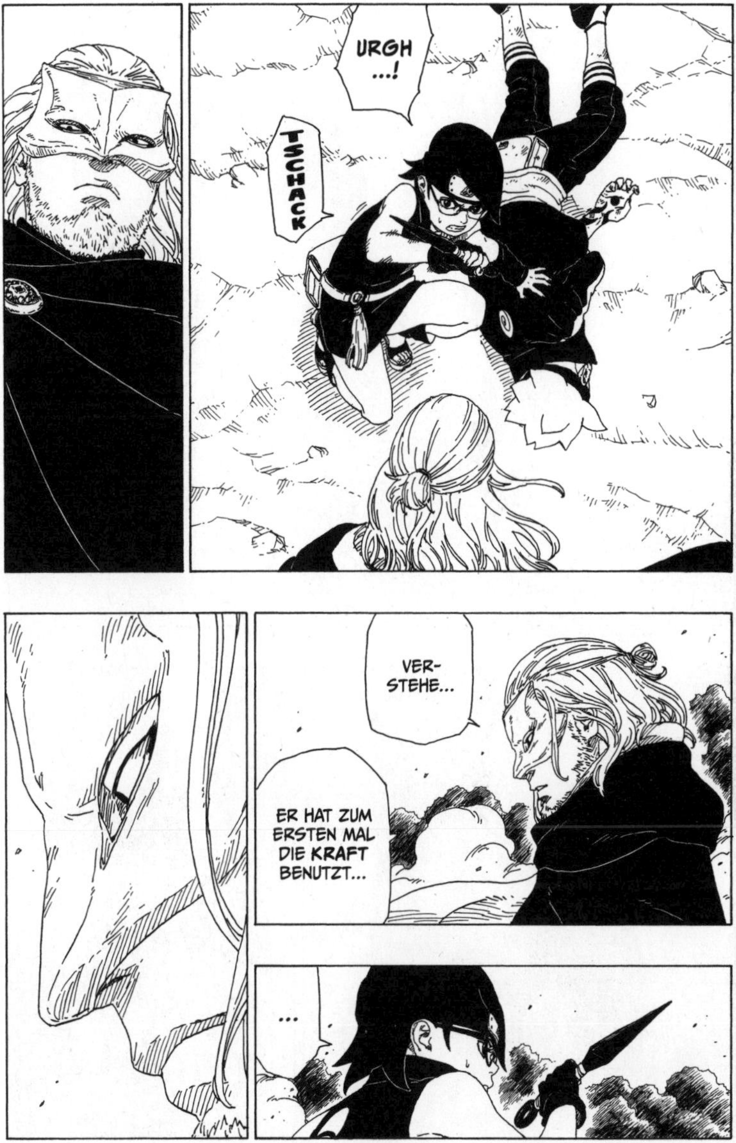

URGH ...!
TSCHACK
VER-
STEHE...
ER HAT ZUM
ERSTEN MAL
DIE KRAFT
BENUTZT...
...

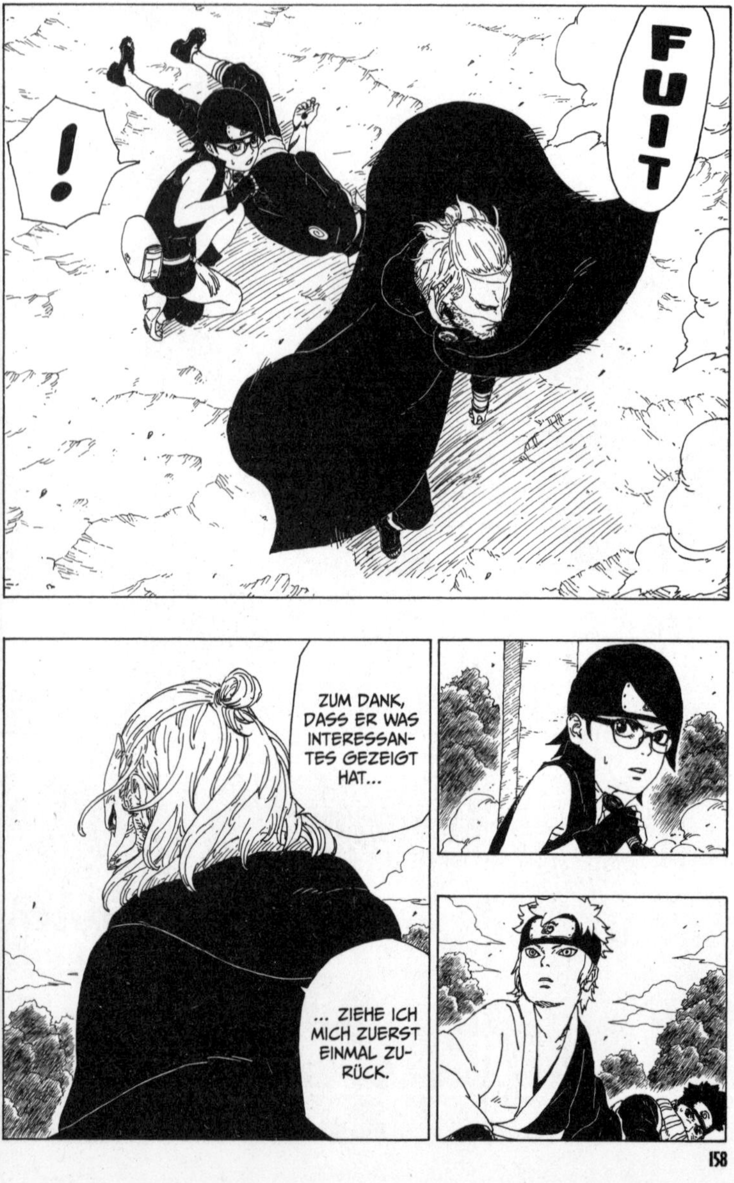
FUIT
!
ZUM DANK, DASS ER WAS INTERESSANTES GEZEIGT HAT...
... ZIEHE ICH MICH ZUERST EINMAL ZURÜCK.

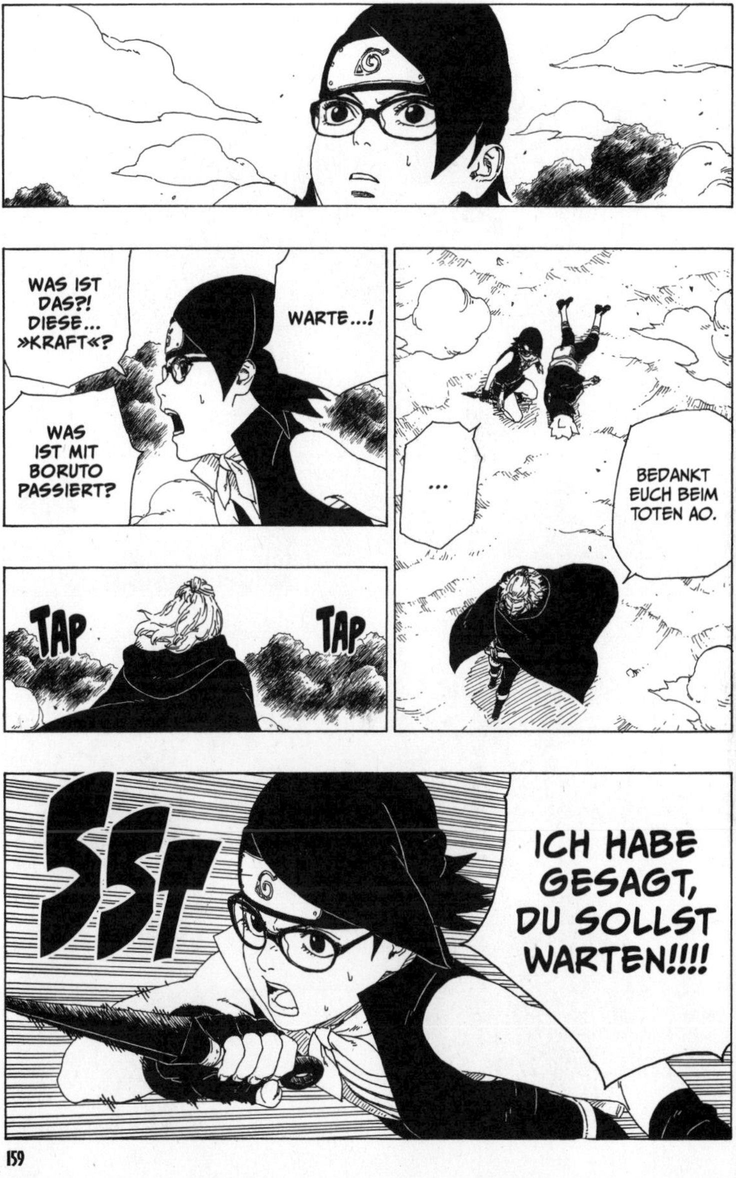
WARTE...!
WAS IST DAS?! DIESE... »KRAFT«?
WAS IST MIT BORUTO PASSIERT?
BEDANKT EUCH BEIM TOTEN AO.
...
TAP
TAP
ICH HABE GESAGT, DU SOLLST WARTEN!!!!
SST

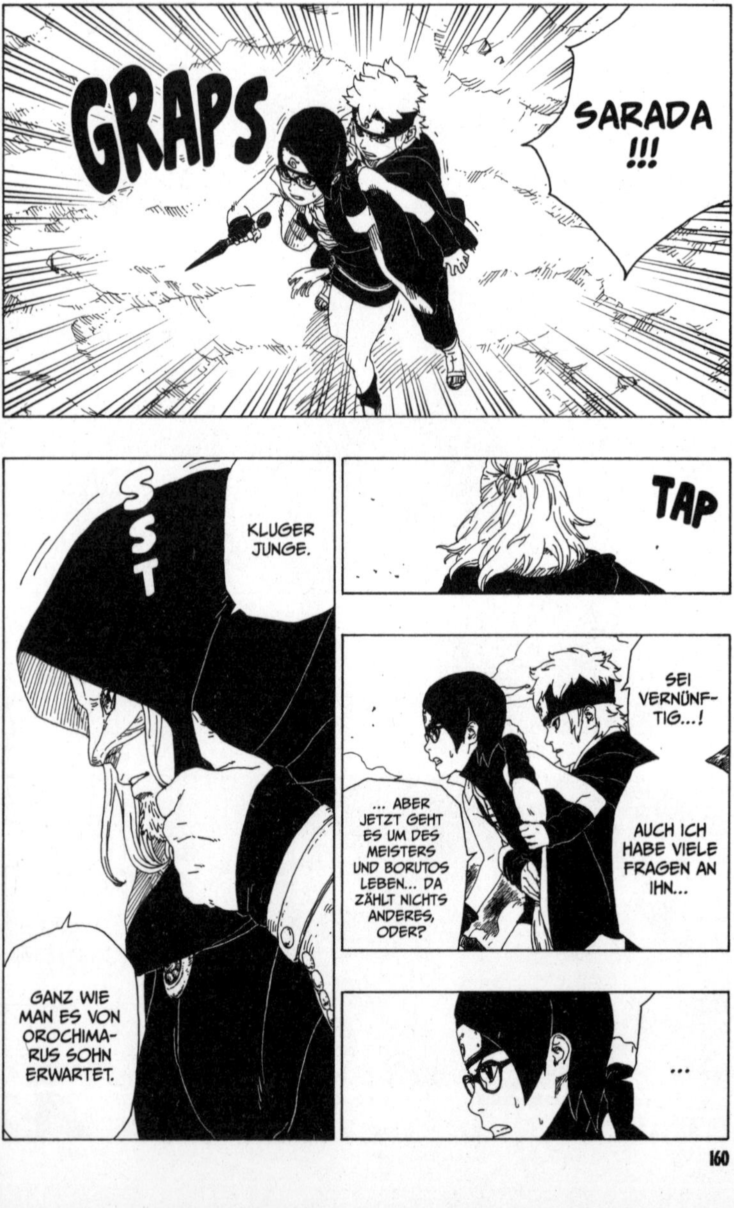
SARADA !!!
GRAPS
TAP
SEI VERNÜNF-TIG...!
AUCH ICH HABE VIELE FRAGEN AN IHN...
... ABER JETZT GEHT ES UM DES MEISTERS UND BORUTOS LEBEN... DA ZÄHLT NICHTS ANDERES, ODER?
...
SST
KLUGER JUNGE.
GANZ WIE MAN ES VON OROCHIMA-RUS SOHN ERWARTET.

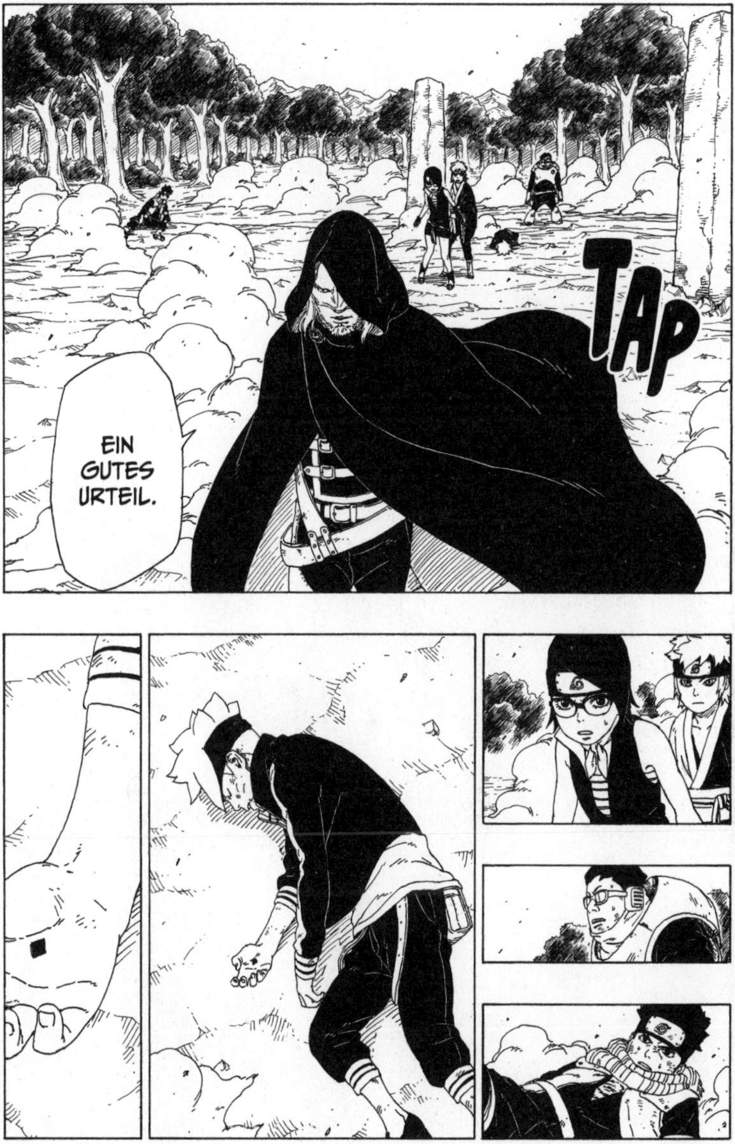
TAP
EIN GUTES URTEIL.

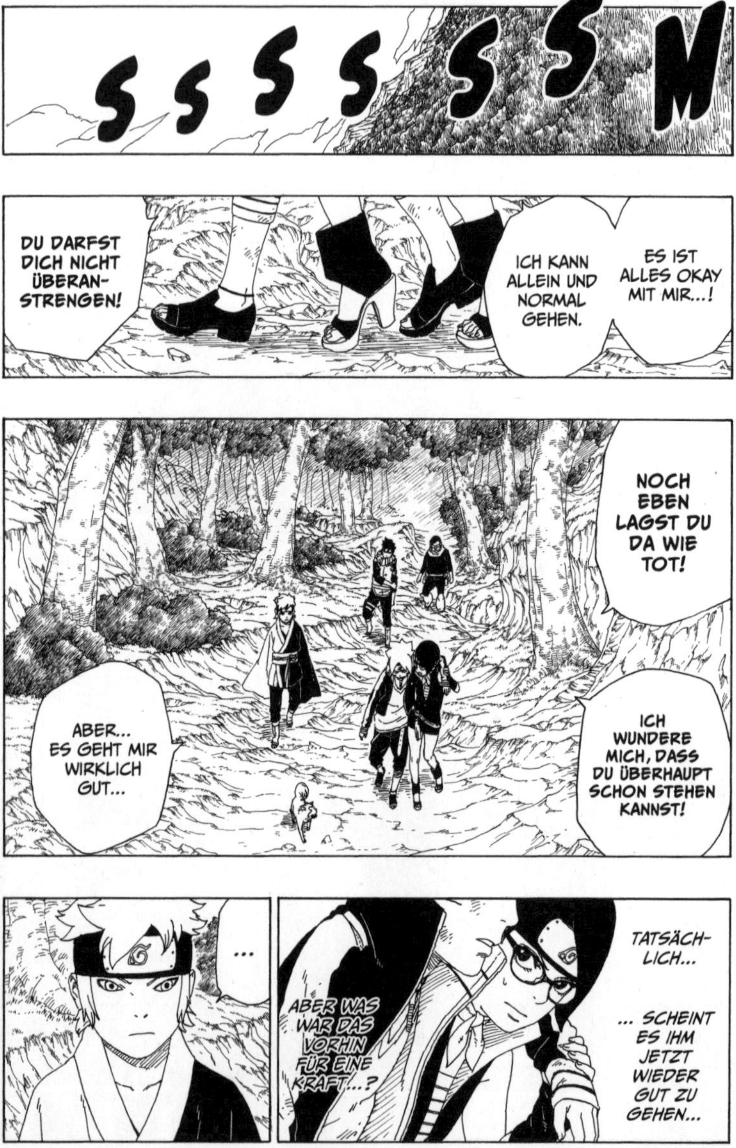
SSSSSSM
ES IST ALLES OKAY MIT MIR...!
ICH KANN ALLEIN UND NORMAL GEHEN.
DU DARFST DICH NICHT ÜBERAN-STRENGEN!
NOCH EBEN LAGST DU DA WIE TOT!
ICH WUNDERE MICH, DASS DU ÜBERHAUPT SCHON STEHEN KANNST!
ABER... ES GEHT MIR WIRKLICH GUT...
TATSÄCH-LICH...
... SCHEINT ES IHM JETZT WIEDER GUT ZU GEHEN...
ABER WAS WAR DAS VORHIN FÜR EINE KRAFT...?
...

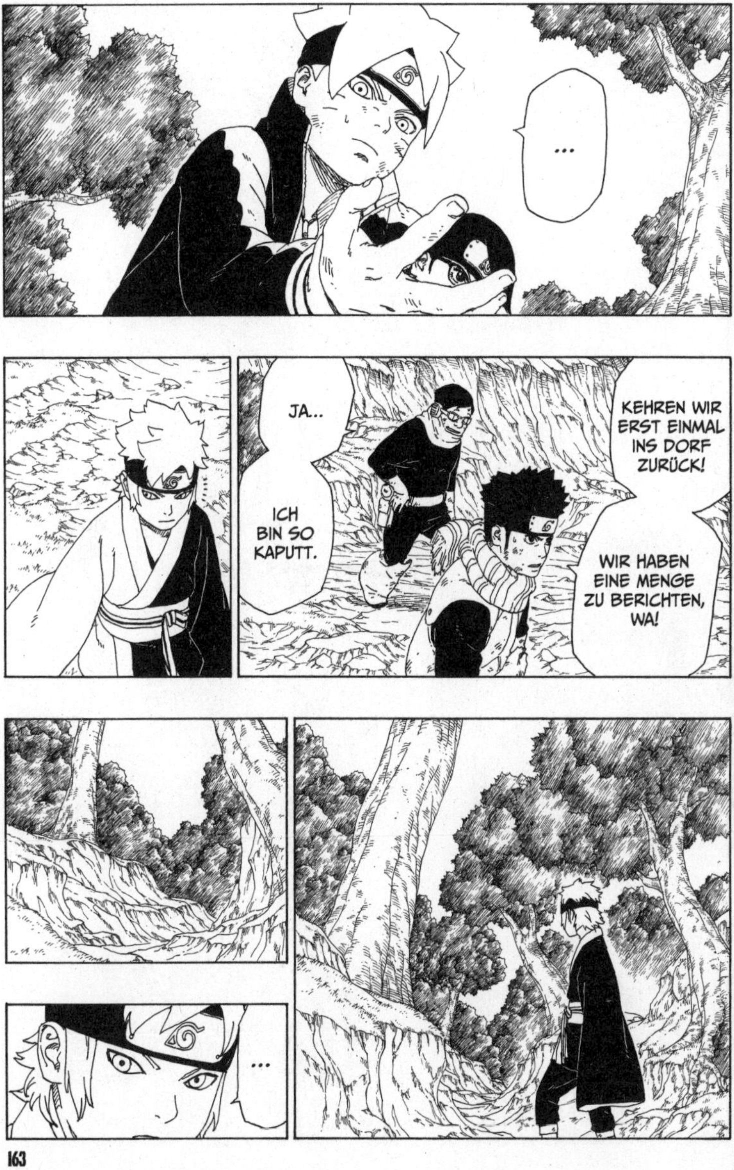
...
JA...
ICH BIN SO KAPUTT.
KEHREN WIR ERST EINMAL INS DORF ZURÜCK!
WIR HABEN EINE MENGE ZU BERICHTEN, WA!
...

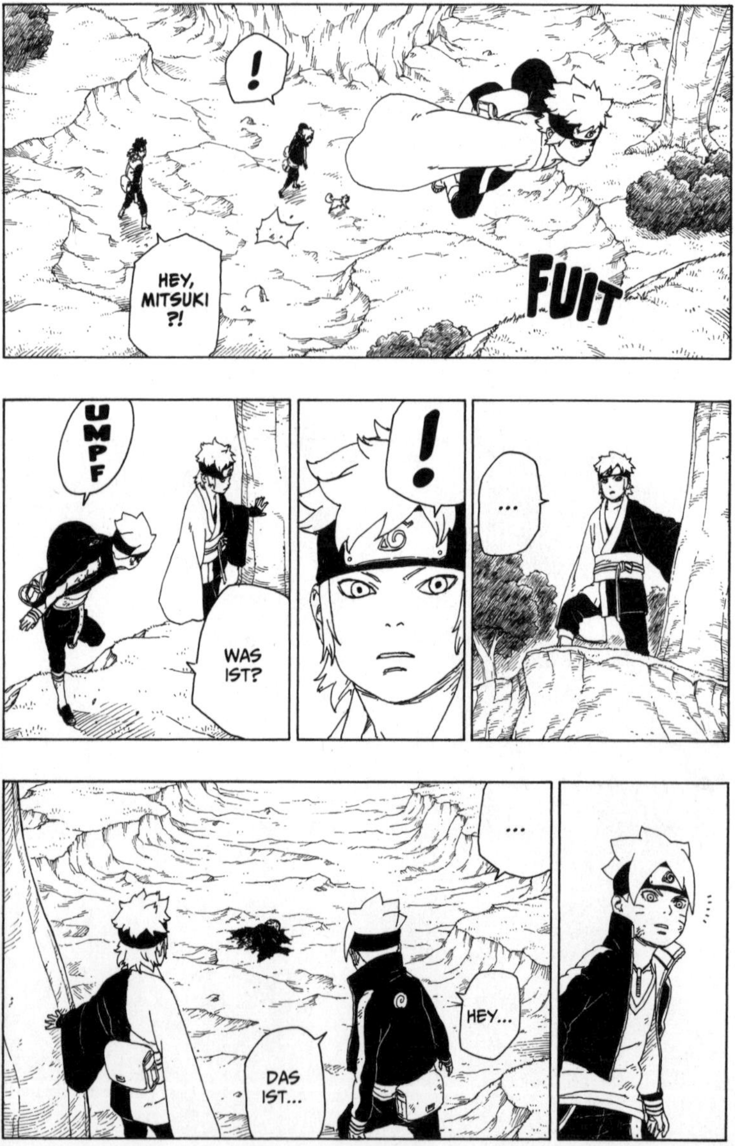
!
HEY, MITSUKI ?!
FUIT
UMPF
WAS IST?
!
...
...
HEY...
DAS IST...

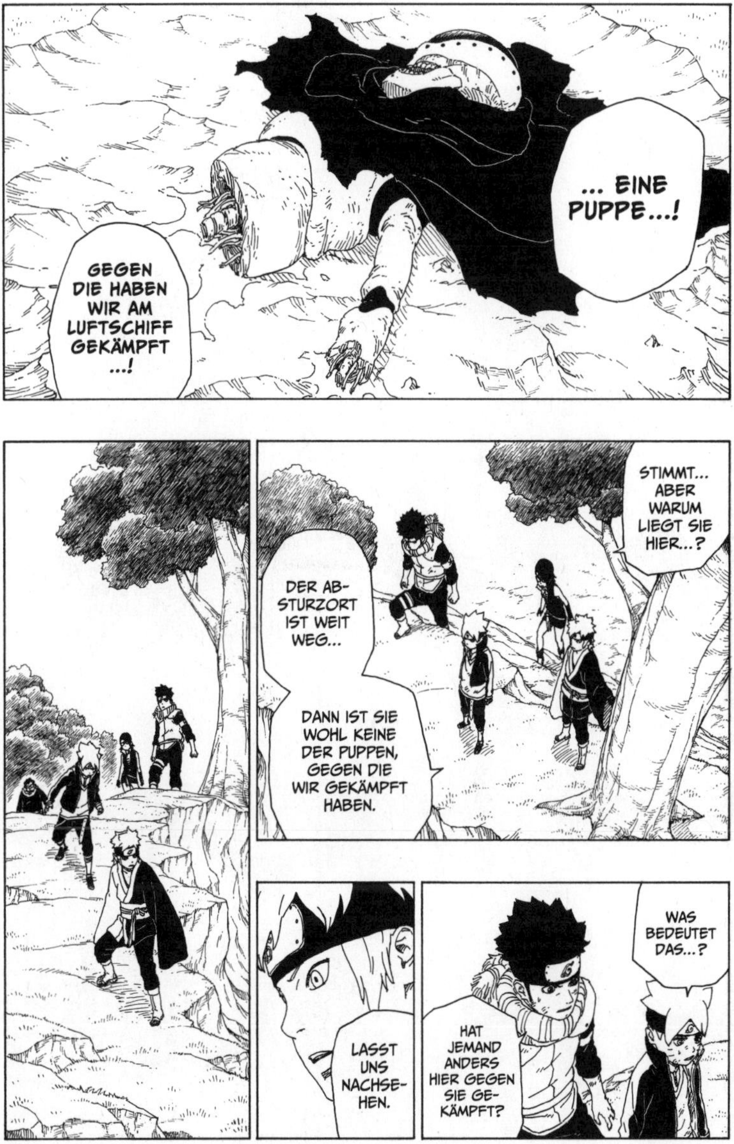
... EINE PUPPE...!
GEGEN DIE HABEN WIR AM LUFTSCHIFF GEKÄMPFT ...!
STIMMT... ABER WARUM LIEGT SIE HIER...?
DER ABSTURZORT IST WEIT WEG...
DANN IST SIE WOHL KEINE DER PUPPEN, GEGEN DIE WIR GEKÄMPFT HABEN.
WAS BEDEUTET DAS...?
HAT JEMAND ANDERS HIER GEGEN SIE GEKÄMPFT?
LASST UNS NACHSEHEN.

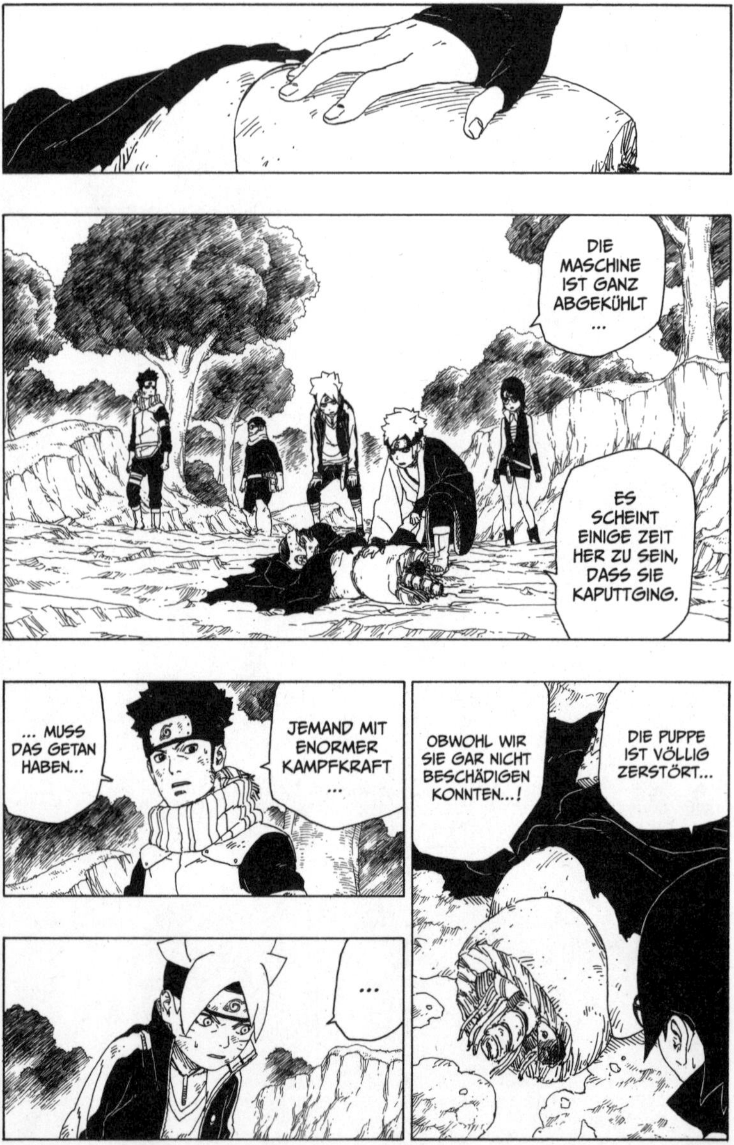
DIE MASCHINE IST GANZ ABGEKÜHLT ...
ES SCHEINT EINIGE ZEIT HER ZU SEIN, DASS SIE KAPUTTGING.
DIE PUPPE IST VÖLLIG ZERSTÖRT...
OBWOHL WIR SIE GAR NICHT BESCHÄDIGEN KONNTEN...!
JEMAND MIT ENORMER KAMPFKRAFT ...
... MUSS DAS GETAN HABEN...
...

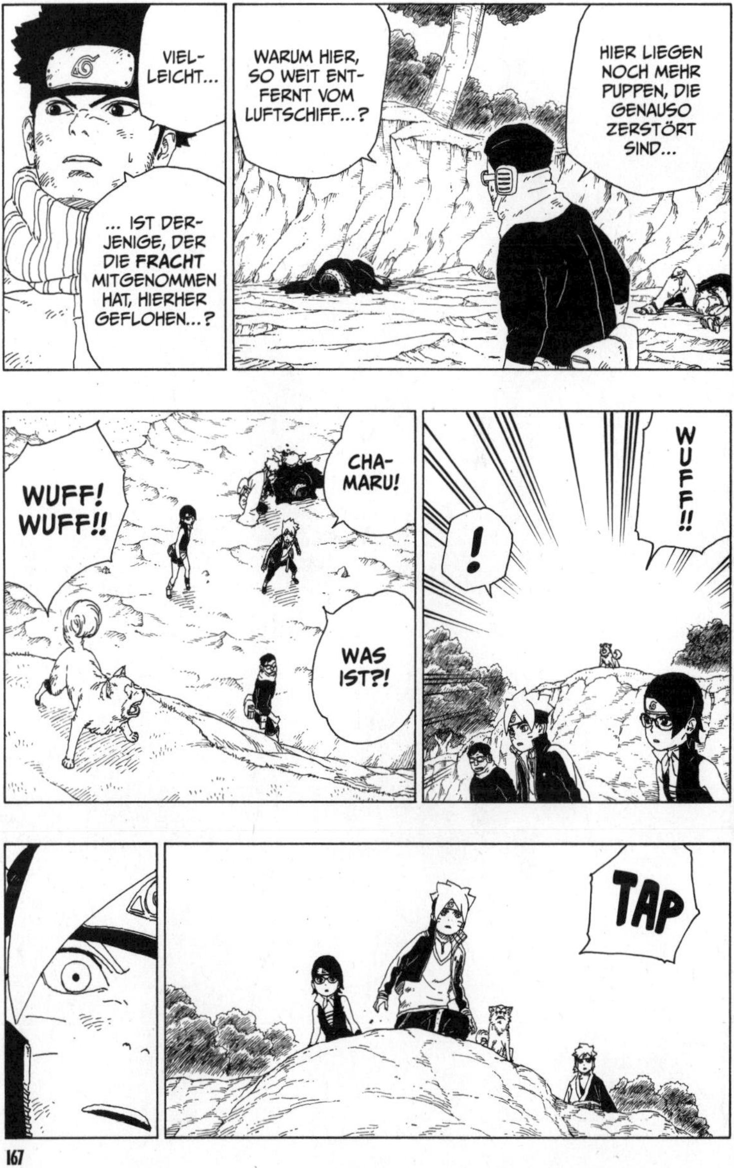
HIER LIEGEN NOCH MEHR PUPPEN, DIE GENAUSO ZERSTÖRT SIND...
WARUM HIER, SO WEIT ENTFERNT VOM LUFTSCHIFF...?
VIELLEICHT...
... IST DERJENIGE, DER DIE FRACHT MITGENOMMEN HAT, HIERHER GEFLOHEN...?
WUFF!!
!
CHAMARU!
WAS IST?!
WUFF! WUFF!!
TAP

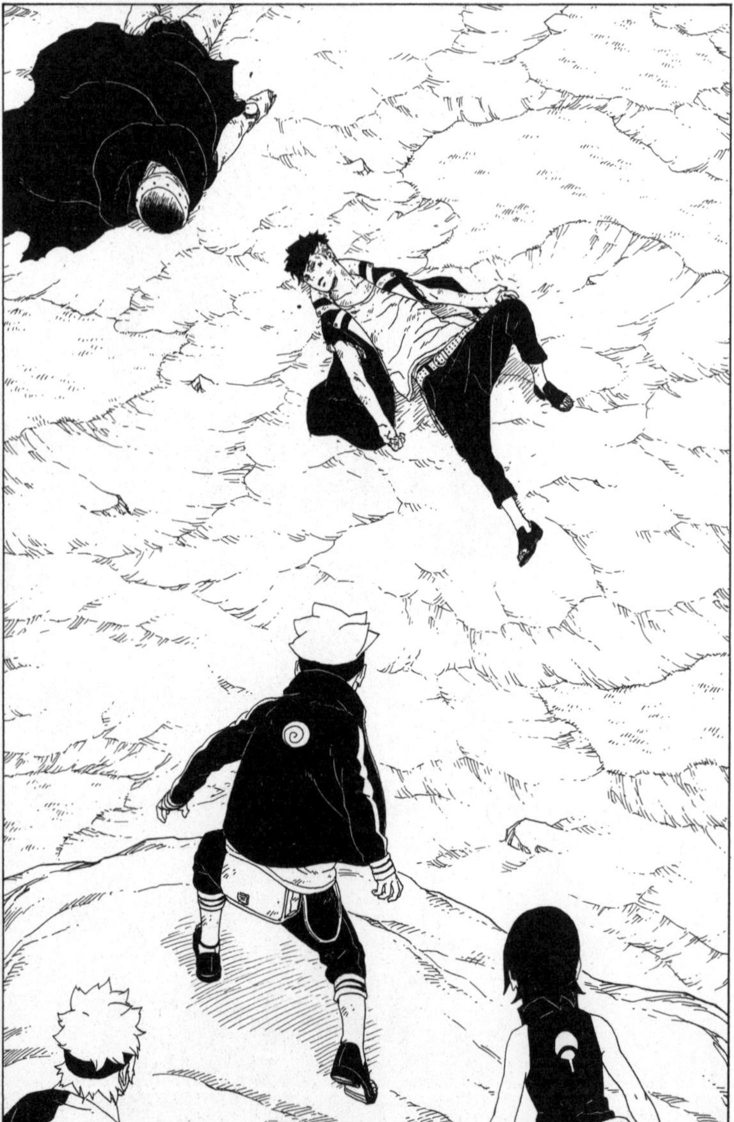

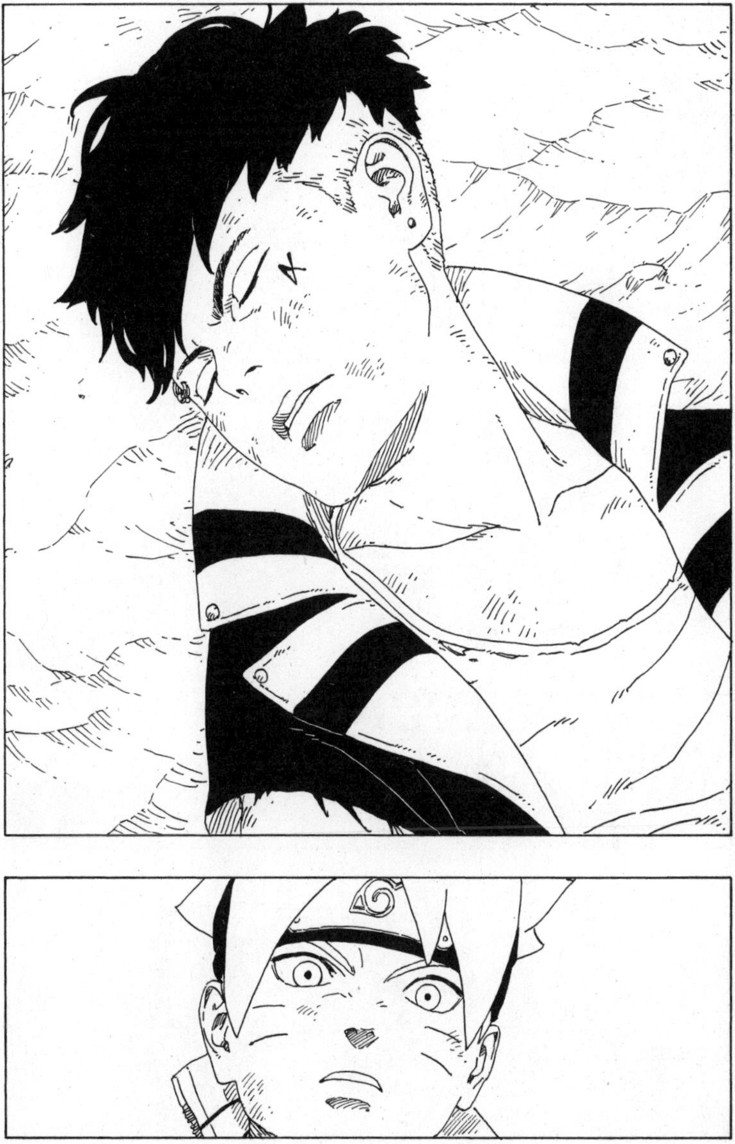

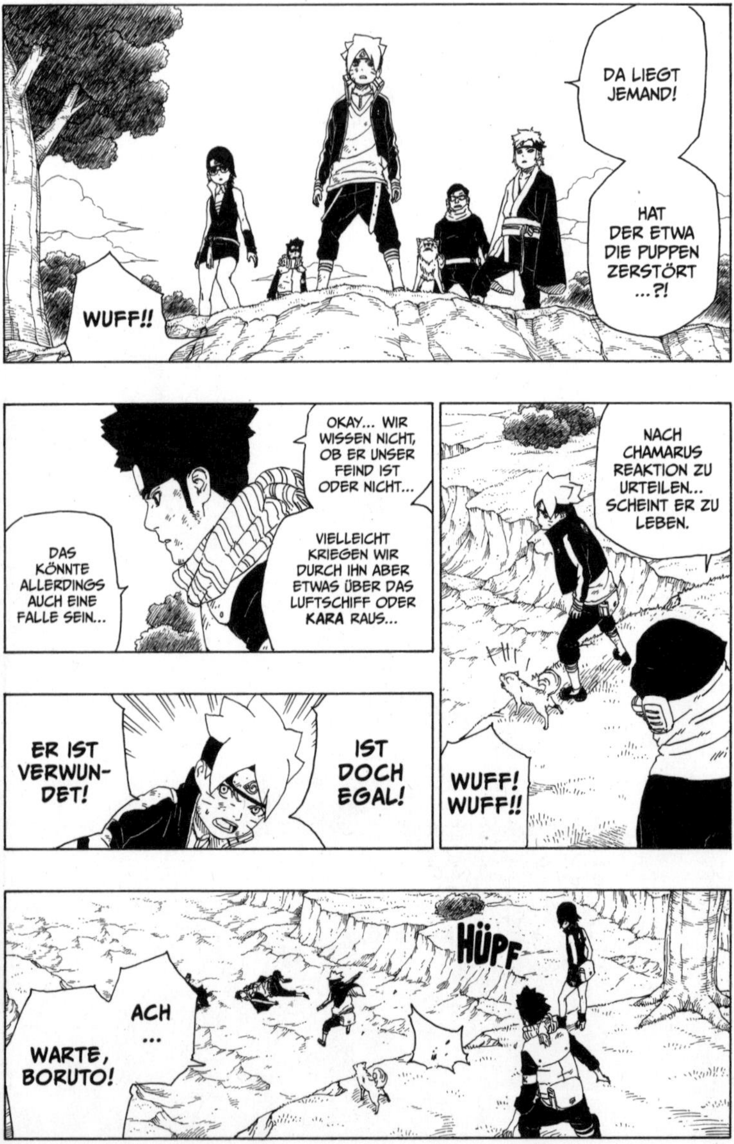
DA LIEGT JEMAND!
HAT DER ETWA DIE PUPPEN ZERSTÖRT ...?!
WUFF!!
NACH CHAMARUS REAKTION ZU URTEILEN... SCHEINT ER ZU LEBEN.
WUFF! WUFF!!
OKAY... WIR WISSEN NICHT, OB ER UNSER FEIND IST ODER NICHT...
VIELLEICHT KRIEGEN WIR DURCH IHN ABER ETWAS ÜBER DAS LUFTSCHIFF ODER KARA RAUS...
DAS KÖNNTE ALLERDINGS AUCH EINE FALLE SEIN...
IST DOCH EGAL!
ER IST VERWUN-DET!
HÜPF
ACH ...
WARTE, BORUTO!

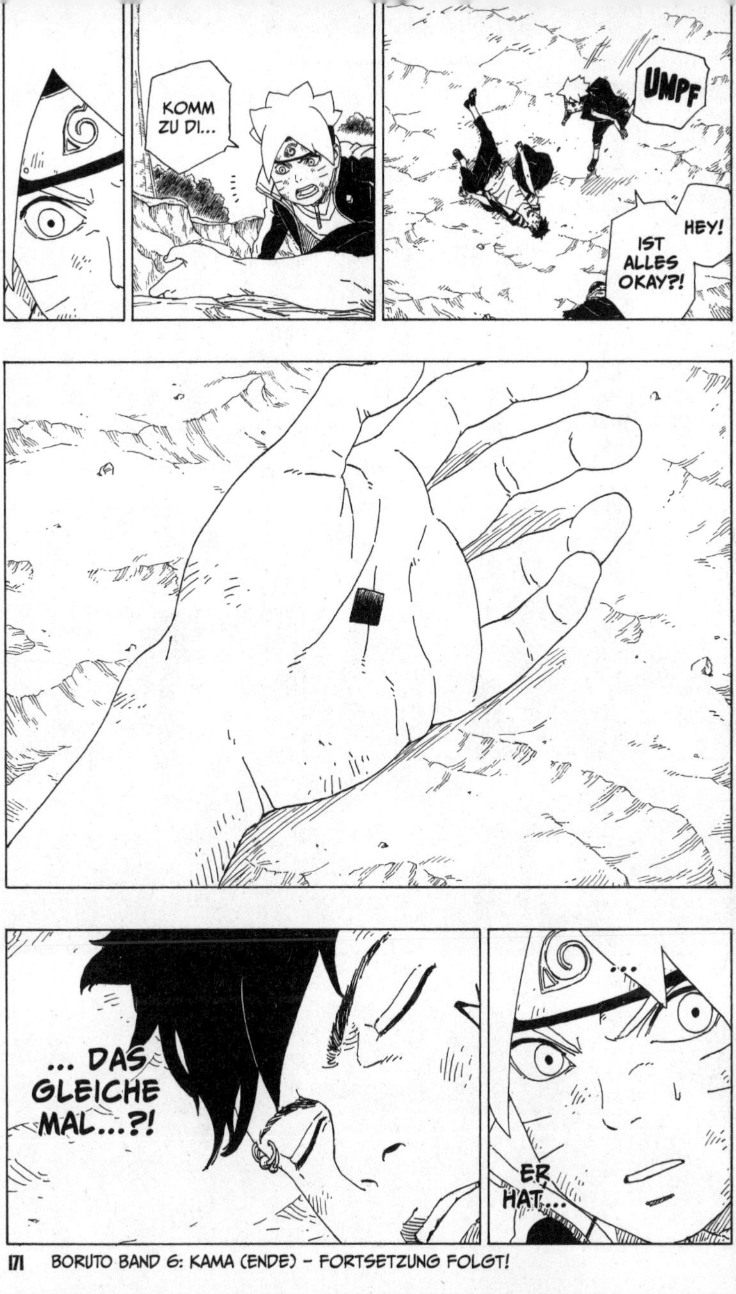
UMPF
HEY!
IST ALLES OKAY?!
KOMM ZU DI...
...
...
ER HAT...
... DAS GLEICHE MAL...?!

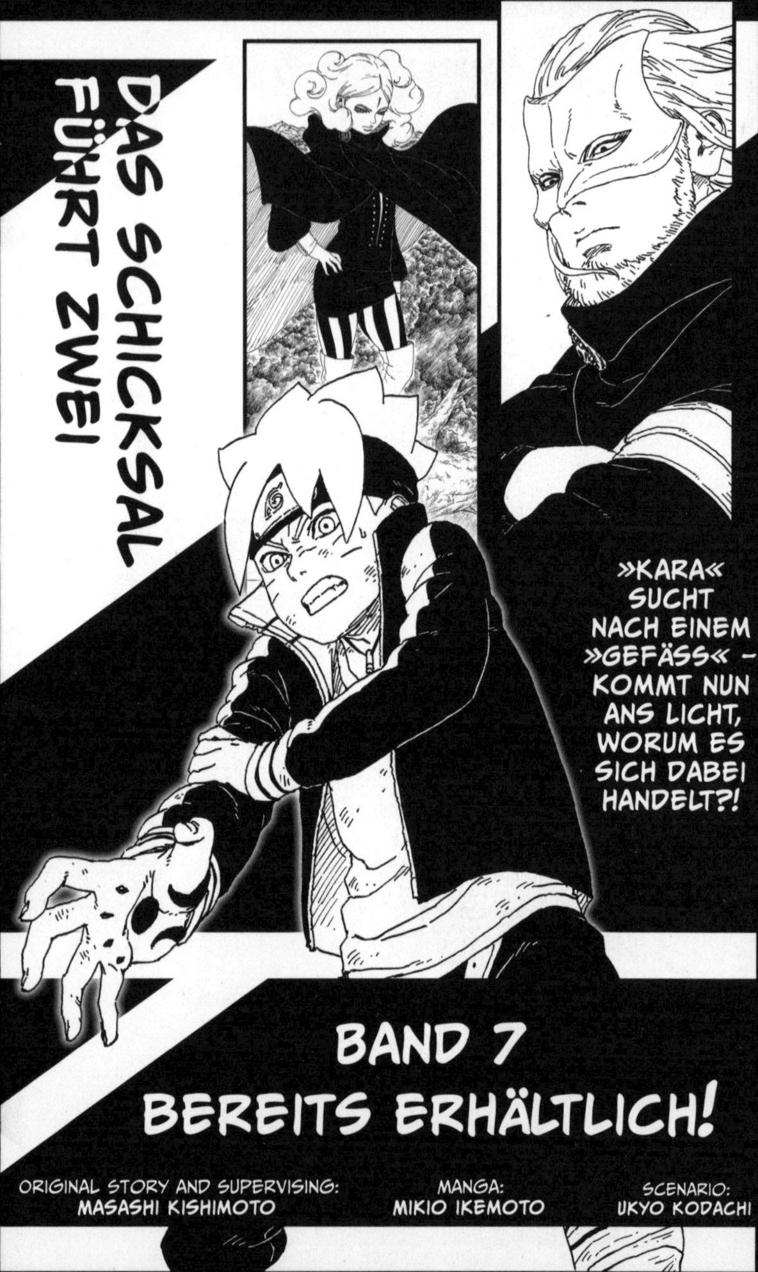
DAS SCHICKSAL FÜHRT ZWEI
»KARA« SUCHT NACH EINEM »GEFÄSS« – KOMMT NUN ANS LICHT, WORUM ES SICH DABEI HANDELT?!
BAND 7 BEREITS ERHÄLTLICH!
ORIGINAL STORY AND SUPERVISING: MASASHI KISHIMOTO
MANGA: MIKIO IKEMOTO
SCENARIO: UKYO KODACHI

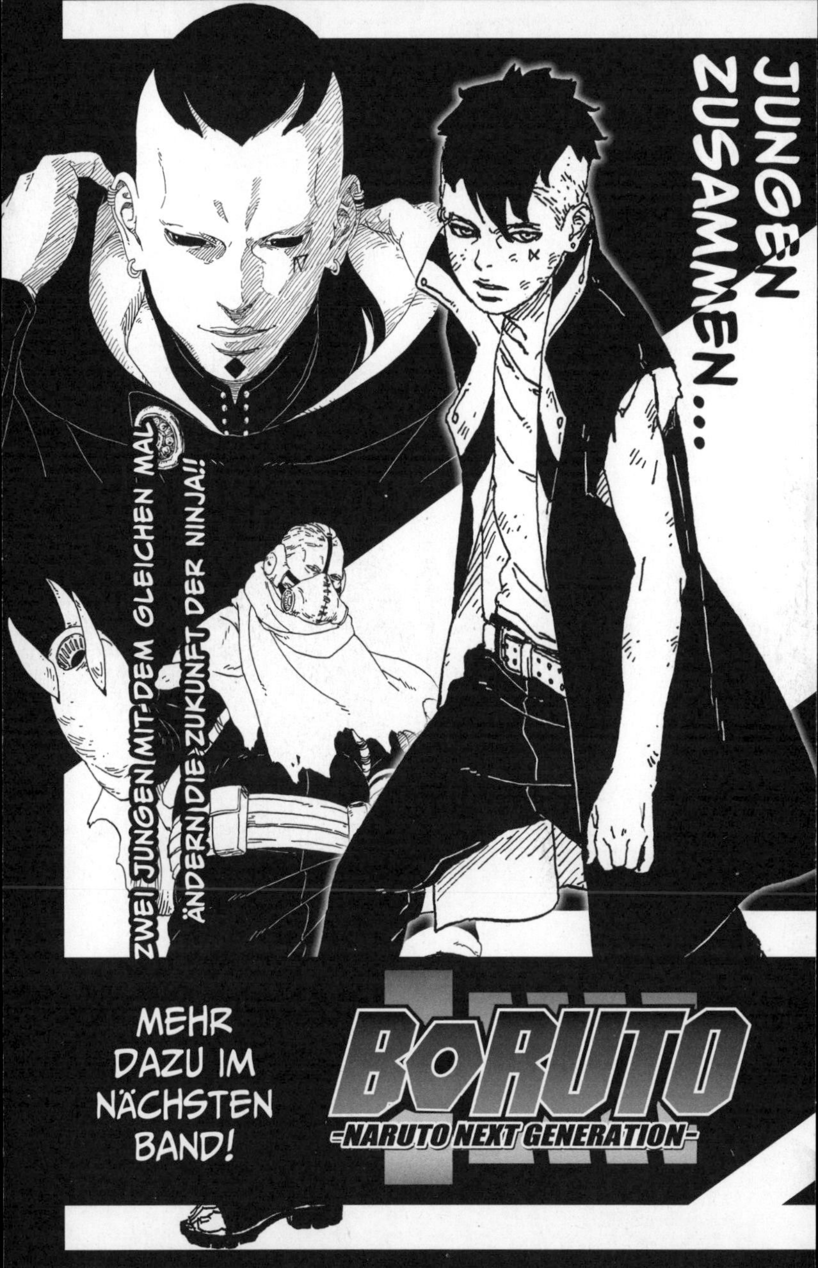
JUNGEN
ZUSAMMEN …
ZWEI JUNGEN MIT DEM GLEICHEN MAL
ÄNDERN DIE ZUKUNFT DER NINJA!!
MEHR DAZU IM NÄCHSTEN BAND!
BORUTO
-NARUTO NEXT GENERATION-

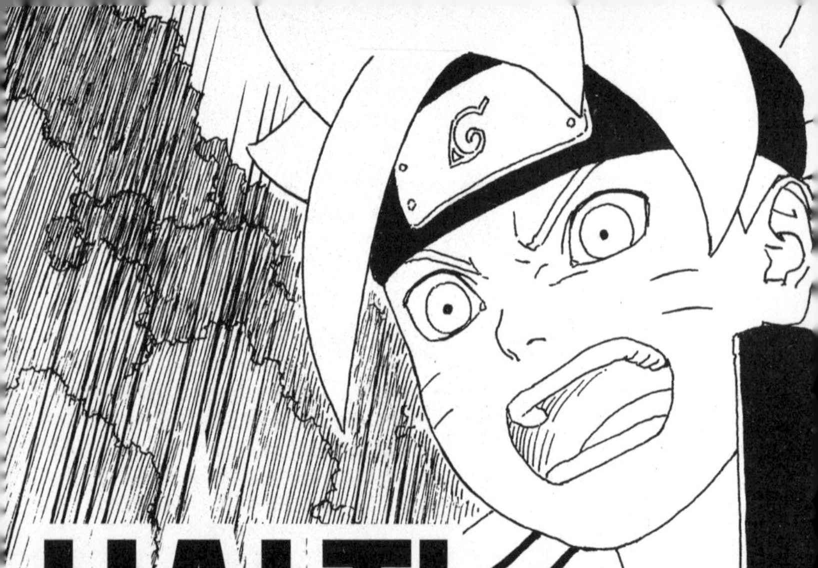

HALT!

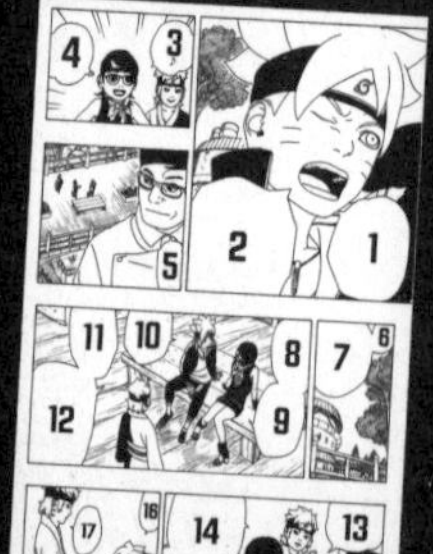

Das ist nicht die erste Seite des Buches. »Boruto« ist ein japanischer Comic. In Japan liest man von »hinten« nach »vorne« und von rechts oben nach links unten, also genau spiegelverkehrt zu dem, wie wir es gewohnt sind.
Auch die Bilder und Sprechblasen auf jeder Seite werden so gelesen, wie es in der Grafik gezeigt wird!
Die Legende der neuen Generation beginnt!!

CARLSEN MANGA * Deutsche Ausgabe/German Edition * © 2019 Carlsen Verlag GmbH, Völckersstraße 14-20, 22765 Hamburg * Aus dem Japanischen von Miyuki Tsuji BORUTO: NARUTO NEXT GENERATIONS © 2016 by Masashi Kishimoto, Mikio Ikemoto, Ukyo Kodachi * All rights reserved. * First published in Japan in 2016 by SHUEISHA Inc., Tokyo. * German translation rights in Germany, Austria, Luxembourg and German-speaking Switzerland arranged by SHUEISHA Inc. through VME PLB SAS, France. * Redaktion: Anne Berling * Textbearbeitung: Ina Schiele * Herstellung: Derya Yildirim
Alle deutschen Rechte vorbehalten * Bei Fragen zum Produkt: carlsen.de/kontakt * 978-3-551-77557-3